Tijgerlelie

Van Marion Pauw verscheen eveneens
bij Ambo|Anthos *uitgevers*

Drift
Daglicht
Jetset
Gulzig
De wilden
Hemelen
We moeten je iets vertellen
Zondaarskind

In samenwerking met Stichting CPNB ter ere van
Juni – Maand van het Spannende Boek verscheen

Grijs gebied

Marion Pauw

Tijgerlelie

Ambo|Anthos
Amsterdam

MIX
Papier | Ondersteunt verantwoord bosbeheer
FSC® C083411

ISBN 978 90 263 6001 5

Omslagontwerp Roald Triebels
Foto auteur © Mark Uyl

Verspreiding voor België:
Veen Bosch & Keuning uitgevers nv, Antwerpen

Voor Iris en Jelleke

'Paardenbloemen zijn overal. Hun pluisjes waaien met alle winden mee, landen op braakliggende terreinen, bermen, grasvelden, achtertuinen, en schieten wortel. Ze weten dat ze zich altijd kunnen beroepen op de macht van de meerderheid, maar ze weten ook, al geven ze dat niet graag toe, dat een enkele paardenbloem niemand zal bekoren.

Jij, liefje, bent een tijgerlelie. Koeien vreten jou niet en paardenbloemen moeten jou niet, omdat jij gemaakt bent om op te vallen. Schaam je niet voor je felle kleuren. Ruk niet je bloemblaadjes uit en blijf je bedwelmende geur verspreiden. Maar weinig tijgerlelies durven voluit zichzelf te zijn. Het is een eenzaam bestaan.'

TOEN

MONICA'S LICHAAM WERD beneden bij het riviertje gevonden, slechts gekleed in een lichtblauwe jurk, zonder schoenen aan. Ze lag erbij als een engel, de mousseline als vleugels om haar heen gedrapeerd, haar huid smetteloos als albast, haar ogen opengesperd, alsof ze de hemel had zien opengaan. Haar donkerrode teennagels staken af tegen de besneeuwde achtergrond. Een prachtige dode, bijna feeëriek. Daar waren de lijkschouwer en de helikopterpiloot het meteen over eens.

Samen met mijn huisgenoten keek ik toe hoe haar lichaam op een brancard werd getild. Lijkstijfheid was al een tijdje ingetreden, waardoor het leek alsof ze een standbeeld aan het verplaatsen waren. Een laken werd over haar heen gelegd. Terwijl ze haar naar het hotel droegen, kroop een stukje lichtblauwe stof onder het laken vandaan en hing het als een draperie aan de zijkant.

Onder het lopen legde Almar even zijn hand op mijn schouder. Hij zag er verslagen uit. Ik wist niet wat hij wilde met die hand. Was het een vraag om vergeving? Of zag hij ons als twee vrienden die iets ergs doormaakten en steun bij elkaar zochten?

Wat het ook was, ik schudde zijn hand van me af.

Opeens werd het witte landschap opgelicht en zag je aan de takken van bomen de ijspegels glinsteren. Ik bleef staan en sloot mijn ogen. Even bestond de wereld alleen nog maar uit het rood van de binnenkant van mijn oogleden en de warmte op mijn gezicht. Het moment duurde niet lang. Een wolk schoof voor de zon nog voordat die de overkant van het dal had bereikt en ik was weer terug in de snijdende kou.

NU

DE PIL IS KLEIN EN WIT. Ik weet dat ik hem in mijn mond moet stoppen, een slok water moet nemen en hem door moet slikken. Toch houdt iets me tegen. Ik sta daar maar in mijn badkamer met de strip in mijn handen. Heb ik dit echt nodig? Het voelt als opgeven, maar tegelijkertijd heb ik de hoop dat deze pil dé oplossing gaat zijn voor al mijn problemen. Waarom aarzel ik dan?

'Hoelang wil je zo blijven staan?' zeg ik hardop tegen mezelf. Het is negen uur. Ik heb om tien uur een Zoomafspraak met een nieuwe cliënt en ik moet me nog douchen en aankleden. Ik druk de pil uit de strip, maar nog steeds neem ik hem niet in. We hebben dit uitgebreid besproken en ik sta hier helemaal achter, dus waarom voel ik dan zo'n weerstand? Een snik die ik niet aan zag komen ontsnapt uit mijn keel. Soms heb ik geen idee hoe het écht met mij gaat, omdat ik zo goed ben geworden in het verbloemen van emoties. Mijn hoofd en romp hebben elk contact met elkaar verloren. Ook nu overvalt het verdriet dat kennelijk in mij leeft me volledig. Maar ik moet sterk zijn. Ook al is mijn fundament het langzaam aan het begeven, het behang moet netjes blijven zitten.

Bovendien, ik heb helemaal geen tijd om te huilen.

Ik sluit mijn ogen en adem nog een keer uit door mijn mond. Dit is veel moeilijker dan ik had gedacht. Misschien is er nog wel een homeopathisch druppeltje dat ik kan proberen; schijnt sint-janskruid niet goed te werken?

Volgens mijn psychiater ben ik de ideale patiënt voor antidepressiva. 'Voor iemand zoals jij kan een pilletje per dag net dat steuntje in de rug geven. Je moet nu zo hard werken om die continue ondertoon van angst en onzekerheid de baas te blijven en ik gun je graag wat rust.' Ik voelde me al zo lang een drenkeling die zich wanhopig vasthoudt aan een reddingsboei, overgeleverd aan de grillen van de oceaan. En maar hopen dat er ooit land in zicht komt.

Ik ga dit doen, toch?

Ja, ik ga dit doen.

'Daar ga je,' zeg ik tegen de pil. Ik stop hem in mijn mond en slik hem door. Ik kijk mezelf aan in de badkamerspiegel en vraag me af wie ik was geweest als ik andere afslagen had genomen, als andere mensen mijn paden hadden gekruist, als ik anders had gereageerd op bepaalde situaties. Als ik misschien wat... handiger was geweest. Weer voel ik medelijden met mezelf, maar wat heb ik daaraan? Ik glimlach naar mezelf, met doffe ogen, en zeg, niet geheel overtuigend: 'Het komt wel goed, schatje.'

Er is natuurlijk ook bagage uit mijn verleden waar ik wél iets aan heb. Als ik één ding heb geleerd, dan is het wel dit: uiterlijk telt. Je kunt maar beter overkomen als iemand die zichzelf zodanig de moeite waard vindt dat ze haar haar föhnt, zich zorgvuldig opmaakt en een zijden blouse draagt die overduidelijk niet goedkoop was. Dat je daaronder een versleten joggingbroek en afgetrapte pantoffels draagt, hoeft niemand te weten.

Ik ben meer gespannen dan gebruikelijk voor deze eerste afspraak. Sergio Rob is een zeer succesvolle lifecoach die volle zalen trekt, dure onlinecursussen verkoopt en twee bestsellers op zijn naam heeft staan. Zijn filosofie is dat je alles kunt manifesteren wat je maar wilt. Het enige wat je moet doen is erin geloven. Zijn eerste boek heet *Je hebt het al*. Zijn tweede, min of meer een herhaling van zijn eerste, *Succes houdt ook van jou*. Het boek waarvoor ik ben ingehuurd is een autobiografie. Wie was Sergio Rob voordat hij Sergio Rob werd? En wie is Sergio Rob nu? Maar vooral: hoe zit het met zijn miljoenen, eerste vrouw, de drie boze kinderen met wie hij geen contact meer heeft, zijn tweede vrouw met wie hij een villa op Ibiza bewoont en zijn bijzondere ontmoeting met Barack Obama?

Het is niet de eerste keer dat ik ghostwriter ben voor een bekende Nederlander. Eerder schreef ik de autobiografieën van een vlogger die psoriasis heeft en een succesvol huidverzorgingsmerk is begonnen, een wat oudere spelshowpresentator die op zoek was naar eeuwige roem maar het niet kon laten op te scheppen over zijn cokeverslaving en bezoeken aan hoerenclubs (mijn bestverkochte boek tot nu toe) en een zangeres die vrijwel onbekend was totdat ze een relatie kreeg met een veel oudere vastgoedmiljonair en uitgroeide tot Instagramicoon. Haar prestaties behelzen niet meer dan het maken van amechtige selfies waar teksten onder staan als '*sunny vibes*', maar kennelijk zijn mensen daar dol op. Het viel niet mee om tweehonderdvijftig bladzijden over haar vol te pennen – totdat ik via een gesloten Facebookgroep haar eetprobleem op het spoor kwam.

Naar het schijnt hebben één miljoen mensen in Nederland de behoefte om een boek te schrijven, van wie de helft een boek over zichzelf. Bij bekende mensen is de behoefte aan een egodocument kennelijk nog groter. Nu word je natuurlijk niet zomaar een beroemdheid en is het inkijkje in 'het wereldje' vaak fascinerend, maar schrijven, dat kan niet iedereen. Daarom zijn er mensen zoals ik om het daadwerkelijke werk te doen.

In het begin houden mijn cliënten van me. Nooit stelde iemand zulke belangstellende vragen, nooit voelden ze zich zo gezien. Met mijn ogen op hen gericht voelen ze zich nog interessanter dan ze al deden.

Na afloop zijn ze zonder uitzondering pissig. Als het aan de sterren zelf ligt, wordt het boek één grote reclamefolder, een verlengstuk van hun Instagramaccounts waarin elke foto geretoucheerd is en ze nooit een badhairday hebben. Daarom neem ik al onze gesprekken op. Van tevoren vertel ik precies wanneer de band loopt en wanneer hij stopt, en dat ze in die tijd zelf op hun woorden moeten letten. Eenmaal gezegd is gezegd. Ik wil een authentiek resultaat. Authentiek is een woord dat het goed doet bij mensen die niets anders doen dan continu bevestiging zoeken voor hoe geweldig ze zijn, dus allemaal zijn ze het hiermee eens. In het begin letten ze nog op hun woorden, maar die alertheid verliezen ze al snel. De drang om hun hart uit te storten is altijd groter. En ik zou wel gek zijn om dan op de pauzeknop te drukken.

Ik wil juist de zwarte randjes, de dingen die schuren, de dingen waar ze wakker van liggen. Deze minder fraaie kanten maken wat mij betreft het boek, dus een cliënt moet wel met heel goede argumenten komen wil ik nog iets veranderen.

Ik ben niet de enige die er zo over denkt, want mijn 'autobiografieën' zijn stuk voor stuk bestsellers geworden. Nooit ben ik in een dankwoord genoemd, maar ik incasseer wel de helft van de royalty's, dus mij hoor je niet klagen.

Sergio Rob is slim, strooit de hele dag met oneliners en is bekend met gesprekstechnieken. Wat dat betreft zal het lastiger worden om een goed verhaal uit hem te trekken. Hij roept wel dingen als 'juist van falen leer je het meest', maar laat ondertussen alleen maar een witgebleekte kaarsrechte glimlach zien.

Ik neem een kop cafeïnevrije koffie, omdat mijn psychiater me op het hart heeft gedrukt om de eerste twee weken voorzichtig te zijn met alles wat mijn neurochemie kan beïnvloeden. Dan plaats ik mezelf in een gunstig ochtendlicht en zet de laptop aan.

Hij logt zeven minuten later dan het afgesproken tijdstip in. Dat irriteert me meteen behoorlijk, maar dat ga ik natuurlijk niet laten merken. Op mijn scherm verschijnt de iconische grijze krullenkop met de priemende bruine ogen. Op de achtergrond zie ik een enorm kunstwerk van Joseph Klibansky. De eerste rijke BN'er met een originele smaak moet nog worden geboren.

'Hey hallo goedemorgen,' zegt hij met een stem die klinkt als warme chocoladevla. 'Hoe is je ochtend tot nu toe?'

'Goed,' zeg ik. 'Leuk om je te ontmoeten. En goed dat je hebt besloten om een boek over jouw levensverhaal te maken. Ik denk dat heel veel mensen er benieuwd naar zijn.'

'Dat hoop ik maar,' zegt hij lachend. 'Wat ik ermee wil bereiken is dat mensen zien dat ook ik niet met een zilveren lepel in mijn mond ben geboren. En dat iedereen kan bereiken wat ik heb bereikt. Als je er maar in gelooft.'

'Dat lijkt me een goed uitgangspunt.' Ik leg hem uit hoe ik te werk ga. We plannen zes bijeenkomsten van een paar uur in. Het liefste loop ik daarnaast af en toe een dagdeel met hem mee, zodat ik hem kan observeren en een beter inzicht krijg in zijn dagelijks leven. Ook vertel ik hem over mijn meedogenloze opnamebeleid.

'Je mag letterlijk alles over me weten, dus het maakt me niets uit of het bandje loopt of niet. Kun je ook iets over jezelf vertellen? Per slot van rekening gaan we, áls we met elkaar in zee gaan, heel wat tijd met elkaar doorbrengen.'

'Natuurlijk.' Ik glimlach. 'Mijn naam is Liliane Torres, zoals je weet. Ik ben geboren in Spanje en op mijn achtste verhuisde ik met mijn moeder naar Nederland.'

'Interessant,' zegt hij. 'En je vader?'

'Een niet te achterhalen vakantieflirt in de jaren tachtig,' zeg ik. 'Een Nederlander.'

'Je weet dus niet wie je biologische vader is?'

'Nee.'

'Ik kan me voorstellen dat dat je enorm heeft gevormd.'

'Ongetwijfeld.' Ik glimlach alsof ik het heel fijn vind, deze aandacht van de grote man zelf. In werkelijkheid bewaar ik altijd de afstand die nodig is om mijn werk goed te kunnen doen. De grap is dat mijn cliënten het niet eens doorhebben. Over jezelf praten werkt verslavend en het mooie is dat ze oprecht denken dat er een vertrouwelijke band ontstaat. En dat is het moment waarop het échte verhaal op tafel komt.

Sergio Rob knikt me nogmaals bemoedigend toe. Kennelijk

is het de bedoeling dat ik nog meer vertel. 'Ik hou van lezen en sporten,' zeg ik dan maar.

'Heb je een relatie?'

Ik voel een lichte hoofdpijn opkomen. Dit zou weleens een vermoeiende klus kunnen worden. 'Nee,' zeg ik.

'Waarom altijd over anderen?'

'Hoe bedoel je?'

'Naar wat ik heb begrepen, werk je uitsluitend als ghostwriter en zelfs in die hoedanigheid wil je niet worden genoemd. Of heb ik dat mis?'

Ik onderdruk de neiging om diep en lang te zuchten. 'Mijn leven is nou eenmaal niet zo interessant.'

'Daar geloof ik helemaal niets van. Waarom zoveel mysterie?'

Ik denk even na over het beste antwoord. 'Grappig dat je dat denkt, want er is geen mysterie. Ik vind het gewoon niet gepast om de aandacht naar me toe te trekken als het over iemand anders gaat.' Een vaag gevoel in mijn hoofd. Het zou door de pil kunnen komen, al lijkt het me sterk dat die al zo snel zoveel effect heeft.

'Ik geloof hier helemaal niets van.'

Ik produceer een lach. 'Je maakt het allemaal veel spannender dan het is.'

'Hier is het laatste woord nog niet over gezegd,' zegt hij. 'Ik denk dat onze samenwerking weleens interessant zou kunnen worden. Heb je mijn boeken gelezen?'

'Uiteraard. Je zult zien dat ik mijn research zeer grondig doe. Zo kunnen we sneller tot een diepere laag komen en hoeven we niet te blijven hangen in alles wat je al honderd keer hebt verteld.' Het vage gevoel is toegenomen, alsof er plotseling een mistbank is ontstaan die alles dempt. Zelfs mijn eigen stem klinkt ver weg.

'Mooi zo. Dat klinkt goed. Wat voor jou goed is om te weten… Mensen die een tijdje met mij optrekken, maken allemaal een transformatie door. Of ze dat nou willen of niet. Ben je daar klaar voor?'

Ik probeer te begrijpen wat hij tegen me zegt. Maar mijn aandacht is blijven hangen bij een ingelijste foto van mijn moeder. Ze is zwanger van mij en het lijkt wel of ze steeds dichterbij komt, alsof ze me iets wil vertellen. Maar als ik met mijn ogen knipper, hangt ze weer terug op haar plek.

'Ik wil dat je volmondig ja zegt. Tegen mij, maar ook tegen de dingen die over jezelf aan het licht komen. Want dat gaat gebeuren. Ongetwijfeld. Ik geloof in radicale eerlijkheid.'

Ik dwing mezelf om weer naar het scherm te kijken. 'Eh… ja,' zeg ik. 'Is goed.'

'Dat vind je spannend, hè?' vraagt Sergio Rob. 'Dat begrijp ik helemaal en dat is ook helemaal niet erg.'

Ik zet mijn nagels hard in mijn arm zodat ik bij zinnen kom. 'Sorry,' zeg ik. 'Ehm… ik geloof dat ik nog iets in de oven heb staan.'

'Nog een keukenprinses ook,' grapt hij. 'Laten we het kort houden dan. Ik heb hier een heel goed gevoel over. *Let's do this.*' Hij balt zijn vuist en maakt een boks naar het scherm.

Ik boks terug. 'Ik verheug me erop.' De mist in mijn hoofd is inmiddels zo dicht dat er geen verkeer meer doorheen kan rijden, laat staan dat ik nog heldere gedachten kan vormen.

'Ik laat Ankie, mijn personal assistant, een afspraak met je maken. Goed?'

Mijn focus blijft hangen op zijn linkerwenkbrauw, die geëpileerd lijkt te zijn. 'Perfect!' Ik pers er een glimlach uit.

'Ga maar gauw naar je oven toe!'

Terwijl ik me afvraag wat er ook alweer met de oven aan de hand is, verdwijnt hij uit beeld. De psych had me hiervoor al gewaarschuwd. De inwerking van de pil kan heftig zijn. Er vindt een complete verbouwing in je hersenen plaats, waardoor het geluksstofje serotonine langer blijft hangen. En dat gaat niet zonder slag of stoot. Ik had rekening gehouden met wat hoofdpijn of een lichte vermoeidheid, maar niet met een totale *shutdown*.

Ik sleep me naar de bank, die ontzettend duur was, maar niet eens zo lekker zit. Dat krijg je ervan als je het niet kunt opbrengen om naar een woonwinkel te gaan en alles online bestelt. Ik ga liggen en doe mijn ogen dicht. Vrijwel meteen val ik in slaap.

WONEN AAN ZEE IS WONEN met de wind. Je zou denken dat ik gewend ben aan alle geluiden, maar nog steeds word ik wakker van elke piep, elk kraakje. Vannacht is mijn angst erger dan ooit. Wat als ik word overvallen in mijn eigen huis? Wat als ik een hartaanval krijg en ik pas over een week word gevonden? Wat als de pil alles alleen maar erger maakt?

Ik sta op, loop naar beneden en googel op 'ervaringen met Sertraline'. Het schijnt normaal te zijn dat de eerste dagen moeilijk zijn, ook hier heeft de psych me voor gewaarschuwd. Hoofdpijn, duizeligheid, misselijkheid, braken, extreme vermoeidheid. Noem een vervelende klacht en je kunt het krijgen. Na een week schijn je af en toe kleine lichtpuntjes te ervaren en na twee tot drie weken zou je gewend moeten zijn en begint je nieuwe leven in pasteltinten.

Op een Amerikaanse website lees ik: '*I fucking love Sertraline.*' De eerste twee weken liep deze man rond als een zombie. Maar na twee weken hel was het alsof iemand het licht aandeed en sindsdien gaat hij fluitend door het leven. 'Als je in de inwerkingstijd zit en je leest dit,' schrijft hij, 'zet dan door. Het gaat je echt helpen.' Dat geeft mij moed. Tegen vijven leg ik mijn telefoon weg en lukt het me om in slaap te vallen. Altijd weer dezelfde droom: een jonge vrouw die voor me uit rent in de sneeuw.

Om negen uur neem ik de pil. En weer gebeurt hetzelfde. Een zware mistbank komt op en alles in mijn hoofd vervaagt. Deze keer besluit ik om er niet aan toe te geven. Ik trek mijn jas aan en ga naar buiten. Op de een of andere manier weten mijn benen zich voort te bewegen en klim ik de dijk op om naar de zee te kijken. Het is een frisse herfstdag, maar de zon schijnt. Ondanks het wazige gevoel lijkt het of ik meer details waarneem. De murmelende geluidjes van het drooggevallen wad. Schelpjes. Strengen zeewier. De vele tinten van het zand. Ik merk dat ik ergens mijn blik op kan richten en er dan helemaal in gezogen kan worden. Het is een spelletje waarmee ik uren door kan gaan.

Mijn huisje is niet zichtbaar vanaf de weg; ik heb bewust een hoge heg om mijn terrein heen geplaatst. Daarom zie ik pas laat dat er iemand voor de voordeur staat. Een man. Iets aan zijn postuur komt me vaag bekend voor, maar ik kan hem niet plaatsen. Hij staat te wachten. Misschien is het de pakketbezorger. Maar waarom draagt hij dan een donkerblauwe wollen herenjas? Wie hij ook is, hij is niet welkom. Dat ik op deze verlaten plek woon, heeft een reden.

'Wie zoek je?' vraag ik op scherpe toon.

De man draait zich half om. Hij heeft een opvallend grote neus en droevige ogen in een kleur die lijkt op die van de Waddenzee.

Mijn hersenen doen een schamele poging tot nadenken.

Ik ken deze man. Toch?

Ik ken hem zelfs heel goed.

Iemand uit een ver verleden. Iemand aan wie ik nooit meer wil denken. Dan dringt het tot me door. Ik deins achteruit.

'Almar.' Ik vraag me af hoe hij aan mijn adres is gekomen. Niet voor niets zit ik niet op social media, wil ik niet als auteur genoemd worden en heb ik met bijna niemand contact. In het verleden heeft hij meerdere pogingen gedaan contact te leggen via mijn uitgever en mijn ouders, maar ik heb hem altijd afgehouden.

Hij is veranderd. Het jongensachtige is hij definitief kwijt. Voor me staat een uitgebluste man die eruitziet alsof hij een paar rondes te veel in de boksring heeft gestaan. Zijn huid is grauw en tussen zijn wenkbrauwen zit een fronsrimpel die dieper is dan mogelijk zou moeten zijn voor iemand van onze leeftijd. Ook zijn haargrens duidt op een ander getal dan het werkelijke aantal jaren dat is verstreken sinds ik hem laatst zag.

'Sorry dat ik je laat schrikken,' zegt hij. 'Ik had misschien mijn bezoek moeten aankondigen, maar ik was bang dat je nee zou zeggen.'

Ik wil hem vertellen dat hij niet welkom is, dat ik niets meer met hem te maken wil hebben, dat hij dat zo langzamerhand toch zou moeten weten; maar ik merk dat mijn processortijd een stuk langer is dan normaal.

'Luister.' Almar kijkt me smekend aan en pakt mijn schouders vast. 'Geef me alsjeblieft vijf minuten. Daarna laat ik je met rust.'

Het valt me mee dat ik niet in paniek raak. Ik voel me een stuk kalmer dan ik zou moeten zijn. In gedachten bedank ik de pil, terwijl ik Almar wezenloos aanstaar. Dan kom ik bij zinnen. Ik schud zijn handen met een resoluut gebaar van me af.

'Sorry,' zegt hij snel. 'Ik wilde je niet...'

'Je wilde vast wel meer niet,' zeg ik ijzig.

'Lili...'

Even herken ik in zijn blik de oude Almar, de Almar op wie ik zo verliefd was. Het doet me helemaal niets.

'Ik begrijp heel goed dat je boos bent, maar laat me alsjeblieft uitpraten.'

'Je hebt kansen genoeg gehad.' Mijn stem klinkt kalm. 'En nu zou ik het op prijs stellen als je weggaat.'

'Lili, alsjeblieft.'

'Opzij,' zeg ik. Hij doet zowaar wat ik zeg. Ik steek mijn sleutel in het slot en draai het open.

'Vertel me in elk geval of het goed met je gaat,' zegt Almar. 'Ben je oké?' Hij kijkt me smekend aan.

'Het gaat uitstekend,' zeg ik en ik gooi de deur in zijn gezicht dicht.

Natuurlijk doet het me iets. In de hal blijf ik staan, sla mijn armen om mezelf heen en zak in elkaar. Op mijn hurken blijf ik zitten, terwijl ik mijn bovenlichaam zachtjes heen en weer wieg. Ik wil geluid maken, maar ik ben bang dat Almar nog aan de andere kant van de deur staat en me zal horen. Dus houd ik mijn mond gesloten en blijf ik bewegen, totdat de mist mijn hoofd het weer overneemt en ik niets meer voel. Ergens in mijn hoofd komt een gedachte op, als plotselinge koplampen die je verblinden op een mistige weg: *I fucking love Sertraline.* Verrassend genoeg schiet ik in de lach. De lach van iemand die het allemaal niets meer kan schelen. De lach van een krankzinnige.

Ik schrik van geklepper van de brievenbus en de post die op de deurmat valt. Misschien is er een uur verstreken, misschien een paar minuten. Kreunend kom ik overeind en scheur de envelop open waarop mijn naam met de hand geschreven staat.

Ik wou dat ik alles over kon doen, maar dat kan nou eenmaal niet. Het enige wat ik nog kan is mijn excuses aanbieden en hopen dat jij verdergaat met je leven en gelukkig bent. Je verdient het.

Almar

NA EEN PAAR DAGEN aan de pillen zijn de nachten nog steeds doorwaakt en de dagen duf. Pas tegen etenstijd klaart mijn hoofd weer op en lukt het me zowaar om wat te werken. Ik lees alles wat er ooit is geschreven over Sergio Rob. Maak een lijst van vragen die ik sowieso wil stellen. Denk na over wie in zijn omgeving ik wil spreken.

Dan gaat de deurbel. Ik krijg 's avonds nooit visite en al helemaal niet onverwacht. De eerste gedachte die door me heen schiet, is dat Almar is teruggekomen. Ik loop de hal in en open de brievenbus. 'Wie is daar?' vraag ik erdoorheen.

'Sietze,' zegt mijn stiefvader.

Verbaasd haal ik de deur van het nachtslot en doe hem open. 'Wat doe jij nou hier?' vraag ik.

Sietze stapt naar binnen, zet zijn eeuwige hoed af en legt hem op de zijtafel. Daarna trekt hij rustig zijn jas uit en hangt hem aan de kapstok. Hij is het type dat zelfs tijdens een uitslaande brand geen enkele haast voelt.

'Was je in de buurt?' vraag ik, al is die kans natuurlijk klein. Niemand komt hier zomaar in de buurt.

‘Nee,’ zegt hij. Zijn gezicht staat ernstig.

Ik schrik. ‘Er is toch niets ergs aan de hand?’

‘Laten we eerst gaan zitten,’ zegt hij.

Pas nadat ik hem alcoholvrij bier heb gegeven en we over het weer hebben gepraat, schraapt hij zijn keel. ‘Tja, Liliane. Ik heb een akelig bericht... Je oude huisgenoot Almar heeft zelfmoord gepleegd.’

‘Wát?’

‘Ik werd vandaag gebeld door Merel. Ik vond toch dat je dit moest weten.’ Hij kijkt me onderzoekend aan.

Ik ga staan, loop een paar keer heen en weer door de kamer. Nog steeds kijkt Sietze me geduldig aan. Ik heb geen idee wat ik voel. Of ik wel iets voel. ‘Wow,’ zeg ik. ‘Die zag ik niet aankomen.’

Sietze neemt een slok van zijn biertje. ‘Ik kan me voorstellen dat het nogal rauw op je dak valt.’

‘Nogal,’ zeg ik, terwijl ik weer ga zitten. ‘Hij stond hier een paar dagen geleden op de stoep.’ Ik denk aan de brief die kennelijk een afscheidsbrief was. Had ik dat erin moeten lezen? Had ik iemand moeten waarschuwen?

Sietze wacht rustig af tot ik verder praat.

‘Hij wilde met me praten. Ik heb hem weggestuurd. Maar als ik had geweten dat...’ Ik kan de zin niet afmaken.

‘Het is niet jouw schuld,’ zegt Sietze op zijn gebruikelijke slome toon waar ik me als tiener rot aan heb geërgerd, maar die ik tegenwoordig juist als geruststellend ervaar.

‘Ik slik sinds kort antidepressiva.’ Ik weet niet waarom ik het vertel, maar het lijkt me opeens relevant. ‘Sinds een paar dagen. Alles is een beetje vaag nu.’

‘Dat is ook wat,’ zegt hij.

'Ja, ik zeg het maar even. Voor als je denkt dat ik raar reageer.'
Ik wacht totdat hij er iets over zegt, maar dat doet hij niet. Hij kijkt me alleen maar aan met zijn biertje in zijn hand.

Het blijft een tijdje stil. Je zou denken dat we inmiddels hebben geleerd hoe we met elkaar moeten communiceren zonder mijn moeder als smeerolie, maar het contact loopt nog steeds stroef.

'Ik ga maar weer,' zegt hij dan. 'Of heb je liever dat ik blijf?'

'Ik red me wel,' zeg ik.

Als ik 's avonds in bed lig, zie ik hem opeens voor me. De oude Almar. De Almar die mijn beste vriend was en die ik blind vertrouwde. Het valt me op hoe jong hij is. Hoe zijn huid zachtjes glanst alsof hij licht geeft van binnenuit. Hij ziet eruit als een heilige en ik heb lang gedacht dat hij daar dicht bij in de buurt kwam.

TOEN

IN DE PYRENEEËN, precies in het midden van de Middellandse Zee en de Atlantische kust, op de grens tussen Frankrijk en Spanje, aan het einde van een doodlopende weg langs een rivier, lag het hotel van mijn tío Manuel en tía Paola. Hotel El Refugio was geen architectonisch hoogstandje, maar een pragmatisch gebouw, opgetrokken uit grijze baksteen. Ooit was het gebouwd door de Spaanse overheid als toevluchtsoord voor hoge functionarissen waarbij vooral de afgelegen locatie een rol speelde. Een gebouw dat bijna helemaal wegviel tegen de grauwe bergwanden, een gebouw dat geschikt was om vele geheimen te herbergen. Inmiddels hingen er geraniums aan de raamkozijnen en werd het hotel vanuit Bielsa, het dichtstbijzijnde plaatsje, goed bewegwijzerd. Evengoed gaven de bergwanden waar in de zomer watervallen naar beneden kletterden en in de winter eindeloze meters sneeuw op lagen je het gevoel van nietigheid.

Tío Manuel had me gevraagd of ik op het hotel wilde passen tijdens de wintersluiting tussen 15 januari en 15 maart. In die periode was de sneeuwval zo hevig dat de dichtstbijzijnde gemeente het ondoenlijk achtte om de enige toegangsweg naar het hotel sneeuwvrij te houden.

‘Het zal een avontuur zijn, Lili,’ zei hij met een Spaans gevoel voor dramatiek. ‘Met pieken en dalen. Tegenslagen, spanningen, irritaties om niets, maar er zullen ook momenten zijn dat je compleet wordt overvallen door de schoonheid van het leven, van vriendschap, van de natuur en je niet anders kunt dan huilen.’

Ik mocht mijn huisgenoten meenemen, we zouden het hele hotel tot onze beschikking hebben en het enige wat we hoefden te doen was van tijd tot tijd alle kamers verwarmen en schoonmaken, de gemeenschappelijke ruimtes onderhouden en de muizenvallen controleren. Het zou niet mogelijk zijn om tussentijds het hotel te verlaten, maar tía zou ons voorzien van een riante hoeveelheid proviand. Alleen in uiterste noodgevallen zou een helikopter ons kunnen ophalen. ‘Dat is ook het mooie ervan,’ zei tío Manuel opgewekt. ‘Je hebt geen keuze. Je moet door, wat er ook gebeurt.’

Zelf had hij prachtige herinneringen aan deze geïsoleerde winters in de sneeuw. Niet omdat ze altijd even makkelijk waren geweest, maar juist omdat er elke keer iets te overwinnen viel. Afgezonderd van de rest van de wereld had hij zichzelf goed leren kennen, waren er vriendschappen voor het leven gesloten en er waren al heel wat kinderen verwekt die niet altijd per se op hun vader leken, als ik begreep wat hij bedoelde.

Zowel tío Manuel als tía Paola liep tegen de zestig. Ze waren net als het hotelinterieur versleten. Ze hoopten binnenkort het hotel te verkopen, maar tot nu toe had nog niemand zich gemeld. Tía Paola wilde niet meer wachten en had haar zinnen gezet op Thailand. Haar oude botten hadden geen tolerantie meer voor kou, zei ze.

'Reken er maar niet op dat er kinderen gemaakt worden,' zei ik tegen tío Manuel. 'Maar verder denk ik dat iedereen het leuk gaat vinden.'

Met mijn huisgenoten bewoonde ik een bovenwoning met twee verdiepingen in Zwolle die de vader van Kevin had gekocht. Zwolle stond niet bekend als een bruisende studentenstad. De meeste medestudenten woonden nog thuis en stapten na afloop van de colleges braaf in de bus of op de trein naar een omliggend plaatsje.

Alhoewel het maar een uur reizen was en ik die tijd prima had kunnen gebruiken om huiswerk te doen, was ik vastbesloten om Leeuwarden te verlaten. Mijn moeder nam het, zoals te verwachten, erg persoonlijk op. Dit motiveerde mij alleen maar méér. Ik reageerde op een briefje op het prikbord in de Albert Heijn en zo ontmoette ik Kevin. Al snel kwamen daar Almar en Merel bij die beiden in een dorp woonden met onmogelijke busverbindingen, Jelle die geen zin had om partij te kiezen tussen zijn scheidende ouders en Itty die van Ameland kwam en daarom wel op kamers móést.

Door onze jonge zelfstandigheid in een omgeving waar die niet gebruikelijk was, deelden we niet alleen een voordeur en de keuken, maar vormden we ook een hechte vriendengroep: drie jongens en drie meisjes. We aten een paar keer per week gezamenlijk en waren fanatieke Kolonisten van Catan-spelers. Met Merel en Itty keek ik zoetsappige films en met de jongens studeerde ik in de bibliotheek, omdat we ons geen van allen thuis konden concentreren. Toen ik mijn huisgenoten voorstelde om te gaan overwinteren in het hotel van mijn tío, waren ze zoals verwacht enthousiast. Iedereen had wel zin in twee maanden vakantie in de sneeuw. Zelfs Itty, die naar eigen zeggen niet zo reislustig was en haar weekenden en zomers zonder uitzondering doorbracht bij haar ouders op Ameland, zag het zitten.

De avond voor vertrek, net na het avondeten in de krappe, smoezelige keuken en op het moment waarop we allemaal de tafel wilden verlaten om onze laatste spullen te pakken en daarna vroeg te gaan slapen, kwam Almar opeens met een mededeling. Nou ja, hij deed alsof het een vraag was, maar het was duidelijk dat er niets te kiezen viel. Het zat zo: Monica had bij hem op de lagere school gezeten. Ze woonde noodgedwongen bij een tante, omdat haar ouders allebei verslaafd waren. Hij had destijds medelijden met haar gehad en had geprobeerd haar te helpen, maar ze was altijd heel teruggetrokken geweest. Na de lagere school was Almar haar uit het oog verloren, maar onlangs – hij liet in het midden wanneer – was hij haar tegengekomen in het plaatsje waar zijn ouders woonden. Hij had haar eerst bijna niet herkend. Ze leek wel een ander persoon; veel zelfverzekerder en vol humor. Na de middelbare school had ze in Parijs een tijdje als au pair gewerkt; ze had er een geweldige tijd gehad, veel vrienden gemaakt, totdat de vader van het gezin haar lastig begon te vallen. Halsoverkop had ze afscheid moeten nemen. Nu woonde ze tijdelijk wéér bij haar tante, maar ook dáár had de vader haar gevonden. Hij had zelfs al een keer op de stoep gestaan. Kortom, Monica zocht een veilig toevluchtsoord.

'En toen,' zei Almar, 'en sorry dat ik dat heb gedaan zonder overleg...' Hij deed een schamele poging om schuldbewust te kijken. '... heb ik gezegd dat ze wel mee kon naar het hotel. Daar is toch plek genoeg.' Hij keek mij nu voor de eerste keer rechtstreeks aan. 'Prima, toch?'

Mijn eerste impuls was om te zeggen dat ik het geen goed idee vond. Maar ik zag aan Almars gezicht dat dit belangrijk voor hem was en ik wilde hem niet teleurstellen. 'Ik ben natuurlijk niet de enige die hierover gaat,' zei ik om tijd te winnen. Ik stond op en begon de vuile borden te stapelen. We hielden een strikt rooster bij van wie wat wanneer deed. Zonder het rooster, was de ervaring, deed niemand meer iets en werd het een puinhoop. Die dag had Jelle chili con carne, het enige gerecht dat hij ooit maakte, gekookt en was het mijn taak om af te wassen.

'Wat is het voor iemand?' vroeg Merel.

'Ze is echt chill,' zei Almar. 'Ze heeft alleen een beetje pech gehad in het leven.'

'Top,' zei Kevin. 'Dan hebben we één persoon extra die schoon kan maken.'

'Zoveel werk is het niet hoor,' zei ik snel. 'We hoeven alleen maar de ruimtes die we zelf gebruiken bij te houden.'

'Jelle?' vroeg Almar.

'Ik vind alles prima,' zei hij, zoals te verwachten.

Merel, Itty en ik wisselden een onzekere blik.

'Ik begrijp dat het nogal een risico is om iemand mee te nemen die jullie niet kennen,' zei Almar. 'En als ze niet in zo'n shitzooi had gezeten, had ik haar echt niet meegevraagd. Maar ik weet zeker dat het leuk wordt.'

'Sorry dat ik niet meteen sta te juichen hoor,' zei Itty. 'Wat als er geen klik is? Dan zijn twee maanden best lang.'

'Ze heet Monica,' zei Almar geduldig alsof hij het over een zielig asielhondje had. 'En ze heeft hulp nodig. Maar als je het niet ziet zitten, bel ik haar af,' voegde hij er snel aan toe.

'Heeft ze al een treinkaartje dan?' vroeg ik.

Almar kleurde rood.

'Dus als ik het goed begrijp heeft ze de reis al geboekt vóórdat je met ons hebt overlegd,' zei Merel.

'Wist ik veel dat ze ja zou zeggen. Ik was het zelfs alweer helemaal vergeten. Maar vanochtend belde ze opeens dat ze bij het internationale treinloket stond om een kaartje te kopen. Ik kon moeilijk nog tegen haar zeggen dat het hele feest niet doorging. Maar het kan ook leuk zijn, toch? Woord voor dat je iets al lang geleden op een bepaalde manier hebt gepland en dat het op het laatst toch helemaal anders wordt,' zei Almar overdreven opgewekt.

'Is er al: verrassing,' zei Itty. 'Kom met iets beters, gast.'

Ik zocht nog een keer oogcontact met haar en Merel. Ze trokken beiden hun wenkbrauwen op als in: wij weten het ook niet.

'Het was natuurlijk fijn geweest als we haar van tevoren hadden kunnen ontmoeten.' Ik draaide de hete kraan open en goot een scheutje afwasmiddel bij het water. 'Maar als jij zegt dat ze nergens anders naartoe kan...'

'Het is echt een noodgeval,' beaamde hij.

'Als het niet werkt, hebben we een probleem,' zei Itty.

'Natuurlijk gaat het werken,' zei Jelle. 'Wij doen gewoon lekker ons eigen ding en als dat haar niet bevalt, heeft ze pech.'

'Oké... Voor het goede doel dan,' zei Merel.

'Ben ik dan de enige zeikerd?' zei Itty.

'Je bent gewoon een eilander,' zei Almar. 'Bij jou duurt alles langer.'

'*Ut komt ek op as un skaap 't skieten*,' zei Itty, wat zoiets betekende als: 'Het komt op als een schaap het poepen.' Omdat ik in Leeuwarden had gewoond en drie jaar Friese les op de lagere school had gehad, was ik de enige die Itty's Amelandse Fries redelijk kon verstaan.

'Wat?' vroeg Kevin en hij probeerde haar na te praten. Halverwege de zin gaf hij het op en zei: 'Laat maar.'

's Avonds belde mijn moeder om me een goeie reis te wensen. Met tegenzin nam ik op. Nog steeds sprak ze nauwelijks de taal, ook al woonden we inmiddels veertien jaar in Nederland. Sinds mijn puberteit weigerde ik om Spaans terug te spreken. Het was misschien een beetje kinderachtig en ik was al lang vergeten waarom ik er zo'n punt van maakte. Ik zou kunnen beweren dat het was om haar te helpen met haar Nederlands. Met Sietze sprak ze Engels, een taal die geen van beiden goed beheerste, wat misschien wel het geheim was van hun huwelijk.

'Dus jullie nemen iemand mee die je helemaal niet kent,' zei mijn moeder op de toon die ik maar al te goed van haar kende. De toon van 'probeer in godsnaam niets nieuws'.

Ik maakte een geërgerd geluid.

'Ik geef je je vader.' Het ergerde me altijd als ze Sietze mijn vader noemde, maar ik had het opgegeven haar te corrigeren. Kennelijk hield ze graag vast aan haar fantasie van het gezinnetje dat we overduidelijk niet vormden.

Ik hoorde het rommelige geluid van een hoorn die aan iemand anders wordt gegeven en even later had ik Sietze aan de lijn. 'Slecht idee,' zei hij.

'Hoe bedoel je?' zei ik pinnig.

'De wintersluiting is zwaar genoeg zonder een probleemgeval aan boord.' Zelf weigerde hij pertinent om te gaan, ondanks het feit dat mijn moeder niets liever zou willen. Dat ze één keer per jaar naar de Pyreneeën afreisden – mijn moeder mocht kiezen tussen de zomervakantie en kerst – vond hij meer dan genoeg. Liever ging hij varen op de Friese meren met de kajuitboot waar bijna al zijn vrije tijd en budget in zaten. Was hij niet aan het klussen, dan maakten we als 'gezin' tochtjes op het water. Ter compensatie van de vele uren die wij als warmbloedige Spaansen kleumend moesten doorbrengen, had hij de boot naar mij vernoemd: Liliane. Hij had het gebracht alsof hij me daarmee een grote eer bewees, maar het had me vooral geërgerd: nu moest ik doen alsof ik het nog leuk vond ook.

'Wie zegt dat zij een probleemgeval is?' Ik praatte extra zacht, omdat de wanden tussen onze kamers van spaanplaat waren en het daardoor nogal gehorig was. Het was zelfs zo erg dat we hele gesprekken door de muren heen konden voeren. 'Monica heeft gewoon een beetje pech gehad in het leven,' gebruikte ik Almars woorden, alsof ik haar al heel goed kende.

'Gebruik je hersens, Liliane.'

'Wat weet jij nou van gastvrijheid?' zei ik. 'Mag ik mama weer?'

Gerommel en even later had ik mijn moeder weer aan de lijn. '*Tu papa tiene razón*. Dit is een recept voor ellende.'

'Eén: ik heb geen vader. Twee: waarom bemoeien jullie je overal mee?'

'Je kunt het zien als bemoeienis, maar ook als wijze raad.'

Ik plofte neer op mijn bed dat ook als bank diende, al nam ik nooit de moeite om het in te klappen. Het irriteerde me mateloos dat mijn moeder me de les las. Zij, die zich had verstopt in een doorzonwoning en er nooit meer was uitgekomen.

'Maak je geen zorgen,' zei ik snibbig.

'Ik hou van je, schatje,' zei ze toen. 'En hopelijk heb ik het helemaal mis.'

Kort daarna klonk er een klopje tegen de muur. 'Wat zei je moeder?' hoorde ik Merel die de kamer naast mij had vragen.

'Jullie moeten allemaal de groeten hebben,' antwoordde ik.

WE HADDEN KAARTJES VOOR DE TGV van kwart over negen in de ochtend van Amsterdam naar Parijs. Daar moesten we overstappen op de hogesnelheidslijn naar Bordeaux, waar we zouden overstappen op een trein richting de Spaanse grens en dáár moesten we weer overstappen op de trein in de richting van Toulouse. Na deze reis van ruim tien uur zou tío Manuel ons op het station van Lannemezan opwachten. Alleen al de naam van het plaatsje bracht me in een goed humeur.

'We gaan naar Lannemezan, naar Lannemezan, naar Lannemezan,' zong ik tot vervelens toe. Van de anderen dan.

'Waar gaan we nou ook alweer naartoe?' vroeg Kevin. 'Ik heb je geloof ik niet helemaal goed verstaan.'

'Naar Lannemezan,' riep ik in zijn oor.

'Daar gaan mijn trommelvliezen,' zei hij droog.

'Ligt er eigenlijk al sneeuw?' vroeg Jelle.

'Al een halve meter. En voor komende week wordt er nog veel meer verwacht.'

Jelle wreef verheugd in zijn handen. 'Ik kan niet wachten.'

'Het wordt echt heel vet,' zei ik. 'De beste vakantie ooit.'

Vijf minuten voordat de trein zou vertrekken, was Monica nog steeds niet gearriveerd. Terwijl de rest van ons zich al lang en breed had geïnstalleerd in de donkerrode stoelen met tafeltjes in het midden, bleef Almar zenuwachtig over het perron heen en weer lopen. Zijn adem maakte vederwolkjes in de koude winterlucht. Zijn grote neus, waar hij, zo had hij zich ooit laten ontvallen, zich weleens onzeker over voelde maar die ik zijn beste feature vond, was rood.

Merel tikte tegen het raam. 'Kom zitten,' riep ze. 'Straks rijdt de trein weg zonder jou.'

'Ze komt er zo aan,' zei Almar. Hij keek op zijn telefoon. 'Ze heeft me net nog ge-sms't.' Toen veranderde zijn gezichtsuitdrukking volledig. Zijn grijze, in de kille winterzon bijna zilverkleurige ogen lichtten op, de altijd aanwezige frons op zijn voorhoofd verzachtte en om zijn mond vormde zich een brede glimlach. 'Monica!' riep hij verheugd. 'Net op tijd!'

'Hoe ziet ze eruit?' vroeg Kevin gretig.

'Gewoon,' zei Itty, die als enige met haar gezicht naar haar toe zat.

'Wat hebben we daar nou aan?' zei Jelle.

De deur van de coupé gleed geruisloos open. Almar liep als eerste naar binnen, met een blik alsof hij zojuist een enorme vis had gevangen. Hij werd gevolgd door een lang, blond meisje. Ze was mooi, maar op een nietszeggende manier. Een gezicht als een leeg canvas. Wat wel opviel was dat ze goed gekleed was. Ze droeg een openhangend roodgeruit flanellen shirt dat erin slaagde er chic uit te zien, een zwart satijnen hemdje, strakke diepdonkerblauwe jeans, laarsjes met hoge hakken en een zwarte gecapitonneerde handtas. Haar nagels waren pas gelakt met een donkerrode nagellak met een vleugje metallic erin en leken volmaakt bij haar kleding te passen.

Ik werd me opeens bewust van het lichtgrijze joggingpak dat ik een week geleden bij de H&M had gekocht omdat het lekker zat en niet al te duur was. Itty droeg meestal oversized kleding, zodat niemand een idee had hoe haar lichaam er eigenlijk uitzag. Merel had net als ik een krap budget en een kledingstijl die zich liet omschrijven als wat-er-maar-schoon-in-de-kast-lag. Wat dat betreft had Monica niet verder van ons af kunnen staan.

'Dit is Monica,' zei Almar. Hij tilde haar enorme koffer in het bagagerek.

Ik ging staan en gaf haar een warme omhelzing. 'Ik ben Lili. Wat leuk dat je met ons meegaat.' Haar lichaam verstijfde. Na al die tijd in Nederland vergat ik nog steeds weleens dat andere mensen niet zo lichamelijk waren als ik. In onze familie was ik het gewend om iedereen te kussen en te knuffelen. Ik liet haar snel weer los.

'Dank je wel dat ik mee mag, zo op het laatste moment.' Haar stem klonk vlak, een tikje nasaal, maar haar glimlach was vriendelijk.

'We konden je natuurlijk niet laten zitten,' zei Jelle. 'We hoorden van het... gezeik dat je hebt gehad.' Dat laatste kwam er onhandig achteraan. 'Ik ben Jelle.' Hij ging staan en stak zijn hand uit. Het was altijd grappig om te zien welke indruk Jelle met zijn gelijkmatige gelaatstrekken en lichtblauwe ogen op meisjes maakte. Niet alleen was hij heel knap, maar hij was ook de enige van ons die naar de sportschool ging en aftershave gebruikte.

Ook Monica bleef hem net iets te lang aankijken. Ik zag Merel een lach onderdrukken. Ook wij waren een beetje van slag geweest toen Jelle als laatste in ons huis kwam wonen. Inmiddels noemden we hem 'ons domme blondje', ook al was hij een reus van een vent met donker haar.

'Echt heel lief dat ik mee mocht,' zei Monica. 'Ik hoop maar dat jullie er geen spijt van krijgen.' Ze stelde zich ook aan de anderen voor en plofte naast Almar op de bank aan de andere kant van het gangpad.

De trein zette zich in beweging. Nu ik Monica wat beter bekeek, zag ik dat ze zich zorgvuldig, maar bijna onzichtbaar had opgemaakt. De jongens zouden het niet opmerken. Itty ook niet. Merel misschien wel.

'Kun je een beetje koken?' vroeg Kevin.

'Eh... ik kan heel goed pannenkoeken bakken.'

'Ik ben dol op pannenkoeken,' zei Jelle. 'En maak je verder maar geen zorgen, want niemand hier is een keukenprins.'

'Niemand hier?' zei Almar.

'Oké, Almar kan wel wát koken, Lili ook wel... Maar ik maak alleen maar chili, Itty doet altijd een AGV'tje en Merel kookt altijd, maar dan ook altijd, dezelfde pasta.'

'Dat is omdat jullie mij altijd om mijn bolognese sméken,' zei Merel.

'Vind je het gek? Er zijn oude Italiaanse dametjes die mindere maken,' viel ik haar bij.

'Dank je,' zei Merel.

'Misschien kun je het me leren,' zei Monica. 'Maar wat maakt Kevin dan?' Ze keek hem zo warm aan dat hij begon te stamelen.

'Kevin is vooral heel goed met Knorr Wereldgerechten,' zei ik en ik stak mijn tong naar hem uit.

'Ik maak toch ook weleens paella?'

'Van Knorr, ja.'

'Je moet niets geloven van wat zij zegt,' zei Kevin tegen Monica. 'Onthoud maar dat ik de enige van ons huis ben die je kunt vertrouwen.'

'Kevin is de enige die je echt níét moet vertrouwen,' zei Merel, 'en dat van die Wereldgerechten klopt. Dus hoe ga je dat oplossen straks in Spanje?'

'Dan zul je nu ontdekken dat ik wel degelijk kan koken,' zei Kevin. 'Let maar op.'

'Tegen de tijd dat we het hotel verlaten, ken je al onze keukengeheimen,' zei Almar lachend.

'Ook al onze andere geheimen,' zei Kevin.

'Daar hou ik je aan,' zei Monica.

'Foto!' zei Jelle.

We gingen allemaal bij elkaar staan in het gangpad van de trein.

'Ik tel tot drie en dan roepen jullie allemaal "Lannemezan". Eén, twee...'

We brulden zo hard dat de hele coupé verstoord opkeek, terwijl Jelle de foto maakte met de spiegelreflexcamera die hij speciaal voor deze reis had gekocht. Jelle veranderde elke maand van idee over zijn toekomstige beroep en fotograaf was zijn laatste bevlieging.

'Zo, iedereen is wakker,' zei Kevin tevreden.

Tegen de tijd dat we Parijs naderden, hadden we allemaal het nodige over onszelf verteld: waar we vandaan kwamen, hoe we elkaar kenden, wat we studeerden en wat zo'n beetje de onderlinge verhoudingen waren. Monica vertelde over haar au-pairbestaan bij een rijke Parijse familie. Ze woonden in een enorm appartement aan de Avenue Foch, om de hoek bij de Arc de Triomphe en met uitzicht op de Eiffeltoren. Eigenlijk hoefde Monica niet veel te doen: in de ochtend bracht ze de kinderen naar school en ze haalde hen pas op aan het einde van de middag nadat ze naar allerlei clubjes waren geweest. Soms at ze nog met hen en bracht ze hen naar bed, maar dat hoefde lang niet altijd. Het had de perfecte baan geleken; ze had leuke vrienden gemaakt en voelde zich helemaal thuis, totdat opeens de vader 's nachts in haar slaapkamer had gestaan.

Geen van ons durfde door te vragen en zelf kwam ze niet met meer details.

'En het ergste is dat niemand je gelooft,' zei Monica. Het viel me op dat haar stem nog steeds vlak klonk, ook al moest dit een beladen onderwerp voor haar zijn. 'Helemaal niemand. Alsof je zoiets voor de lol verzint.'

Almar legde geruststellend zijn hand op haar been.

'Idioot toch, dat je je als slachtoffer moet verdedigen,' zei Merel.

'Sowieso,' zei Kevin. 'Wat een psychopaat, joh.'

De conducteur kondigde aan dat de trein over enkele minuten zou stoppen op Gare du Nord. Daarvandaan moesten we een metro nemen naar station Montparnasse aan de andere kant van de stad, om daar in een andere trein richting het zuiden te stappen.

'Mijn eerste keer in Parijs!' riep Itty.

'Parijs...' zei Monica op een toon waaruit ik niets kon opmaken. Was het weemoed? Angst? Verdriet?

Almar stond op en pakte haar koffer uit het rek. 'Ik snap dat het nu nog heftig voelt. Maar straks ben je alles vergeten,' zei hij.

De trein kwam tot stilstand en er ontstond gedrang bij het uitstappen. In Amsterdam was het helder en koud geweest, maar in Parijs miezerde het. Het was duidelijk vrijdagochtend. Zakenlieden met koffertjes, rugzaktoeristen en verliefde stellen leken er een wedstrijd van te maken wie als eerste buiten stond. En daartussenin probeerden wij ons te wurmen, met onze enorme koffers volgeladen met winterkleding, boeken en spelletjes.

Kevin en Jelle liepen voorop over het lange perron, gevolgd door Almar en Monica. Als vanzelf vormden de jongens een kordon om haar heen en ik kon me vergissen, maar ik had de indruk dat ze rechterop liepen dan normaal en hun schouders breed maakten.

'Woord voor dat je vrienden opeens zijn veranderd in bodyguards,' zei ik tegen Merel en Itty die naast mij waren komen lopen.

Itty barstte in lachen uit, maar Merel zei: 'Hè, ik begrijp het niet. Bedoel je dat de jongens het gevoel hebben dat ze Monica moeten beschermen?'

'Vreselijk wat haar is overkomen,' zei Itty. 'Je zou zo'n kerel toch iets aan willen doen?'

We waren inmiddels in de drukke stationshal aangekomen. 'Wacht,' zei Merel. 'Laat me even macarons kopen.'

'Wat zijn dat?' zei Itty.

'Van die Franse tuttebeldingetjes. Schuimkoekjes met een vulling ertussen. Meer grappig dan lekker,' zei ik.

'Wacht even, jongens!' riep Merel naar de rest. 'Ik wil iets kopen.' Ze moest nog een keer roepen voordat de rest van de groep het hoorde en bleef staan.

'Wat wil je hebben dan?' vroeg Monica.

Merel wees naar de kraam van De Neuville. In de vitrine lagen macarons in alle mogelijke pasteltinten.

‘Niet daar halen,’ zei Monica. ‘Dat zijn vooral suiker, kleur- en geurstoffen. De goede macarons haal je bij Ladurée.’

‘O,’ zei Merel enigszins beteuterd.

‘Weet je wat?’ zei Monica hartelijk. ‘Ik trakteer op een taxi naar Ladurée en dan rijden we van daaruit door naar Montparnasse.’ Ze sprak de plaatsnamen uit op een overdreven Franse manier. ‘Dan zien we de anderen daar.’

Ik verwachtte dat Merel het aanbod zou afslaan en zou zeggen dat de stationsmacarons prima waren, maar tot mijn verbazing glimlachte ze en zei: ‘Dat lijkt me hartstikke leuk!’

‘Mag ik dan mee?’ vroeg Itty. ‘Ik ben hier nog nooit eerder geweest en misschien is het wel grappig om wat van de stad mee te pikken. Ik bedoel, als dit al de stationshal is…’ Ze keek bewonderend naar de enorme glas-in-loodraampartijen en de stalen kolommen waarop het dak rustte.

‘Je zult Parijs prachtig vinden!’ zei Monica. ‘We gaan dwars door het centrum, dus je ziet van alles!’

Ik keek op mijn horloge. ‘Redden jullie dat wel? De trein vertrekt om kwart voor drie en als we hem missen, komen we vandaag niet meer aan in… Lannemezan!’

‘Hoe heet die plaats ook alweer?’ vroeg Almar alsof hij aan een hond vroeg of die nog een koekje wilde.

‘Lan-ne-me-zan,’ zong ik. ‘Kwart voor drie. Gaat het lukken?’

‘Het zijn geen kleine kinderen,’ zei Kevin.

‘Natuurlijk niet,’ zei ik. ‘Het is meer dat jullie je ervan bewust zijn dat we geen zeeën van tijd hebben. Voor het geval jullie besluiten dat jullie ook nog de beste croissants van Parijs willen halen of zo.’

'Het komt goed,' zei Monica. 'Laat dit maar aan mij over.'

'Waarom ga je niet gewoon mee?' zei Merel. 'Lekker met de *girlsquad*.'

Mijn blik rustte even op Almar. 'Ik ga wel met de jongens mee,' zei ik. 'Ze hebben al genoeg tassen die ze moeten sjouwen, dacht ik zo.'

'Ah joh, daar worden ze hard van,' zei Merel die zelf een koffer had waarvan een van de wieltjes vastzat. Het was een heel karwei om hem voort te trekken.

'Jij bent lekker,' zei Kevin.

'Túúrlijk,' zei Jelle die naast de enorme koffer van Monica zelf de meest onhandige zware weekendtas meezeulde.

Toen we even later tegen elkaar aan gedrukt stonden in een overvolle metro, zei Almar: 'Ze is leuk, toch?'

'Hartstikke,' zei ik. 'Ik maakte me wat zorgen over Itty, maar die gaat geloof ik ook wel lekker.'

'Dan is het oké.' Hij pakte mijn hand en kneep erin. Tegelijkertijd maakte de metro een onverwachte beweging, waardoor mijn lichaam nog dichter tegen het zijne werd gedrukt.

'Tijgerlelie,' fluisterde hij snel in mijn oor, zodat de anderen het niet konden horen. Zijn adem kriebelde tegen mijn oorschelp en ik voelde hoe ik kippenvel kreeg over mijn hele lichaam.

'Waarom noem je me altijd zo?'

'Omdat je net zo mooi en temperamentvol bent. Maar soms ook net zo onhandig.'

'Dat ben ik toch helemaal niet?'

Hij begon te lachen. 'Misschien niet qua motoriek, maar wel

in je doen en laten.' Onze lichamen waren inmiddels weer terug op hun plaats.

'Hoe bedoel je?' wilde ik vragen, maar ik zag dat Kevin en Jelle naar ons aan het kijken waren. 'Het wordt vast heel gezellig,' zei ik in plaats daarvan op luide toon.

KENNELIJK WAS OP TIJD KOMEN niet Monica's sterkste punt. Ook nu liet ze op zich wachten, terwijl de trein al klaarstond voor vertrek. We hadden een stokbroodje gegeten in de stationshal, alle bagage in de bagagerekken van het halletje in de trein geplaatst en nu stonden we met zijn vieren op het perron te wachten. Net als Gare du Nord was Montparnasse een kopstation met lange perrons die uitkwamen op een centrale hal. Onze zitplaatsen bevonden zich ergens halverwege de zeker tweehonderd meter lange trein.

'Ze heeft me net nog ge-sms't,' zei Almar. 'Ze zijn om de hoek.'

Ik pakte mijn mobiele telefoon en belde eerst naar Merel en daarna naar Itty. Geen van beiden nam op. Ik kreeg een vreemd gevoel in mijn borst, alsof er honderden kleine vogels nerveus aan het fladderen waren.

'Natuurlijk nemen ze niet op,' zei Jelle. 'Je zult zien dat ze nu door de stationshal aan het rennen zijn.'

'Verdomme,' zei ik. 'We hebben nog twee minuten. Wat als ze niet op tijd komen?'

'Dat komen ze heus wel,' zei Almar.

Maar een minuut later waren ze er nog steeds niet.

Bij het voorste rijtuig stapte een conducteur uit en speurde het perron af om te zien of alle passagiers waren gearriveerd.

'Oké, wat doen we als ze er niet zijn?' vroeg ik nogmaals. 'Gaan we zonder hen?'

'Dat kan toch niet?' zei Kevin.

'Ze kómen,' zei Almar. Ik nam aan dat de irritatie in zijn stem voor hén bedoeld was en niet voor mij.

'Ik ga wel kijken waar ze blijven,' zei Jelle. 'Desnoods vang ik hen aan het begin van het perron op en spring ik met hen in het achterste rijtuig.' Hij begon het perron af te lopen in de richting van de hal.

'Goed idee,' zei Kevin en volgde hem. Op een drafje liepen de jongens langs de trein. Nog steeds waren Monica, Itty en Merel niet in zicht.

De conducteur blies lang en hard op zijn fluitje om de nog ontbrekende passagiers aan te sporen.

Ik stapte snel de trein in en nam aan dat de anderen dat ook zouden doen. Maar in plaats van dat Jelle en Kevin in de trein sprongen, begonnen ze nog harder te lopen. Almar stond ze dommig na te kijken, zichtbaar verscheurd tussen de opties van wachten op de anderen of de trein halen.

'Hij gaat zo vertrekken, jongens!' riep ik.

Nog steeds bewoog Almar niet. Kevin en Jelle waren bijna aan het begin van het perron aangekomen. Ik hoopte maar dat ze de tegenwoordigheid van geest zouden hebben om in te stappen.

'Nu!' riep ik met overslaande stem, terwijl de deuren met een luid gesis begonnen te sluiten.

Pas toen leek het of Almar bij zinnen kwam. 'Shit!' zei hij en hij zette een paar stappen in de richting van de trein. Ik overwoog om mijn been tussen de deuren te steken – ongetwijfeld was er een mechanisme dat zou voorkomen dat lichaamsdelen bekneld zouden raken – maar het ging allemaal heel snel en ik durfde niet.

Een moment later waren de deuren dicht. Aan de andere kant van het raam keek Almar me geschokt aan. Zijn mond vormde het woord 'sorry'.

Langzaam kwam de trein in beweging. De laatste glimp die ik van hem opving, was dat hij zijn hand opstak en met een pijnlijk gezicht de trein uitzwaaide.

Ik kon het gewoon niet geloven. Ik sloot mijn ogen in de hoop de tijd terug te draaien, maar het snerpende geluid van treinwielen die langs de rails schuurden bracht me terug in de werkelijkheid. Toen ik mijn ogen weer opendeed, reed de trein het station al uit.

Verdwaasd liep ik naar mijn zitplaats in de coupé, terwijl de telefoon in mijn zak al overging. In precies twee uur en drie minuten zou ik de afstand van een kleine vijfhonderd kilometer naar Bordeaux overbruggen, zonder enige tussenstop. Ik haalde een paar keer diep adem en nam toen de telefoon op. 'Woord voor dat je huisgenoten je in een trein alleen laten met een weekendtas en zes koffers ter grootte van dinosaurussen.' Ik probeerde mijn stem luchtig te laten klinken.

'Het spijt me echt verschrikkelijk,' zei Almar in mijn oor.

'Het is niet jouw schuld,' zei ik.

'Toch voel ik me verantwoordelijk,' zei Almar. 'Ik vind het echt heel lullig en ga het goedmaken.'

'Daar heb je straks twee maanden de tijd voor.'

'Hoe boos is ze?' hoorde ik Kevin op de achtergrond vragen.

En Itty en Merel hoorde ik 'sorry, sorry, lieve Lil' roepen.

'Maar wat nu?' zei ik. Waarmee ik bedoelde: hoe hadden jullie gedacht dat ik met al deze bagage twee keer ga overstappen?

'We kunnen met zijn allen bij een vriend van Monica logeren,' zei Almar. 'En dan nemen we morgen de eerste de beste trein naar Lannemezan en pakken we daarvandaan een taxi.'

'Dure taxi,' zei ik.

'Daar ben ik ook bang voor,' zei Almar. 'Maar het is natuurlijk het lulligst voor jou.'

'Klotezooi,' zei ik en ik verbrak de verbinding. Terwijl de trein door het monotone Franse landschap raasde, lukte het me nauwelijks om mijn ergernis te onderdrukken. Ze hadden ruim anderhalf uur de tijd gehad om de stad te doorkruisen en de bakkerij te bezoeken. Waarom waren ze er niet in geslaagd om net vijf minuten eerder het station te bereiken? Ik schopte met mijn voet tegen de bank tegenover me waarop mijn huisgenoten hadden moeten zitten en vloekte.

Het overstappen was een ramp. Een voor een sleepte ik de zware koffers uit de trein, en ik hoopte maar dat niemand er een zou stelen terwijl ik met de andere bezig was. Uiteindelijk schoot de conducteur me te hulp. Via zijn walkietalkie riep hij een kruier op die na lang wachten met een steekwagen aan kwam lopen. Overduidelijk dacht de man dat ik knettergek was om in mijn eentje met zoveel bagage te reizen. Omdat ik nauwelijks Frans sprak en hij geen Engels of Spaans, kon ik de situatie ook niet uitleggen. Tegen de tijd dat ik Lannemezan naderde, hadden mijn huisgenoten de nodige opbeurende sms'jes gestuurd, maar ondertussen zat ik mooi alleen in die trein. Bij wijze van troost én avondmaaltijd at ik in de restauratiewagon een Snickers en een zak M&M's. De puisten die ik hier ongetwijfeld van zou krijgen, nam ik op de koop toe. Daarna staarde ik uit het raam, naar het grote donkere niets en probeerde mezelf moed in te spreken.

Het is maar voor heel even.

Niemand heeft dit expres gedaan.

Natuurlijk houden ze van je.

Er is niets mis met jou.

Ik wist dat dit rationeel gezien klopte. Maar wat ik voelde was de paniek van een achtjarig meisje dat uit haar vertrouwde omgeving is weggerukt en het maar moet zien te redden.

Tío Manuel stond te wachten op het perron van Lannemezan. Het plezier dat ik eerder om de naam had gehad, was helemaal weg. Het klonk nu meer als 'lamzak' of in elk geval iets waar je heel chagrijnig van werd. Terwijl ik de bagage uit de trein sleepte, snelde mijn tío naar me toe. 'Lili, *cariña*,' zei hij en hij pakte de koffers van me aan. 'Wat ben ik blij om jou te zien.'

Zodra ik zijn armen om me heen voelde, zijn vertrouwde geur rook van pijptabak vermengd met Old Spice, en zijn harige winterjas tegen mijn wang voelde prikken, begon ik te huilen. Tío Manuel en ik hadden een speciale band, wat misschien wel voor de hand lag aangezien ik geen vader had en hij geen kinderen. Tussen mij en tía Paola zat meer afstand, alsof ze mij niet helemaal vertrouwde.

'Liefje toch,' zei hij. 'Zo erg is het nou ook allemaal niet.' Hij bleef me net zo lang over mijn haar strelen totdat ik rustig werd. Daarna pakte hij mijn gezicht tussen zijn handen en keek me ernstig aan: 'Het komt goed, ja? De weg is morgen nog open, dus niets aan de hand. Paola en ik geven jou alle instructies en dan kun jij zelf alles vertellen aan je vrienden.'

Tío Manuel en ik brachten de koffers en de grote weekendtas naar het oude personenbusje waar op de zijkant EL REFUGIO stond. 'Morgen rond deze tijd zitten jullie met zijn allen bij de open haard aan de wijn.'

NU

IMPOSSIBLE IS NOTHING staat er op het zwarte T-shirt van Sergio Rob. Verder draagt hij een zwarte spijkerbroek van een Nederlandse designer met wie hij goed bevriend is en een dikke laag foundation. Een goed detail voor in het boek. Uiteraard heb ik zijn visagiste uitgehoord en volgens haar is hij redelijk ijdel, maar vindt hij het vooral fijn om even verzorgd te worden. 'Omdat hij straks al die mensen in de zaal moet verzorgen.'

We zijn backstage bij Schouwburg Odeon in Zwolle. Ik heb geprobeerd een reden te bedenken waarom ik niet aanwezig kan zijn. Sinds ik samen met Sietze op een druilerige middag – toen ik zeker wist dat niemand thuis zou zijn – mijn spullen heb opgehaald, ben ik nooit meer in deze stad geweest. Maar dit is voorlopig Sergio Robs laatste optreden, dus ik kan het moeilijk overslaan. In de kleedkamer staat een enorme mand fruit en er ligt een spijkermatje waarop Sergio Rob in de pauze rust. Hij heeft mij er ook een aangeraden; het is een snelle manier om te ontspannen en endorfine aan te maken. Maar toen ik op zijn mat ging liggen, voelde ik alleen maar een geniepig soort pijn.

Over een kwartier moet hij op. De zaal waar ruim vierhonderd mensen in passen is helemaal uitverkocht. Een kaartje kost driehonderddertig euro. Per persoon verdient hij na aftrek van de inkomsten van de schouwburg tweehonderdvijfenzestig euro. Dat is al flink, maar nog meer verdient hij doordat al deze mensen zijn onlineprogramma's gaan volgen en zijn boeken kopen.

Via de spiegel zegt hij tegen me: 'Je mag erbij blijven, maar ik heb nu even tijd voor mezelf nodig.'

'Dat is goed,' zeg ik en ik ga discreet in een hoekje van de kleedkamer zitten. Sergio Rob werpt nog een laatste goedkeurende blik op zichzelf in de spiegel, woelt nog één keer met zijn handen door zijn grijze krullen en sluit zijn ogen. Dan begint hij heftig adem te halen. Forse teugen in, kleine pufjes uit. Het lijkt op de ademhaling van Wim Hof, al beweert Sergio Rob dat hij deze methode heeft geleerd bij een boeddhistische leraar in de Himalaya waar hij enkele maanden heeft verbleven.

Dan blaast hij heel lang uit en houdt een tijdje zijn adem uit. Na een eeuwigheid ademt hij weer in en herhaalt het hele procedé een paar keer. Als hij klaar is opent hij zijn ogen: 'Zo, ik ben helemaal *energized*,' zegt hij. '*Let's go!*'

Hij staat op van de stoel, speelt 'Eye of the Tiger' af op het boxje dat hij heeft meegenomen en begint op de maat te springen. Ook al vind ik het belachelijk, het heeft iets aanstekelijks. Deze hele man heeft iets aanstekelijks, al wil ik dat niet graag toegeven.

'Doe mee!' zegt hij, maar ik gebaar dat ik even blijf zitten. Ik merk dat ik een beetje trillerig ben. Inmiddels ben ik goed ingeregeld op de antidepressiva. Het enige is dat mijn bloedsuikerspiegel er wat onstabieler door geworden is en ik erop alert moet zijn dat ik op tijd eet. Het luistert allemaal nauw, maar ik heb het er graag voor over. Sinds ik aan de pillen zit, heb ik het gevoel dat het leven niet meer zo heftig bij me binnenkomt. Ik kan meer aan. Mijn lichaam voelt rustiger.

Desondanks zie ik nog steeds erg tegen deze avond op. Ik pak een banaan van de fruitschaal in de hoop dat die zal helpen tegen het trillen. 'Neem lekker,' zegt Sergio Rob, die inmiddels is overgegaan op een soort schaduwboksen.

'Dank je,' zeg ik.

Dan wordt er op de deur geklopt en steekt Ankie, zijn personal assistant, haar hoofd om de deur. 'Het is tijd.' Ze is denk ik een jaar of vijftig en heeft het vriendelijke, geruststellende gezicht van iemand die alles al een keer heeft meegemaakt. Ik benijd haar omdat ze nooit ergens van onder de indruk lijkt te zijn.

'Yes!' zegt Sergio Rob en doet een oortje in. *'Let's do this!'* Hij is dol op Engelse uitdrukkingen. *'Let's get this show on the road!'* Hij recht zijn rug en loopt de kamer uit, als een bokser op weg naar zijn wedstrijd. Waarschijnlijk voelt hij zich nu ook zo.

'Kom je?' vraagt Ankie. Bij elke stap die ze zet slingert haar backstagepas tegen hetzelfde donkerblauwe colbertje dat ik haar de vorige keren ook heb zien dragen. In combinatie met haar korte grijze haar geeft het haar de uitstraling van een directrice van een ouderwetse meisjeskostschool. We lopen langs een kamer waar enkele mensen van Sergio Robs kantoor ingespannen naar schermen zitten te staren. 'Ik heb een plaatsje voor je precies in het midden. Dan kun je hem het beste zien en de reacties in de zaal peilen.' Terwijl ze me naar een zijingang van de zaal leidt, hoor ik de luide bastonen al. Het is belangrijk dat het publiek vooraf goed wordt geprept, heeft Sergio Rob me verteld.

'Je zit op die lege stoel daar,' zegt Ankie.

Ik hou absoluut niet van mensenmassa's en al helemaal niet van uitzinnige. Terwijl Sergio Rob al met zijn handen in bidpositie op het podium staat, baan ik me een weg tussen de stoelen en applaudisserende mensen door.

Het applaus houdt zeker vijf minuten aan totdat hij de menigte tot stilte maant. Lachend zegt hij: 'Ik vind het heel lief dat jullie zo enthousiast zijn, maar zo kunnen we nooit beginnen.'

Weer begint het publiek te klappen, totdat hij streng zegt: 'Kappen nou.'

Gelach.

Hij weet het goed te brengen, uiteraard. Je wordt niet zomaar succesvol spreker. Hij gaat van start met een goede anekdote: zijn vrouw en kinderen hadden hem verlaten en hij dreigde zijn huis uit gezet te worden. Huilend lag hij tussen de blauwe enveloppen, toen hij een goddelijke ingeving kreeg: deze chaos had hij helemaal zelf gecreëerd. En als je chaos kunt creëren, kun je ook het omgekeerde creëren: succes, roem, geld, een veel te jonge vriendin en een huis op Ibiza.

Voor Sergio Rob is het hele leven samen te vatten in een stappenplan. De tien stappen tot succes, de tien grootste obstakels die je moet vermijden, de tien beste gewoontes waar je vandáág nog mee moet beginnen. Het is voor iedereen haalbaar om net als hij miljonair en dus gelukkig te worden. Maar nog beter is het om na dit seminar deel te nemen aan zijn onlineprogramma.

Ik zit tussen een wat oudere man die in het donker driftig

aantekeningen maakt, waarvan ik me afvraag of ze later leesbaar zullen zijn, en een vrouw van mijn leeftijd die met tranen in haar ogen mee zit te knikken, omdat ze zo graag elk woord dat hij zegt wil geloven, en ik merk dat ik boos word. Zo simpel is het allemaal niet, Sergio Rob. Het leven is geen succesformule dat zich in stappenplannen laat uitzetten. Ik tik venijnige aantekeningen op mijn telefoon.

Als het afgelopen is, volgt weer een overweldigend applaus dat nog lang doorgaat, zelfs nadat Sergio Rob van het toneel is verdwenen. Ik zie blije gezichten om me heen. 'Wat is hij goed, hè,' zegt de oudere man vol adoratie terwijl hij het schriftje opbergt in een *messengerbag* die meer voor twintigers bedoeld lijkt. 'Dankzij Sergio Rob heb ik mijn baan opgezegd en ben ik nu een praktijk als coach begonnen.'

'Geweldig,' zeg ik.

Hij lijkt gretig om zijn verhaal te doen. 'Ik coach mensen om hun *ikigai* te vinden. Datgene waarvoor jij geboren bent om te doen. Zoals mijn ikigai is om te coachen.' Hij glimlacht stralend. 'En hoe zit dat bij jou? Wat is de jouwe?'

Ik herinner me een zelfhulpboek over ikigai dat een tijdje geleden in de bestsellerlijsten stond. 'Gebitten schoonmaken,' zeg ik om ervanaf te zijn. 'Niets waar ik blijer van word dan dat.' Ik zeg wel vaker dat ik mondhygiëniste ben als mensen mij vragen wat ik doe. Blijkbaar komt het geloofwaardig over, want niemand vraagt ooit door.

'Mocht je je ooit afvragen of er meer is in het leven,' zegt de man en hij overhandigt me zijn kaartje. Ik zie nu dat hij op zijn onderarm een verse tattoo heeft zitten van de overlappende cirkels waaruit je je ikigai kunt afleiden: een samensmelting van waar je goed in bent, waar je van houdt, waar je geld mee kunt verdienen en wat de wereld nodig heeft. De inkt is nog pikzwart en de huid eromheen vuurrood.

'Doet het nog pijn?' zeg ik tegen hem, zonder zijn antwoord af te wachten.

Bij de uitgang van de zaal staat Ankie me weer op te wachten. 'En?' vraagt ze, terwijl we naar de backstageruimte lopen.

'Indrukwekkend,' zeg ik.

'Ja, hij heeft al veel levens veranderd,' zegt Ankie.

'Het jouwe ook?' vraag ik.

Ze aarzelt even. 'Ik ken Robbie al sinds zijn veertiende,' zegt ze dan. 'Dan is het net wat anders.' We glimlachen naar elkaar en komen aan bij een klein barretje waar naast Sergio Rob een aantal andere mensen staat. De flesjes spa blauw worden uitgedeeld. Geen alcohol en geen suiker bij Sergio Rob.

'Dit zijn onze vips,' vertelt Ankie. 'Ze sponsoren de tour en komen ook in zijn huis op Ibiza voor privéretraites. Ik zal je aan een paar mensen voorstellen.' Ze tikt een man op de schouder. 'Kevin... mag ik even...'

Een man die zeventien jaar ouder en minstens twintig kilo lichter is dan de Kevin die ik heb gekend draait zich om. Toch is hij nog steeds dezelfde. Dezelfde gretige oogjes. De vochtige lippen waarmee hij net aan zijn flesje spa lurkt. Het haar dat nog steeds aan de vettige kant is. Mijn maag balt zich samen. Even denk ik dat ik moet overgeven, maar ik slik een paar keer terwijl ik rustig door mijn neus probeer te ademen.

Ik heb het idee dat ook hij schrikt. 'Sjezus...' zegt hij.

'Kennen jullie elkaar?' vraagt Ankie.

'Ja,' zegt Kevin die zich alweer herpakt lijkt te hebben. 'Van onze studententijd.' Hij steekt zijn hand hartelijk naar mij uit, alsof we werkelijk twee oude bekenden zijn die het leuk vinden om elkaar te zien, maar ik schud hem niet.

'Liliane volgt Sergio een tijdje,' vertelt Ankie. Ik kan me niet voorstellen dat ze zich niet bewust is van de onaangename spanning tussen ons, maar ze lijkt ervoor gekozen te hebben die te negeren. 'Om hem te helpen met zijn biografie.'

'Je kon altijd al goed schrijven,' zegt Kevin.

Nog steeds heb ik niets gezegd. Maagzuur komt naar boven, en als ik meer had gegeten dan die ene banaan, had ik het vast en zeker niet binnen kunnen houden.

'Voel ik hier spanning?' vraagt Sergio Rob die bij ons is komen staan. Hij legt zijn ene hand op mijn schouder en de andere op die van Kevin, alsof hij op die manier alles weg kan nemen.

'Liliane en ik delen een nare ervaring waaraan we allebei liever niet terugdenken,' zegt Kevin gewichtig. 'Maar zoals je mij hebt geleerd, moet je eerlijk zijn over je verleden om ervan te leren in de toekomst.'

Sergio Rob kijkt mij onderzoekend aan. 'Liliane heeft een heel andere manier van omgaan met haar pijn. Of niet?'

Weer krimpt mijn maag samen. Ik ruk me los van de klauwende hand van Sergio Rob en ben in een paar stappen bij de afvalbak naast de bar. De banaan komt naar buiten, gevolgd door een zure substantie. Ik geef nog een keer over. Deze keer alleen maar gal.

Een koele, geruststellende hand op mijn rug. 'Ik neem je mee,' hoor ik Ankie zeggen.

Zonder naar de anderen te kijken, laat ik me door haar meevoeren door het labyrint naar de kleedkamer. Daar zet ze me op de bank neer, terwijl ze een tissue aanreikt om mijn mond mee af te vegen en een glas water inschenkt. Dankbaar laat ik haar voor me zorgen.

'Dat was schrikken,' stelt ze vast.

Ik knik als een klein kind.

'Was jij daar ook bij?' vraagt ze dan. Omdat ik haar niet-begrijpend aankijk, vervolgt ze: 'In Spanje... Kevin komt natuurlijk al heel lang bij ons, dus ik ken zijn levensverhaal een beetje.'

'Ik praat er liever niet over,' zeg ik.

'Prima,' zegt zij. 'Dat hoeft ook niet. Maar als je ooit wel de behoefte hebt... Ik ben er.'

Ik kijk even in haar kalme, begrijpende ogen en ik zou willen dat ik iemand was die dat kon. Mensen vertrouwen. Je hart uitstorten. Je laten troosten. Maar die persoon ben ik al heel lang niet meer. Misschien ben ik diegene wel nooit geweest.

'Dank je wel,' zeg ik.

Ankie kijkt op haar horloge. 'Ik verwacht elk moment Robbie terug in de kleedkamer. Hij neemt meestal maar een halfuur voor de meet-and-greets. Zo houdt hij zichzelf exclusief. Bedenk even of je hem wilt zien nu...'

'Liever niet,' zeg ik.

'Dat dacht ik al. Ik zeg wel dat je je niet lekker voelde.'

Ik sta op en pak mijn jas van de kapstok. 'Dank je wel.'

Mijn auto staat geparkeerd in de parkeergarage aan het Maagjesbolwerk, op vijf minuten lopen vanaf het theater. Ik vermijd bewust de Kalverstraat waar ik vroeger heb gewoond, maar nog steeds is het een raar gevoel om door mijn vertrouwde buurt te lopen. Het is typisch februariweer: grauw, koud. Ik trek mijn sjaal een stukje hoger over mijn gezicht, zodat ik minder last heb van de nare wind. Het liefste wil ik de opdracht aan Sergio Rob teruggeven en me zo snel mogelijk verstoppen in mijn huisje aan de dijk, maar ik heb hier al zoveel werk in zitten. Bovendien: heb ik mijn leven niet al genoeg laten verpesten door mijn oud-huisgenoten? Ik vloek een paar keer binnensmonds en ga nog een beetje harder lopen, zodat ik zo snel mogelijk in mijn warme auto naar huis kan.

Parkeergarages zijn overdag al geen fijne plekken, maar 's avonds zijn ze ronduit griezelig. Na het afrekenen trek ik snel het kaartje uit de automaat en hoop ik maar dat ik mijn auto meteen kan vinden. Lichten springen aan terwijl ik het donkere platform op loop. Mijn voetstappen klinken onnodig hard in de verlaten ruimte. Het doet me denken aan de gangen van El Refugio. Net zo eenzaam. Net zo unheimisch.

Nog steeds ben ik misselijk en zweterig. Met trillende handen zoek ik mijn autosleutel in mijn handtas. Meestal stop ik hem in het zijvakje, maar om de een of andere reden zit hij daar nu niet.

Ik moet er niet aan denken dat ik hem kwijt ben. Nog meer zweet. Ik voel mezelf broeien door mijn dikke winterjas heen.

Opeens staat Kevin voor me.

Ik schrik.

'Ik had moeite om je bij te houden,' zegt hij.

'Rot op!' zeg ik. 'Ik wil niets met je te maken hebben.'

Hij doet een poging om empathisch te kijken. 'Als ik jou was, zou ik dat ook niet willen. Maar ik weet ook dat het goed is om het verleden achter je te laten.'

'Precies de reden waarom ik geen contact meer wil.'

‘Écht achter je laten,’ zegt Kevin geduldig. ‘Het aanvaarden, verantwoordelijkheid nemen, verwerken… Dat is iets anders dan het wegstoppen.’

‘Clowntje Kevin,’ zeg ik cynisch.

‘Ik haatte het altijd als jij mij zo noemde, weet je dat?’ gaat Kevin verder.

Ik graai koortsachtig in mijn tas. Pennen, rolletjes pepermunt, kauwgom, lipgloss, aantekeningenboekjes. Waarom heb ik zoveel spullen bij me?

‘Jij wilde mij alleen maar zien als de grappige dikkerd.’

Vermoeid kijk ik hem aan. ‘Dan spijt me dat.’ Mijn vingers lijken iets te raken wat op mijn autosleutel lijkt.

‘Ik denk dat je je niet altijd bewust was van je gedrag. Maar dat praat natuurlijk niet goed wat we jou hebben aangedaan. Dat had nooit mogen gebeuren.’

Opgelucht haal ik de sleutel uit mijn tas en open de auto.

‘Met weglopen schiet je niets op. Dat kan ik je uit ervaring vertellen.’ Hij laat me de hanger van de ketting zien die hij om zijn hals draagt. ‘Tien jaar nuchter.’

Ik open het portier van de auto en stap in. Ik wil het dichtslaan, maar Kevin houdt me tegen. ‘Ik had je wel verwacht op Almars begrafenis,’ zegt hij dan. ‘Wij allemaal.’

‘Wat willen jullie van me?’ vraag ik. ‘Dat we alles vergeven en vergeten en weer dikke vrienden worden?’

‘Kun je me in elk geval vertellen of het goed met je gaat?’

‘Daar maakte Almar zich ook al zorgen om. Zo hypocriet. Kan ik nu mijn deur dichtdoen of moet ik het alarm activeren? Zeg het maar.’

‘Wacht,’ zegt Kevin. ‘Almar? Wanneer heb je hem gesproken dan?’

'Kort voor zijn dood.'

Kevin haalt zijn hand weg om aan zijn hippe driedagenbaardje te krabben en ik maak van het moment gebruik om het portier dicht te slaan. Ik druk op de centrale vergrendeling, start de motor en rijd achteruit. De banden maken een krijsend geluid tegen de betonnen vloer van de parkeergarage. Omdat ik op de tweede verdieping sta, duurt het lang voordat ik helemaal naar de uitgang ben gecirkeld. Terwijl ik het betaalbewijs in de automaat steek, zie ik Kevin het trappenhuis uit rennen. Ik zet mijn voet alvast op het gaspedaal, klaar om weg te rijden.

'Liliane,' zegt hij. 'Laten we alsjeblieft nog een keer praten.' Hij bonst indringend op de autoruit. Eindelijk gaat de slagboom tergend langzaam omhoog. Terwijl ik al aan het optrekken ben, stopt Kevin een visitekaartje onder mijn ruitenwisser. 'Bel me,' zegt hij.

Als ik de snelweg op rijd, voel ik dat het nat is tussen mijn benen. Ik heb in mijn broek geplast.

TOEN

'JE KUNT ONS ALTIJD een berichtje sturen,' zei tía Paola. 'Beter dat je een vraag te veel stelt dan te weinig.'

Ik was de avond ervoor uitgeput in slaap gevallen en had de hele ochtend naar instructies geluisterd. Het was meer werk dan ik van tevoren had ingeschat; ik had vellen vol aantekeningen gemaakt en maakte me zorgen of alles wel goed zou komen. Het laatste wat ik wilde was dat mijn familie zou denken dat ik niet in staat was om deze verantwoordelijkheid te dragen.

Tío Manuel had hun koffers in het busje geladen en de motor alvast gestart, zodat die kon warmdraaien. Donkere wolken hingen in de lucht en het was harder gaan waaien. Volgens mijn tío was er slecht weer op komst en had hun vertrek geen dag later moeten plaatsvinden.

'Weet je zeker dat het gaat lukken?' vroeg tía Paola. Ze had zich voor de reis zorgvuldig opgemaakt en droeg een jurk die ik haar eerder op de eerste communie van een nichtje had zien dragen. Hun vlucht naar Bangkok zou die avond laat vanaf Madrid vertrekken. Tía Paola was, zoals ik haar kende, behoorlijk nerveus. De ETA was de laatste paar maanden weer actief en ze maakte zich zorgen dat het vliegveld een doelwit zou kunnen zijn, vooral nu er een nieuwe terminal in aanbouw was. De aanslagen van 2004 in Madrid lagen nog vers in het geheugen.

Ze stapten in en voerden nog even een emotionele discussie over de stand van de autoverwarming. Daarna reed het busje weg. Even later waren alleen nog de rode achterlichten te zien en nog enkele seconden later was ook het geluid van de motor niet meer te horen. Het was doodstil. Zelfs geen vogel floot. Het enige wat ik hoorde was het zachte geritsel van de dennennaalden in de wind.

Nog nooit was ik zo alleen geweest. Het had iets opwindends en beangstigends tegelijkertijd.

'Goed, aan het werk,' zei ik hardop tegen mezelf. Mijn stem verdween in het niets. Ik stapte het hotel binnen. In de lobby was meteen de afwezigheid merkbaar van in- en uitcheckende reizigers met koffers, rennende kinderen, mensen die iets wilden kopen in de souvenirwinkel, wandelaars die advies wilden over een route. Het had iets unheimisch. Alsof de ziel uit het hotel vertrokken was en ik was overgeleverd aan duistere krachten.

Om de tijd te verdrijven besloot ik de koffers alvast naar de kamers te brengen. We sliepen allemaal in een eigen suite op de vierde verdieping. Hier waren de kamers ruimer dan op de andere verdiepingen en ze hadden bovendien een apart zithoekje. Ik zette Merel en Itty aan weerszijden van mijn kamer en Almar tegenover me. Omdat Monica er als laatste bij was gekomen, kreeg zij een kamer boven het afzuigsysteem van de keuken. Het was misschien niet aardig, maar stiekem vond ik dat ze dat een beetje had verdiend door ervoor te zorgen dat mijn huisgenoten de trein hadden gemist.

Terwijl ik haar koffer op het bagagerek in de kamer plaatste, schoot het slotje los. In een impuls besloot ik om een kijkje te nemen. Ik wist dat het niet bepaald netjes was, maar mijn nieuwsgierigheid won. Voor de zekerheid sloot ik de deur van de kamer en luisterde ingespannen of ik iets hoorde. Los van mijn eigen ademhaling en het gezoem van de afzuiging was er uiteraard niets. Ik was de enige persoon in de wijde omtrek.

Het verbaasde me niet dat Monica een georganiseerde inpakker was. Ze had van haar kledingstukken kleine rolletjes gemaakt en die in keurige rijen gelegd. Een bedwelmende geur drong mijn neusvleugels binnen, een mengsel van roos, kruidnagel, sandelhout en iets muskusachtigs. Ik sloot mijn ogen en ademde diep in. De geur was onmiskenbaar sensueel. Het had iets onschuldigs en gevaarlijks tegelijkertijd.

'Oké, genoeg,' zei ik hardop en ik nam me voor om de koffer te sluiten. Maar ik deed het niet.

Terwijl ik er een paar van haar zorgvuldig opgerolde kledingstukken uit haalde en bekeek (onder andere een trui van onwaarschijnlijk zachte wol in een bleekblauwe kleur, satijnen hemdjes in allerlei lichte tinten en een crèmekleurige velours ochtendjas), voelde ik meer dan ooit het contrast tussen haar en mij. Alles wat ze bezat was duur en elegant, terwijl mijn kleren vooral goedkoop en praktisch waren. Naast mijn studie werkte ik twee avonden per week in een pizzeria, en nog was het lastig om rond te komen. Heel af en toe schoof mijn moeder mij wat extra geld toe, maar aangezien zij en Sietze het ook niet breed hadden kon ik daar niet op rekenen.

Ik haalde een soort babydoll tevoorschijn van donkerpaars kant. Dit type ondergoed was duidelijk niet bedoeld voor comfort, maar was vooral bestemd om zo snel mogelijk úít te trekken. Ik vroeg me af waarom ze het had meegenomen. Welke verwachtingen had ze van het verblijf hier? Ik vroeg me af of ze haar zinnen op Almar had gezet, lieve begripvolle Almar die in iedereen het beste zag. De gedachte alleen al maakte me misselijk.

Hoe meer kleding ik bekeek, hoe meer het voelde alsof er gif door mijn aderen stroomde. 'Hou hiermee op,' zei ik streng tegen mezelf. Resoluut stopte ik haar kleding terug in de koffer zoals ik die had gevonden. Toen raakte mijn hand iets kouds en hards. Het was een toevallige aanraking die een fractie van een seconde duurde, maar die mij meteen alarmeerde. Dit was overduidelijk geen boek of haarföhn. Mijn onderbewustzijn registreerde het voorwerp feilloos als gevaarlijk. Ik schoof een paar rolletjes opzij.

Iets lag prachtig te glanzen in het licht van de oubollige schemerlamp.

Iets van metaal.

Een pistool.

Als gebeten trok ik mijn hand terug. Ik kon het bijna niet geloven. Nooit eerder had ik een vuurwapen in het echt gezien of bedacht dat iemand in mijn omgeving er een kon hebben.

Wie was Monica en hoe kwam ze hieraan? Maar bovenal: wat was ze ermee van plan? Met trillende handen deed ik haar koffer dicht. Ik hoopte maar dat ze niet zou merken dat ik tussen haar spullen had gesnuffeld.

Wat moest ik met deze ontdekking? Ik wilde dat ik het met Almar kon bespreken, maar dan zou ik moeten bekennen dat ik in Monica's koffer had gekeken en dat was het laatste wat ik wilde. Kon ik hem uitleggen dat het een poging was geweest om grip op de situatie te krijgen? Wat het ook was, ik wilde dat ik me beter had beheerst. 'Nieuwsgierigheid doodde de kat' is niet voor niets een Engelse uitdrukking.

De beste optie was om dit heel snel te vergeten.

TEGEN DE TIJD DAT MIJN HUISGENOTEN zouden arriveren was het al donker en sneeuwde het zo hevig dat ik me zorgen maakte over de weg. Vanochtend had de sneeuwschuiver voor de laatste keer gereden. Met de wind erbij kon er in korte tijd een metershoge sneeuwlaag ontstaan, had tío Manuel me verteld.

Het had moeite gekost om een taxibusje te vinden dat mijn huisgenoten nog wilde ophalen. Tía Paola had al haar overredingskracht moeten gebruiken. Uiteindelijk was er iemand uit een nabijgelegen dorp bereid geweest, maar ik maakte me zorgen of diegene ook het laatste stuk nog zou willen rijden nu het weer zo slecht was. Ik begon steeds meer te vrezen dat ik de winter helemaal alleen in het hotel zou moeten doorbrengen, al hadden de anderen me verzekerd dat ze desnoods zouden lopen.

Gespannen tuurde ik uit het raam van het restaurant op de eerste verdieping naar buiten. Eindelijk doemden in de verte koplampen op. Ik rende de trap af, trok de winterjas aan die tía Paola me had geleend en liep in laarzen, eveneens van tía Paola, naar buiten. De koude wind blies rechtstreeks het dal in waar door het trechtereffect van de rotswanden de snelheid ervan toenam. Het deed pijn aan mijn gezicht.

'Lili!' hoorde ik roepen toen het busje de parkeerplaats opreed. Een last viel van mijn schouders. Ze waren er. We zouden het leuk hebben samen. Alles was oké.

De chauffeur opende de zijdeur van het busje. Als eerste stapte Monica naar buiten. 'Het spijt me zo verschrikkelijk! Ik hoop dat je me geen rotmens vindt nu.'

Meteen dacht ik aan het pistool. Hoe zou het me ooit lukken om er niet aan te denken? 'Natuurlijk niet,' zei ik.

'Ha, kleintje!' Jelle vond het altijd leuk mij zo te noemen, aangezien hij de langste en ik de kortste was van het stel, met een lengteverschil van tweeëndertig centimeter. Hij pakte me onder mijn oksels en tilde me op. 'Het spijt ons verschrikkelijk. Wat moet ik doen om het goed te maken?'

Ik moest lachen. 'Wat dacht je van me neerzetten?'

Hij draaide nog een rondje en liet me toen weer gaan. 'Wat een plek. Dit is echt het einde van de wereld.'

'Wacht maar tot je het morgen bij daglicht ziet,' zei ik.

'Woord voor een doodeng gebouw maar wel op een heel coole manier,' zei Kevin. 'Het lijkt wel *The Shining*.' Ook hij gaf me een knuffel en keek me even ernstig aan, iets wat hij bijna nooit deed. 'Sorry, Lil. Dit was echt heel dom van ons.' Daarna bukte hij zich om een sneeuwbal te maken en gooide hem naar Jelle.

'Niet nu al beginnen,' zei Itty, die uit het busje kwam. Ze sloeg haar armen om me heen.

'Wacht even, ik wil er ook bij,' zei Merel en ze wurmde zich tussen ons in, zodat we met zijn drieën in een innige groepsknuffel stonden.

'Sorry, lieve Lili,' zei Merel. 'Vanaf nu laten we je geen seconde meer alleen.'

'En je krijgt elke dag een voetmassage,' zei Itty.

'Ik wil je ook wel masseren hoor,' zei Kevin. 'Met of zonder happy ending, jij mag kiezen.'

'Bijzonder toch hoe jij altijd de mooie momenten weet te verpesten,' zei ik.

'Wat ben je toch een *perv*,' zei Merel tegen hem. 'Hoe vaak moet ik je nog vertellen dat wij je huisgenoten zijn en geen lustobjecten?'

'Ging het een beetje?' vroeg Almar, die erbij was komen staan. 'We voelen ons allemaal heel lullig.'

'Het is al goed,' zei ik. 'Echt. Ik heb nu alles kunnen voorbereiden en ik had even mijn tío en tía voor me alleen. Het was prima.' Ik vertelde maar niet over alle taken die ons te wachten stonden.

'Als ik jou was geweest, had ik iedereen verrot gescholden,' zei Kevin. 'En ons voor straf nog een halfuurtje buiten laten wachten.'

'Ik ben veel te blij dat jullie er eindelijk zijn,' zei ik.

'Wat een grappig nostalgisch hotel,' zei Monica toen we de lobby in liepen. Het interieur van het hotel was al zolang ik me kon herinneren geen spat veranderd: de eikenhouten balie, de roodgroen geblokte fauteuils met het marmeren tafeltje ertussenin, de ouderwetse schemerlampjes en het kleine winkeltje waar je potten lokale honing en lelijke wandborden met een schildering van het hotel erop kon kopen.

'Hoelang is dit hotel al in jullie familie?' vroeg Almar, terwijl hij keek naar een ingelijste zwart-witfoto van mijn opa en oma en al hun tien kinderen, van wie tía Paola de oudste en mijn moeder de jongste was. Keurig gekleed en met ernstige gezichten keken ze in de camera.

'Mijn tío en tía hebben het ruim dertig jaar geleden gekocht.'

'Je lijkt op je oma,' zei Jelle die naast hem was komen staan. 'Dezelfde vurige ogen.'

'Wie is je moeder?' vroeg Merel. 'Ik zie haar hier niet zo snel tussen staan.'

Ik wees naar het peutertje dat naast mijn oma stond. Ze was gekleed in een kanten jurkje en had een grote strik op haar hoofd.

'Wat een schatje,' zei Almar, zo warm dat ik hoopte dat hij het eigenlijk over mij had.

Kevin ging achter de balie zitten en nam de telefoonhoorn van de haak. '*Buenas días, Hotel El Refugio aquí. Que puedo*... help me even, Lil?'

'*Como le puedo servir?*' zei ik.

Hij herhaalde mijn woorden en ik riep uit: 'Kev! Jij hebt je roeping gevonden!'

Kevin streek met een overdreven gebaar zijn haar uit zijn gezicht. 'Kind, je weet nog niet half wat ik allemaal in mijn mars heb.'

'Clowntje Kevin...' zei ik op een liefhebbende toon. Ik had me er enorm op verheugd om mijn huisgenoten mijn roots te laten zien. Niet dat ik hier was opgegroeid, maar ik had wel vele vakanties in het hotel doorgebracht. Dit voelde meer als mijn thuis dan Leeuwarden.

'Dat dit van jouw familie is,' zei Jelle, terwijl hij verheugd in zijn handen wreef. 'Gekkenhuis! Ik kan niet wachten om de rest te zien.'

'Laten we dan maar meteen beginnen,' zei ik. 'Zoals je ziet hangen hier de sleutels van alle kamers. Maar er zijn ook twee lopers, zodat we ze niet allemaal hoeven mee te nemen tijdens onze rondes.' Ik wees naar het sleutelbord achter de balie waar beide sleutels aan hingen. 'Het is belangrijk dat je de loper altijd terughangt na gebruik.'

'Wat zit daarachter?' vroeg Merel. Ze wees naar een houten deur aan de zijkant van de balie.

'Het kantoor. Handig als je iets moet printen. Of wilt faxen naar de laatste drie andere mensen ter wereld die óók nog een fax hebben.' Ik zwaaide even de deur open zodat iedereen naar binnen kon kijken. Naast de fax en de ouderwetse computer van mijn tío, die zelfs nog een ouderwets monoscherm had, stond hier ook de bewakingsmonitor die beelden toonde van de camera's op de gangen. 'Kom, we gaan naar boven,' zei ik. 'Dan laat ik de kamers zien.'

'Welkom op de vierde verdieping.' Mijn huisgenoten keken vol verwachting om zich heen, naar de met donkerrood tapijt beklede gang en schilderijen van jachttaferelen en stillevens van fruit aan de muur. 'Ook wel de *executive floor* genoemd. Jullie hebben allemaal een luxe suite tot jullie beschikking, met eigen badkamer met ligbad én uitzicht op Monte Perdido, de berg die zo heet omdat je als je er verdwaalt nooit meer terugkomt...'

Ik reikte met een plechtig gebaar alle sleutels uit en al snel hoorde ik verrukte kreten uit de kamers komen. 'Lekker geregeld, ouwe!' hoorde ik Merel roepen zodra ze de deur opendeed.

Ik stak mijn hoofd bij haar om de hoek. 'Tja,' zei ik, 'je moet wel heel erg van een gereformeerd soort eikenhout en kerstkleuren houden, maar je hebt inderdaad ruimte zat.'

'Het lijkt wel of we in een tijdmachine zijn gestapt. Of dat ik logeer bij mijn overgrootmoeder die toevallig barones is.' Ze plofte neer op de bank. 'Geweldig, Lil, hier ga ik het wel uithouden.'

'Mooi zo,' zei ik tevreden.

'Ik moet je iets vertellen over Monica...' zei Merel toen samenzweerderig.

Ik was meteen alert.

'Weet je wat die handtas van haar kost?'

'Eh... tweehonderd euro?' zei ik.

'Tweeduizend euro,' zei Merel toen. 'Een echte Chanel.'

'Hey,' zei Itty, die ook Merels kamer binnenkwam. 'Jullie weten dat jullie niet mogen roddelen zonder mij.' Ze plofte naast me neer op het bed. 'Wie wat waar?'

'Die handtas, weet je wel,' zei Merel.

'O, die!' riep Itty uit. 'Dat je daar zo'n bedrag aan wilt uitgeven. Op Ameland vinden we een boodschappentas van de Spar al heel wat.'

'Ik zou anders geen nee zeggen als iemand me een Chanelletje zou geven,' zei Merel. 'Jij, Lili?'

Ik probeerde me de handtas van Monica voor de geest te halen. 'Als ik iets zou dragen waar zo groot een logo op staat, dan moeten ze míj ervoor betalen,' zei ik op een overdreven blasé toon.

'Alsof!' zei Merel lachend.

'Oké,' gaf ik toe. 'Ik zou waarschijnlijk huilen van blijdschap als ik er eentje had.'

Na mijn bezoek aan Merel maakte ik nog een kleine ronde langs de anderen. Monica had als enige de deur van haar kamer dichtgedaan. Nadat ik had geklopt, duurde het lang voordat ze de deur opende.

'O... hoi,' zei ze op een toon alsof ze eigenlijk iemand anders verwachtte. Ze had haar koffer opengeklapt op het ouderwetse eikenhouten bed. Ik hoopte maar dat haar niet was opgevallen dat erin gerommeld was.

'Alles naar wens?' vroeg ik op een nonchalante toon.

'Klopt het dat er geen wifi is?' vroeg ze. 'Of ligt het aan mijn telefoon?'

'Sorry, mijn tío en tía bevinden zich nog steeds in de twintigste eeuw. Tegen de tijd dat ze in 2006 zijn beland, wonen wij met zijn allen op de maan. Dus geen wifi hier,' zei ik. 'Maar wel op de begane grond.'

'O.' Ze ging op de rand van het bed zitten en keek me met haar poppenogen uitdrukkingsloos aan. Het maakte me nerveus, maar dat kon ook mijn slechte geweten zijn.

'Tja, het is hier niet het Ritz-Carlton, hè,' zei ik verontschuldigend.

'Geloof me: de wifi in het Ritz-Carlton is ook niet al te best. En je moet er nog voor betalen ook,' zei ze.

We moesten allebei lachen.

'Hoe weet je dat eigenlijk?' vroeg ik toen.

'Een kwestie van in de juiste kringen verkeren,' zei ze.

'Aan luxe heb je niets als je niet veilig bent.' Terwijl ik het zei, realiseerde ik me dat het vijandig klonk. Daarom zei ik er snel achteraan: 'Echt vervelend voor je dat het zo is gelopen.'

Daarna zaten we elkaar even dommig aan te staren. Ik wachtte tot zij misschien iets zou zeggen, maar dat deed ze niet. 'Vind je het leuk in de groep?' vroeg ik toen maar.

'Ja, prima.'

'Ik hoop dat je een beetje tot rust kunt komen,' zei ik.

'Dank je.' Haar gezicht straalde net zoveel emotie uit als een pas gemaaid gazon.

Omdat ik daarna echt niet meer wist wat ik moest zeggen, liet ik haar maar weer alleen.

WE ATEN IN DE JACHTKAMER, een kleine dinerzaal die vroeger door de hoge functionarissen gebruikt werd om gewichtige zaken te bespreken. Vanaf de wand keken de koppen van dode dieren op ons neer: everzwijnen, herten, reeën, vossen en een enkele berggeit. Op de zijtafel stond een roodpootpatrijs. Het meubilair was bombastisch en net als de rest van het hotel hopeloos gedateerd, precies wat mijn huisgenoten en ik grappig vonden.

Tía Paola had een stoofschotel gemaakt van een hert dat niet ver van het hotel was geschoten. Die hoefde ik alleen nog maar op te warmen. Het was het perfecte gerecht voor een eerste avond in de besneeuwde bergen.

Hongerig vielen mijn huisgenoten aan.

'Heerlijk,' zei Kevin. 'Jouw tía kan net zo lekker koken als jij.'

'Slijmbal,' zei ik.

'Het is geen slijmen als het de waarheid is,' zei Almar. 'Deze stoofschotel kan zo in mijn top tien.' We keken elkaar aan en glimlachten.

Tío Manuel had speciaal voor onze eerste avond een flesje Ribera del Duero uit een goed jaar klaargezet, maar toen ik daarmee rondging sloeg iedereen af. Zelfs Kevin.

'Sinds wanneer wordt er niet meer gedronken?' vroeg ik.

Er viel een kleine stilte. Mijn huisgenoten keken elkaar schuldbewust aan.

'We zijn allemaal kapot moe. Sorry,' zei Almar.

'Snap ik,' zei ik. 'Het is een lange reis.'

'We zaten dus bij een vriend van Monica,' vertelde Itty. 'Het was alles wat ik me bij Parijs had voorgesteld en meer. Die gast heeft een enorm appartement met uitzicht op de Eiffeltoren. Fenomenaal.'

'Het ging helemaal los,' vertelde Kevin.

'Het enige wat miste was jij,' zei Almar.

'De jongens hebben gesnoven,' zei Merel. 'Zeg het nou maar gewoon.'

'Was er cocaïne?' vroeg ik.

'Ssst. Niet zo hard,' zei Kevin. We schoten allemaal in de lach.

Almar zat inmiddels met zijn hoofd in zijn hand, zijn elleboog op tafel. Hij kon heel knap zijn, op een heel andere manier dan Jelle, die niet voor iedereen zichtbaar was. Zoals Gérard Depardieu in zijn jonge jaren. Maar nu hij behoorlijke wallen onder zijn ogen had en zo bleek zag, was hij een beetje lelijk. En zelfs dat vond ik aantrekkelijk.

'Sorry, Liliane,' zei Monica. 'Ik wist niet dat het zo uit de hand zou lopen. Mijn vrienden zijn allemaal een beetje crazy, en toen ze hoorden dat ik in de stad was...'

'Een béétje crazy?' zei Kevin. 'Echt knetterlijp, allemaal.'

Ik keek naar Itty, omdat ik van haar de meest nuchtere versie van het verhaal verwachtte, maar ook zij knikte instemmend.

Het leek wel of niemand doorhad hoe pijnlijk dit voor me was.

'Ik heb nog iets,' zei Monica. Ze keek me bijna verlegen aan en haalde een chic tasje tevoorschijn dat van een juwelier leek te komen. 'Deze zijn voor jou.'

Ik pakte het aan. Er zat een lichtblauwe doos in met een motief van lelietjes-van-dalen en het logo van Ladurée. Het liefste wilde ik hem meteen in de prullenbak gooien, maar ik besloot me eroverheen te zetten en ik zei: 'Dank je wel. Wat lief.'

'Ik weet dat je het meest van chocolade houdt, maar de allerlekkerste is toch echt passievrucht-ylangylang,' zei Merel.

'En beter voor je puistjes,' zei Kevin.

'Hadden jullie Kev niet aan de Eiffeltoren kunnen vastbinden?' Ik maakte de doos open. 'Welke is de ylangylang?'

Merel wees me een eigele macaron aan.

Ongetwijfeld bedoelden ze het goed. 'Dan ga ik die maar eens proberen.' Ik schoof de doos naar het midden van de tafel. 'Hier, neem er ook een.'

'O, nee,' zei Itty. 'Deze zijn allemaal voor jou. En ik zou er maar zuinig mee doen, want *se wiene tige djoer.*'

'Dan zal ik er maar *mear fan genietsje,*' zei ik.

'Ga maar weer geheimtaal praten met zijn tweeën,' zei Kevin. 'Leuk.'

'Kom op jongens, néém,' zei ik. 'Ik ga toch niet in mijn eentje zitten eten?'

'En of je dat gaat doen,' zei Merel. 'En dan gaan wij allemaal kwijlend toekijken.'

Ik nam een voorzichtige hap. De smaak was inderdaad exquisiet. Een combinatie van fruitig, zoet, fris en bloemig tegelijk.

'Toch?' zei Monica. 'De omweg waard, zou ik zeggen.'

Meteen kwam de irritatie terug. Kennelijk lukte het me deze keer niet om het te verbergen, want Kevin keek me aan en zei: 'O, o...'

Almar moest het ook hebben opgepikt, want hij zei snel: 'Maar niet zo lekker om een trein te missen, natuurlijk.'

Daarna viel het gesprek een beetje stil. Ik hoorde mezelf nog wat babbelen over de sneeuwval en alle instructies waarmee mijn tío en tía me om de oren hadden geslagen, maar iedereen leek moeite te hebben zijn aandacht erbij te houden.

Merel gaapte nadrukkelijk. 'Ik hoop niet dat jullie het heel erg vinden, maar ik ben echt kapot moe.'

'Ik ook,' zei Jelle en ook Kevin en Itty begonnen uitgebreid te gapen.

Ik keek op mijn horloge. Het was pas negen uur 's avonds. 'Gaan jullie maar,' zei ik. 'Ik ruim wel af.'

'Weet je het zeker?' vroeg Kevin.

'Moeten we je niet even helpen?' zei Itty. 'Jij hebt al zoveel gedaan.'

'Nee joh. Maakt toch niet uit?'

Toen iedereen weg was, overviel meteen die drukkende stilte me weer. Het type stilte dat je borstkas vacuüm zuigt en waardoor je je eenzaam en bang gaat voelen. Ik zuchtte een keer diep en stapelde de vieze borden extra luidruchtig op de trolley. In de keuken zette ik de transistorradio aan. Het was even zoeken totdat ik een zender had gevonden; elke frequentie leek bezet met oeverloos gepraat van lokale radiozenders, maar opeens schalde Proyecto Uno door de ruimte. 'El Tiburón' was een van de lievelingsliedjes van mijn moeder. We hadden vaak samen meegezongen en erop gedanst, terwijl Sietze stoïcijns de krant las. '*No pares, sigue, sigue*,' zong ik ook nu mee. Het maakte me meteen wat vrolijker.

Ik spoelde de borden af met de handsproeier en wilde ze net in de vaatwasser zetten, toen Almar opeens achter me stond. Hij had zich inmiddels omgekleed en droeg een joggingbroek met een wit T-shirt erboven. De contouren van zijn borstkas waren goed zichtbaar en ik dacht eraan hoe goed het zou voelen om hem aan te raken. 'Ik schrok van je,' zei ik.

'Heb je een slecht geweten?' vroeg hij.

'Nee, maar jij wel als het goed is,' zei ik lachend. 'Ik dacht dat je zo moe was.'

'Ben ik ook, maar om je nou wéér alleen te laten.' Hij zette een stap dichterbij en keek me sexy aan. Ik kende die blik maar al te goed.

'Wat lief,' zei ik en ik duwde hem een vaatdoekje in de handen. 'Maak dan maar meteen het aanrecht schoon.'

Hij schoot in de lach. 'Natuurlijk. Daarom ben ik toch hier?' Onder het schoonmaken vroeg hij: 'Vind jij het spannend om alleen 's avonds door het hotel te lopen?'

'Eerlijk gezegd wel een beetje. Ik hoop dat het went.'

'Blij dat ik niet de enige ben,' zei Almar. 'Ik stond net in de lift naar beneden en snapte opeens waar de uitdrukking Spaans benauwd vandaan komt.'

'Misschien kunnen we die lift beter niet gebruiken,' zei ik. 'Wat als hij vast komt te zitten?'

'Goed punt,' zei hij. 'Maar los daarvan... die lege gangen. Het idee dat er niemand anders is behalve wij...'

'Het heeft iets unheimisch,' gaf ik toe.

We zetten de schone borden vanuit de vaatwasser terug in de kasten. Daarna gingen we aan de keukentafel zitten om een kop thee te drinken.

'Hoe goed ken jij Monica eigenlijk?' vroeg ik Almar.

'Waarom vraag je dat?'

'Gewoon...' Ik overwoog hem in vertrouwen te nemen, maar besloot dat niet te doen. 'Je hebt haar natuurlijk al heel lang niet meer gezien. Ze is eigenlijk net zo goed een vreemde voor jou als voor ons.'

Hij keek me niet-begrijpend aan. 'Wat probeer je me te vertellen?'

Het lag op mijn lippen hem over het pistool te vertellen. Hij zou het begrijpen. Of niet. 'Niks,' zei ik toen snel. 'Ik weet alleen niet zo goed wat ik aan haar heb.'

'Lil... Ik begrijp dat het voor jou heel lullig moet zijn dat we hebben lopen feesten in Parijs, terwijl jij hier in je eentje zat. Maar ze is echt oké.'

'Ja, tuurlijk,' zei ik en ik pakte het aangebroken doosje macarons en stopt het terug in het tasje.

'Komt goed,' benadrukte hij.

We liepen samen naar onze kamers. In de gang stonden we even te dralen bij het afscheid. De ene keer was ik totaal op mijn gemak bij hem, maar de andere keer voelde ik me onzeker. Ook nu wist ik niet wat ik met hem aan moest.

'Hé, laten we dit afspreken,' zei Almar. 'Wij letten op elkaar. Als ik het moeilijk heb, kom ik bij jou en als jij het moeilijk hebt, kom je bij mij. Goed?'

'Dat lijkt me heel fijn.'

Hij pakte mijn hand vast. Ik voelde even een elektrisch schokje door mijn lichaam gaan. 'Afgesproken,' zei hij.

'Afgesproken.'

Op dat moment hoorde ik een klikje ergens verderop in de gang. Het was niet luid en als ik niet zulke slappe zenuwen had gehad, was het me waarschijnlijk ontgaan.

'Hoorde je dat ook?' vroeg ik Almar.

'Wat?'

'Dat geluid. Alsof iemand heel zachtjes een deur dichtdeed.' Ik staarde de gang in. Niets te zien.

'Zie je nu al spoken?' zei Almar lachend. 'En we moeten nog twee maanden.'

'Het zal wel niets zijn,' zei ik. 'Tijd om te gaan slapen.'

Almar kneep even zijn ogen samen, een trekje van hem dat ik goed kende; een van de honderden dingen die ik leuk aan hem vond. Terwijl ik me omdraaide en mijn sleutel in het slot stak, voelde ik dat hij nog steeds achter me stond.

'Lili...'

Ik draaide me half om. 'Ja?'

'Misschien... misschien wil ik wel zo'n macaron van jou proberen.'

'O, wil je dat,' zei ik, terwijl ik de deur openmaakte. 'Ik heb anders begrepen dat ik er zuinig op moet zijn. Aangezien ze heel duur zijn. En zo.' Ik liet hem met me mee naar binnen lopen. Daar ging hij op de rand van het bed zitten. Een lok haar viel voor zijn ogen.

Ik deed de deur achter ons dicht. 'Maar omdat we zulke goede vrienden zijn... Welke smaak wil je proberen?' Ik haalde het doosje uit de tas. '*Noisette... Chocolat... Framboise...*' Ik sprak de namen met een overdreven accent uit en zette telkens een stapje dichter naar hem toe.

'Je bent zelf een framboos,' zei hij en hij strekte zijn arm uit om me te pakken. Snel zette ik een stap naar achteren.

'*Caramel… pistache…*' ging ik verder.

Hij sprong op, pakte me vast en gooide me op het bed. 'Tijgerlelietje,' zei hij en hij begon me wild te zoenen.

'Ik dacht dat we niet meer…' zei ik. 'Daar was je de vorige keer heel duidelijk over.'

'Hierna niet meer. Oké? We doen het nog één keer om het af te leren.'

'Want dat heeft de vorige keer ook zo goed geholpen.'

Hij lachte en trok mijn trui en beha uit. 'Het zou enorm helpen als je niet zo ontzettend lekker was. Kun je daar iets aan doen?'

'Ik zal het proberen,' zei ik en ik trok ook zijn T-shirt uit. 'Zie ik dit nou goed en ben je je ondergoed vergeten?'

Hij keek naar zijn erectie die goed zichtbaar was in zijn joggingbroek. 'Des te sneller ben ik naakt en lig ik boven op jou.'

Ik wilde me volledig aan hem overgeven, maar tegelijkertijd wilde ik het niet, omdat ik wist dat daarna het moment zou komen waarop het voorbij was, hij me zou verlaten, en dat het pijn zou doen.

En dat deed het ook.

NU

SIETZE EN IK LUNCHEN ELKE donderdag samen. Iets vaker bij mij, omdat Sietze zijn bezoek dan combineert met klussen. Aan een oud huisje dat zo onderhevig is aan de elementen valt altijd wel wat te onderhouden.

Deze week zit ik op mijn oude plek aan het Fioringras in Leeuwarden, schuin tegenover hem. De stoel waarop mijn moeder altijd zat is nu alweer een paar jaar leeg, maar ik kan het niet over mijn hart verkrijgen om haar plaats in te nemen. Ik vertel hem over het event van Sergio Rob, maar laat het weerzien met Kevin achterwege. Hij vertelt me over het onderhoud aan de boot. We doen allebei ons best, maar het blijft een geforceerd samenzijn. Toch zijn we aan elkaar gehecht geraakt. We zijn immers het enige van mijn moeder dat we nog overhebben. Na het eten help ik hem met het inruimen van de vaatwasser en daarna ga ik meestal meteen terug naar huis.

Deze keer vraagt Sietze of ik nog een kopje thee wil drinken.

'Oké...' zeg ik, te verbaasd om zijn aanbod af te slaan. 'Prima.'

Hij doet er oneindig lang over om de thee te zetten en komt dan uiteindelijk de woonkamer in met twee kop-en-schoteltjes van het servies dat mijn moeder alleen maar gebruikte als het kerst was of haar familie op bezoek kwam. De kopjes trillen bij elke stap die hij zet. 'Ik moet je wat vertellen,' zegt hij. 'Ik ga het huis verkopen.'

'O?' zeg ik.

'Ik hoop niet dat je het vervelend vindt. Het betekent ook... Het betekent ook dat ik de spullen van je moeder ga opruimen.' Hij durft me bijna niet aan te kijken. 'Maar misschien wil jij er eerst zelf doorheen.'

Ik kijk naar de flamencoschilderijen die nog steeds aan de okergele wanden hangen, alsof we in een restaurantje in Sevilla zitten in plaats van in een jarenzeventigwoning in Leeuwarden. 'Waar ga je wonen dan?' vraag ik.

Hij vindt het zichtbaar moeilijk om het me te vertellen. Hij strijkt een paar keer met zijn vinger langs zijn inmiddels witte snor, een zenuwtrekje dat ik nog goed ken van vroeger.

'Je bent toch niet ziek, hè?' vraag ik. Sietze loopt al tegen de tachtig en oogt nog steeds vitaal. Maar dat deed mama ook vlak voordat ze gediagnosticeerd werd met alvleesklierkanker. Daarna was het binnen enkele weken voorbij, nog voor we aan het idee konden wennen.

'Nee, nee, alles gezond hier.'

'Oké...'

'Ik heb iemand ontmoet,' zegt Sietze dan. Hij slikt en durft me bijna niet aan te kijken. 'Een vrouw. En zij heeft gevraagd... Het is hier niet ver vandaan. Goutum. Een vrijstaand huis aan het water waar ik ook de boot kan aanleggen.'

Ik ben stomverbaasd. Altijd ben ik ervan uitgegaan dat Sietze minstens zo eenzaam is als ik, voorgoed verkreupeld door het verleden. Nooit heeft hij anderen genoemd in zijn verhalen, tenzij bijvoorbeeld de havenmeester of iemand die hij op televisie heeft gezien. 'Waarom heb je dit niet eerder verteld?'

'Ik wilde niet dat je zou denken dat ik zomaar over je moeder heen ben gestapt.'

Ik weet dat het niet rationeel is, maar het voelt als verraad. 'Ik ben blij voor je,' zeg ik, omdat dat is wat een volwassene zou zeggen.

'Je klinkt anders niet blij.'

'Ik wil blij voor je zijn, maar ik moet het even verwerken, goed?'

'Je mag ook het huis hebben, hè. Ik hoef op zich het geld niet. Als je hier wilt wonen...' Hij kijkt een beetje ongelukkig om zich heen, omdat hij zelf ook wel snapt dat die kans klein is.

'Dat is heel lief van je, maar...' Ik produceer een pijnlijk lachje. 'Het hoge noorden bevalt me prima.'

'Dat dacht ik al.'

Weer een lange stilte. 'Hoe heet ze?'

'Marjan.'

'O.'

Zodra ik de deur uit loop en in mijn auto zit – het portier heb ik net iets te hard dichtgeslagen – pak ik mijn telefoon. 'Ik moet je nu zien,' app ik.

Terwijl ik op antwoord wacht, loopt de buurvrouw van nummer 104 langs met haar hondje. Ik duik in elkaar in de hoop dat ze me niet ziet, zodat ze geen praatje komt maken. De laatste keer dat ik haar tegenkwam, hield ze nog een heel betoog over hoe verwilderd de voortuin eruitzag sinds de dood van mijn moeder. Mensen uit Aldlân staan niet bekend om hun tact. Toen niet en nog steeds niet. Na tien lange minuten, waarin ik overweeg om dan maar de auto te starten en terug naar het noorden te rijden, appt Aron: 'Jij denkt echt dat ik bij elke kik van jou alles uit mijn handen laat vallen en naar je toe kom.'

'Correct. Tot over een uur,' app ik terug.

Ik start de motor en rijd de parkeerplaats af. Onderweg zet ik keiharde technomuziek op, zodat ik niet kan nadenken. Een klein uur later parkeer ik bij het hotel in Wieringerwerf. Ik vis mijn trouwring uit het dashboardkastje en doe hem om. De dame achter de receptie moet me inmiddels wel herkennen en weten dat ik de kamer nooit langer dan twee uur gebruik, maar gelukkig laat ze daar niets van merken. Bij Van der Valk kennen ze hun pappenheimers wel. Ik betaal vooraf en neem de sleutel in ontvangst.

Op de kamer aangekomen app ik hem het kamernummer en dan ga ik uitgebreid douchen. Daarna doe ik de hotelbadjas aan en wacht op het bed tot hij komt. Even maak ik me zorgen. Ik check mijn telefoon en zie dat hij niet heeft teruggeappt. Het zal de eerste keer zijn dat hij me in de steek laat. Dat zal je leren om zo arrogant te doen, zeg ik tegen mezelf. Het is ook niet oké hoe ik met hem omga, maar tot nu toe tolereert hij alles. Sterker nog, ik vermoed dat het hem een soort kick geeft.

Als ik op het punt sta om mijn kleren weer aan te trekken en zijn nummer uit mijn telefoon te wissen, wordt er op de deur geklopt.

'Ik zat midden in een belangrijk zakelijk gesprek!' zegt Aron. 'Wat denk je, dat ik je marionet ben?' Hij draagt een donkerblauw pak en een stropdas. Het is anders dan de spijkerbroeken met wollen truien die ik van hem gewend ben, en daardoor juist sexy.

‘Toch ben je er.’ Ik laat mijn badjas openvallen zodat hij zicht heeft op mijn naakte lichaam.

‘Ik heb mezelf de hele weg voor mijn kop geslagen. De halve directie van een grote klant is overgekomen uit Frankrijk en wat doe ik? Ik raffel het gesprek af omdat mevrouw het op haar heupen krijgt. Hoe dom ben ik? Ik ben zelfs één keer de snelweg af gereden om terug te gaan.’

‘Je kunt ook nee zeggen,’ zeg ik.

‘Hoe moet ik dat doen? Kijk nou zelf.’ Hij zet een stap dichterbij en wil me bij mijn middel grijpen.

Ik duw hem terug met mijn wijsvinger. ‘Niet zo ongeduldig.’

‘Ook dat nog.’ Hij doet alsof hij zucht, maar ik weet dat hij dit ook wil. Dit spel.

Ik laat de badjas van mijn schouders glijden en ga op het bed staan. Zijn mond zakt een beetje open.

‘Maar het is het allemaal waard, toch?’ vraag ik hem.

‘Ja,’ zegt hij. ‘Vind je het goed als ik mijn stropdas afdoe?’ Hij begint aan de donkerrode das te sjorren.

‘Had ik al gezegd dat het mag?’ zeg ik streng.

‘Je kan me wat.’ Hij trekt nu ook zijn jasje uit en gooit het op de stoel naast het bed. ‘Heb je enig idee hoe druk het is in de spits? Heb je enig idee hoe mijn compagnon het vond toen ik zei dat ik onverwacht weg moest? Naar een noodgeval?’ Haastig trekt hij de rest van zijn kleding uit, zodat hij naakt voor me staat. Hij heeft een prachtig lichaam. Gespierd, maar niet zodanig gespierd dat het lijkt of hij er al te veel moeite voor doet. ‘Kom hier, monstertje!’ Hij springt op het bed en ik probeer gillend te ontkomen, maar dat lukt niet en het is ook niet de bedoeling.

‘Wat dacht je ervan om te blijven slapen?’ vraagt Aron als we later onder de dekens liggen. ‘We kunnen eten op de kamer laten komen. Een filmpje kijken. Het nog een keer doen. En dan de hele nacht heerlijk tegen elkaar aan liggen.’

‘Dat gaat niet, hoe graag ik het ook zou willen,’ zeg ik.

‘Kun je geen smoes bedenken? Je band is lek, je beltegoed is op en alle garages zijn dicht. Zoiets?’

‘Je weet dat dat niet kan,’ zeg ik.

Hij zucht diep. ‘Iedereen zegt dat ik hiermee moet stoppen. Dat dit ongezond voor me is...’

‘Dat is het ook.’

‘Maar zij weten niet hoe bijzonder je bent. En hoe mooi.’ Hij aait me teder over mijn wang waar hier en daar nog kleine acnelittekens zitten, hoewel ik al een paar heftige peelings heb ondergaan en wat er nog zit camoufleer met make-up. Ik vraag me af of hij ze ziet en of ik dat erg zou vinden. Soms heb ik het idee dat de pillen me iets te nonchalant maken.

‘Wat als je naar huis gaat en tegen je man zegt: luister gast, ik ben verliefd op iemand anders, ik ga bij je weg, doei.’

‘Zo simpel is het niet.’ Ik kus hem op zijn mooie donkerbruine wang. ‘Het spijt me.’

Hij draait zijn gezicht naar me toe en ik kan zien dat hij pijn heeft. ‘Ik weet niet hoelang ik dit nog kan volhouden.’

‘Ik wil je absoluut niet kwijt, maar als je het niet meer aankunt, *yo comprendo, mi cielo*,’ zeg ik.

‘Aargh,’ roept hij getergd uit. ‘Dan gaat ze ook nog Spaans tegen me praten. Ik kan dit niet aan.’

Aron is een bijzonder leuk exemplaar. Intelligent ook, al besteden we weinig tijd aan praten. De vorige hield het precies een jaar vol. Daarna knapte er iets in hem, zei hij in een appje. In datzelfde appje stond ook dat hij me nooit meer wilde zien. Wat jammer, zei ik zonder een poging te doen om hem op andere gedachten te brengen. De dag erna appte hij bozig dat hij vond dat ik het wel heel makkelijk opnam. Daarna heb ik hem geblokkeerd. Wat moest ik anders?

Medelijden met de mannen heb ik niet. Ik heb het eerst op een eerlijke manier geprobeerd, zonder succes. Kennelijk is het moeilijk te geloven dat je uitsluitend een seksuele relatie wilt, maar wel een waarin je met respect wordt behandeld. Ik heb ontdekt dat dit de beste manier is om alles te kunnen bepalen én mijn minnaars geïnteresseerd te houden. Niet beschikbaar zijn werkt als honing. Jammer, maar waar.

'Ik wou dat het anders was,' zeg ik en ik begin hem te zoenen. 'Ik wou dat we dit de hele dag en nacht konden doen.'

We vrijen weer. Deze keer hebben we meer geduld en doen we er langer over. Met meer gevoel ook. Misschien wel met te veel gevoel. Ik sla het naspel over en kleed me aan. Met zijn handen onder zijn hoofd gevouwen kijkt Aron vanaf het bed toe.

'Je breekt mijn hart,' zegt hij.

'Sorry.'

TOEN

'HOE BIZAR,' ZEI JELLE toen hij de ontbijtzaal binnenliep. Sneeuwvlokken sloegen tegen het raam en je kon niet verder zien dan een paar meter. Het was zo donker dat ik alle lichten aan had moeten doen. Jelle haalde meteen zijn fototoestel tevoorschijn en maakte foto's die gedoemd waren te mislukken.

'We zijn helemaal ingesloten nu.' Almar tuurde met zijn uilgrijze ogen, met hier en daar een bruin vlekje dat je alleen maar van heel dichtbij kon zien, uit het raam. 'Een heel raar gevoel.' Hij had me die ochtend normaal begroet, alsof er niets aan de hand was. Het verbaasde me hoe goed hij daarin was. Zelf had ik moeite met hem aankijken, omdat ik bang was dat hij precies zou kunnen zien hoe ik me voelde.

'Alsof we in een parallel universum terecht zijn gekomen,' ging hij verder. 'We zouden nu net zo goed op een andere planeet kunnen zijn. Of op de Noordpool.'

Ik was die ochtend extra vroeg opgestaan en had croissantjes en broodjes afgebakken en de tafel feestelijk gedekt. Nadat iedereen de sneeuwstorm uitgebreid had bewonderd, gingen we aan tafel zitten. De enige die er nog niet was, was Monica.

‘Ze komt zo wel,’ zei Almar. ‘Laten we alvast beginnen.’

Enthousiast vielen mijn huisgenoten aan op het ontbijt. Vooral de zelfgemaakte jam van mijn tía en de lokale kaas uit de Pyreneeën vielen in de smaak. Toen alle borden vol met kruimels lagen en een goed deel van de etenswaren op was, was Monica er nog steeds niet.

‘Zal ik maar alvast beginnen dan?’ Ik had de dag daarvoor het rooster al gemaakt en uitgedraaid. Ik had expres de taken beknopt beschreven, zodat het niet al te heftig over zou komen. ‘Of moeten we nog even wachten op Monica?’

‘Moet ik gaan kijken waar ze blijft?’ vroeg Jelle iets te gretig.

‘Ik heb net nog op haar deur geklopt,’ zei Almar.

‘Kennelijk is op tijd komen niet haar sterkste kant,’ zei ik.

‘Kom, wij gaan haar wel even halen,’ zei Merel tegen mij.

Nadat we twee keer hadden aangeklopt kwam er nog steeds geen reactie.

‘Er zal toch niets aan de hand zijn?’ vroeg ik.

Merel klopte nog een keer. ‘Monica!’ riep ze. ‘Ben je oké?’

Nog steeds geen reactie. ‘Ik heb de loper bij me...’ zei ik. ‘Moeten we anders even binnen kijken?’

‘Misschien staat ze onder de douche,’ zei Merel.

‘Ik hoor geen water lopen. Straks is ze flauwgevallen of zo.’

‘Oké, maak maar open,’ zei Merel. ‘Ik neem aan dat ze dat wel begrijpt.’

Ik haalde de loper uit de zak van mijn joggingbroek en stak hem in het slot. Voordat ik de deur opende, klopte ik nog een keer. ‘Monica?’ De deur ging zachtjes krakend open. Een geluid als in een horrorfilm. Merel greep mijn arm vast. ‘Monica?’ vroeg ik nogmaals.

Ze lag roerloos in bed, met haar armen boven de dekens voor haar borst gekruist, alsof ze in een doodskist lag. Alle kleur was uit haar gezicht verdwenen, wat overbleef was dof en leeg. Mijn blik viel op haar koffer die keurig dicht op het bagagerek stond. Sowieso was de kamer extreem netjes opgeruimd. Het enige waaruit bleek dat er iemand logeerde, was een glas water op het nachtkastje. Wie is zij, vroeg ik me af. Niets aan haar leek normaal of zelfs menselijk.

'Ademt ze nog wel?' Merel boog zich voorover om te luisteren.

'Het is alsof ze heel ver weg is,' zei ik. 'Alsof ze uit haar lichaam is getreden en haar geest ons vanaf een andere plek bespiedt.'

'Doe niet zo eng, Lil.' Merel schudde haar zachtjes heen en weer. 'Monica...' Nog steeds geen reactie. Merel schudde wat harder. 'Monica...'

Nog steeds had ze zich niet bewogen. Even dacht ik dat ze misschien wel dood was.

Merel schudde Monica hard door elkaar en riep 'word wakker!' in haar oor.

Met een ruk schoot Monica overeind, alsof ze inderdaad uit de dood was ontwaakt. Ze keek verwilderd om zich heen, terwijl ze ondertussen met haar hand onder haar kussen graaide.

Ze gaat het pistool pakken, schoot er door me heen. Ze pakt het pistool en schiet ons zo neer. In een reflex greep ik Merel bij de arm en trok haar met al mijn kracht naar beneden. Met een doffe dreun landden we op de houten vloer.

'Jezus, Lil!' zei Merel nadat ze van de eerste schrik was bekomen. 'Wat de fuck?' Ze rukte zich los en krabbelde overeind. 'Mijn elleboog!' Ze wreef eroverheen.

'Jullie dachten: ik ga er maar bij liggen?' zei Monica. Haar toon was volkomen normaal en toen ik overeind kwam, zat ze ons spottend aan te kijken.

'Sorry,' zei ik. 'Ik, ehm...' Bij gebrek aan een goede uitleg stopte ik maar met praten. Monica haalde haar wenkbrauwen op en ook Merel zat me raar aan te kijken. 'Heb je lekker geslapen?' vroeg ik toen maar. 'We zaten op je te wachten bij het ontbijt.'

'Ik was nog steeds heel lekker aan het slapen. Tot jullie kwamen,' zei Monica. Haar neusgaten waren opengesperd, alsof ze mijn onzekerheid en schaamte róók.

'Sorry,' zei ik nog maar een keer. Het klonk nog lulliger dan ik me al voelde.

'Wat was dat?' We liepen door de gang en zoals verwacht liet Merel het er niet bij zitten.

'Dat was inderdaad een beetje raar.' Ik voelde dat mijn wangen warm werden.

'Ga je me nog uitleg geven of hoe zit dat?'

'Ik dacht even dat ze ons aan zou vliegen,' zei ik toen maar.

Merel keek me van opzij aan en begon te lachen. 'Je bent echt niet helemaal lekker, Lil. Waarom zou ze dat in godsnaam doen?'

Ik lachte geforceerd mee. 'Zo leek het even. Ze lag extreem diep te slapen, bijna alsof ze dood was, en toen kwam ze zo heftig overeind. Mensen kunnen dan rare dingen doen. Ik schrok gewoon.'

'Eerste dag en je bent nu al helemaal koekoek,' zei Merel. 'Je weet dat sommige mensen lijp worden als ze langere tijd opgesloten zitten, hè? *Cabin fever*.'

'Sorry,' zei ik voor de zoveelste keer. Ik had mezelf goed voor gek gezet.

Een tijdje later kwam ze de eetzaal binnen, gekleed in een donkerblauwe zijden jurk met een motief van citroenen die ik herkende uit haar koffer. De jurk viel vloeiend om haar heen, zodat ze nog slanker leek dan ze al was. Haar haar zat strak naar achteren in een staart. Haar ogen waren in neutrale tinten opgemaakt, maar op haar mond droeg ze felrode lippenstift. Ik herkende het parfum dat ze in een ruime hoeveelheid had opgespoten. Niets maar dan ook niets van de kleding die ik bezat kwam ook maar in de buurt van deze outfit.

'Sorry dat ik je plannen alwéér in de war heb geschopt, Liliane,' zei ze met een koele glimlach.

'Geeft niks,' zei ik snel. Ik hoopte maar dat ze niets zou zeggen over het voorval. Ik schaamde me al genoeg.

Gelukkig zorgde Kevin voor afleiding. 'Wat zie je er schitterend uit,' zei hij, terwijl hij haar bewonderend aanstaarde. Bij zijn mond zat een klodder jam. Kennelijk had hij dat zelf niet door.

Opgelucht haalde ik adem.

'Ach, je moet er wat van maken, hè,' zei Monica. 'Als het leven je citroenen geeft...' Ze ging aan tafel zitten. Zonder dat ze erom hoefde te vragen, schonk Almar een kop koffie voor haar in en schoof die naar haar toe. 'Ik wil niet lullig doen, maar dat afzuigsysteem maakt best wel veel herrie,' vervolgde ze.

'Welk afzuigsysteem?' vroeg Jelle.

'Alsof je naast de A10 ligt te slapen,' zei Monica. 'Recht onder mijn kamer.' Ze keek me met een verwijtende blik aan.

Ik vroeg me af of de anderen dat ook zagen. 'Het is de enige andere kamer die nog over was op de vierde. Anders moeten we je naar de derde verhuizen en dat leek me zo ongezellig.' Ik was me ervan bewust hoe slap het klonk.

Monica zat me nog steeds misprijzend aan te kijken.

'Zullen we anders ruilen?' zei ik toen maar.

'Als dat zou kunnen?'

'Tuurlijk, geen probleem.'

'Je bent een schat,' zei ze.

Ik ging er steeds meer tegen opzien om het rooster uit te delen, maar nadat iedereen was uitgegeten zat er niets anders op. 'Een aantal dingen is belangrijk,' vertelde ik, nadat ik de blaadjes had uitgedeeld. 'Dat de leidingen niet bevroren raken, dat er geen legionella ontstaat en dat de muizen de boel niet overnemen. Verder moeten de kamers keurig schoon blijven, anders krijg ik dat de rest van mijn leven met Kerstmis te horen.'

Iedereen knikte instemmend.

'Ik heb een rooster gemaakt waarin...'

'Heerlijk, de maestro aan het woord,' onderbrak Kevin me. 'Beloof me dat je geen detail achterwege laat.'

'Hou je kop, Kev. Zoals je ziet zijn er verschillende taken. De muizenvallen controleren...'

Monica huiverde.

'Komt goed,' zei ik tegen haar. 'De kranen en verwarming een tijdje openzetten en dan weer dichtdraaien. Daarnaast moeten we ook voor onszelf zorgen, dus is er ontbijt-, lunch- en dinerdienst.'

Jelle staarde ingespannen naar het rooster. 'Moeten we ook alle andere ruimtes schoonmaken?'

'De ruimtes die we zelf gebruiken natuurlijk wel. Dat kun je ook vinden op het rooster. Uiteraard zorgt iedereen voor zijn eigen kamer. Twee weken voor het einde komt er een nieuw rooster waarin ook het schoonmaken van de andere kamers is opgenomen.'

Monica giechelde. 'Moet je net mij hebben.'

'Hoe bedoel je?' Jelle keek haar verrukt aan alsof ze een zeldzame vogelsoort was en hij een ornitholoog.

'Het klinkt misschien heel gek, maar ik heb nog nooit schoongemaakt. Mijn ouders maakten überhaupt nooit schoon. Mijn tante was zo OCD dat ze alles liever zelf deed. En in Parijs was er natuurlijk een huishoudster.'

'Wow,' zei Itty. 'En de afwas dan?'

Monica schudde haar hoofd.

'De gewone was?' vroeg Merel.

Weer moest Monica giechelen. 'Ik heb nog nooit met een vinger een wasmachine of welk huishoudelijk apparaat dan ook aangeraakt. Grappig hè?'

'Geen zorgen, onze Lil zal je alles heel goed bijbrengen,' zei Kevin met een knipoog.

Het stak me, maar ik besloot het te negeren. 'Hoe oud was je toen je bij je tante ging wonen?' vroeg ik.

'Een jaartje of vijf. Mijn ouders waren verslaafd aan alles wat je maar kunt bedenken. Drank, drugs... Alles wat je maar in je neus, mond of aderen kunt stoppen. Het is een wonder dat ik het heb overleefd tot mijn vijfde. Het begon de buren op te vallen dat ik soms urenlang lag te huilen. De politie vond me opgesloten in een kamertje, helemaal bevuild, luizen, de shit. Mijn ouders lagen gewoon lekker te chillen in een of ander crackhuis. Ze gooiden af en toe een zak chips bij me naar binnen en dachten dat het dan wel goed kwam.'

‘Dat meen je,’ zei Merel, zichtbaar onder de indruk.

‘Yep,’ zei Monica. ‘Eerst kwam ik in een pleeggezin terecht, maar daar moest ik weg omdat de moeder zelf zwanger werd. Daarna hebben ze de zus van mijn moeder opgeduikeld. Die wist niet eens dat ze een nichtje hád. Dat is hoe ik in Lemele ben terechtgekomen, waar ik Almar heb ontmoet.’

Almar kneep zijn ogen vertrouwelijk naar haar samen, zoals hij dat ook altijd naar mij deed. Ik vroeg me af of hun band misschien sterker was dan ik had gedacht.

‘Ik was natuurlijk geen normaal kind. Heel verlegen. Maar ik kon ook heel agressief worden. Eigenlijk was Almar de enige die zich een beetje met mij bemoeide.’

Ze wisselden een glimlach en ik wilde niet jaloers zijn, maar was het toch. Tegelijkertijd schaamde ik me daarvoor. Ze had overduidelijk een heel moeilijke jeugd gehad en had net als ik altijd moeten vechten voor haar plek. Ik nam me voor om mijn vooroordelen over Monica opzij te zetten en te proberen om vriendschap te sluiten.

‘Wat een verhaal,’ zei ik. ‘Dan ben je daar heel goed uit gekomen.’

‘*What doesn’t kill you, makes you stronger*,’ zei Monica. ‘*Et voilà!*’ Ze spreidde haar armen uit. ‘Hier ben ik! En ook die eikel van een Jean-Pierre gaat mij er niet onder krijgen.’

‘Wij kunnen nog heel wat van jou leren,’ zei Merel.

In het restaurant van El Refugio konden tachtig mensen eten. Omdat het hotel zo afgelegen lag, beschikte het over een enorme koel- en vriescapaciteit. Ik begon mijn rondleiding van het hotel met het openen van de zwaar geïsoleerde deur van de vriesruimte. 'Ik denk dat we er nét met zijn allen in passen,' zei ik en ik stapte naar binnen. De kou sloeg meteen in mijn gezicht. Op de thermometer zag ik dat het min zestien graden was.

'Mij niet gezien.' Monica huiverde. 'Straks valt de deur dicht en zit ik opgesloten.'

'Je kunt de deur gewoon van binnenuit openmaken hoor,' zei ik. Ik wees naar de deurklink. 'Kijk maar.'

'Maar er zit een slot op de buitenkant. Wat als iemand dat dichtdraait?'

'Niemand gaat dat doen.' Omdat ze er nog steeds niet gerust op leek, voegde ik eraan toe: 'Je kunt het ook gewoon aan mij vragen als je iets nodig hebt.'

'Of aan mij,' zeiden Kevin en Jelle tegelijkertijd.

'Kijk eens aan,' zei ik. 'Als zelfs Kevin bereid is om voor je in beweging te komen...' Ik deed de deur van de vriezer weer dicht, omdat er een klein alarm afging. Daarna opende ik de deur naar de koelcel die dubbel zo groot was. 'En dan hier...' Weer bleven mijn huisgenoten buiten staan, terwijl ik naar binnen stapte. 'Het helpt als jullie even binnenkomen. Jij niet natuurlijk, Monica,' zei ik er snel achteraan. 'Al zijn in de koelcel je overlevingskansen behoorlijk groter.'

'Het gaat me vooral om het gevoel van opgesloten zitten,' zei ze. 'Ik heb claustrofobie.'

'Begrijp ik.' Ik knikte haar bemoedigend toe en richtte me daarna op de anderen terwijl zij vanuit de deuropening meekeek. 'Dan hier alles wat langer houdbaar is en niet ingevroren kan worden. Eieren, houdbare melk, yoghurt, meel...' Ik wees naar de volle schappen. 'Verder vinden we hier allerlei soorten kaas, vleeswaren – zoals jullie weten zijn de Spanjaarden daar heel goed mee – verse groente, aardappelen, uien, knoflook...'

'Hoelang blijft dat goed?' vroeg Itty.

'Een week of twee, drie. Daarna stappen we over op spullen uit de diepvries. Yoghurt kunnen we zelf maken, tía Paola heeft me een uitgebreide demo gegeven. Maar het klopt dat het menu steeds beperkter zal worden.'

'Weet je zeker dat er genoeg is? Het lijkt nu heel veel, maar we moeten het natuurlijk zestig dagen uitzingen,' zei Jelle.

'Ik hoop het maar,' antwoordde ik lachend.

'Anders eten we gewoon Kevin op,' zei Itty en ze kneep in zijn buik.

'Een helikopter is handiger,' zei ik. 'Anders geeft het zo'n zooi. En dan nu... het moment waarop we allemaal hebben gewacht... de bar.'

'Dat werd tijd, ouwe,' zei Kevin.

'Loopt u allemaal maar even mee.'

Ook de barruimte was niet veranderd sinds de tijd dat overheidsfunctionarissen hier hun dikke sigaren rookten. De toog was getimmerd van hetzelfde zware eikenhout als al het hotelmeubilair, met daarachter een spiegelwand waarop met koperen zwierletters BAR EL REFUGIO stond. Verder had de ruimte een enorme open haard met twee grote chesterfieldbanken waarop je kon hangen.

'Wat goed dit,' zei Jelle. Hij haalde zijn camera uit de hoes en begon op diverse hoeken scherp te stellen.

'Je kunt wel op mij oefenen,' zei Monica. Ze ging op de barkruk zitten en keek hem broeierig aan.

Jelle drukte af, keek op het schermpje en maakte een tevreden geluid. 'Niet slecht,' zei hij.

'Heerlijk dit,' zei Almar en hij plofte op een van de banken neer.

Kevin dook achter de bar om de drankcollectie te inspecteren. 'Zo, jouw oom is wel een kenner, zeg.'

Het klopte dat tío Manuel een bijzondere voorliefde had voor Schotse whisky. Hij beroemde zich erop dat hij dertig verschillende soorten onder de kurk had. Daarnaast had hij een aantal exclusieve flessen in een klimaatkast liggen die hij bewaarde voor speciale gelegenheden. Uiteraard had Kevin die ook al gevonden. 'Toe maar, een Talisker van dertig jaar oud.' Hij pakte de fles uit de kast en floot tussen zijn tanden. Zijn vingers maakten glanzende vlekken op de verder stoffige fles. Ik kromp een beetje ineen. 'En wat hebben we hier nog meer... Een Laphroaig van vijfentwintig jaar oud, een Glenfarclas uit 1980. Vraag je oom of hij me belt voordat hij ze opentrekt, ja?'

'Hij bewaart ze tot na zijn pensioen,' zei ik. 'Dus wie weet...'

'Hoezo weet jij zoveel van whisky?' vroeg Monica.

'Van huis uit meegekregen,' zei Kevin met enige trots.

'Moeten we nu je voeten kussen?' vroeg Itty. 'Sjongejonge.'

'Ik bedoel er niets lulligs mee,' zei Kevin. 'Maar het is wel zo dat het bij ons thuis vrij normaal was om exclusieve drank te hebben.'

'Bij ons thuis hadden we vooral heel véél drank,' zei Monica. 'Telt dat ook?'

We schoten allemaal in de lach.

'Sorry,' zei Kevin. Ik had hem nooit eerder rood zien worden. 'Dat was een beetje lomp van me.'

‘Kun jij niets aan doen,’ zei Monica. ‘Dat je met geld bent opgegroeid betekent niet dat alles je voor de wind gaat. Als ik één ding heb geleerd bij de Polignacs, is dat het. Mensen denken dat alles perfect is en vergeten dat je nog steeds je *struggles* hebt.’

‘Dat klopt,’ zei Kevin ernstig. Ze hadden even een moment van betekenisvol oogcontact. Ik vroeg me af waar Kevin dan zoal mee worstelde, want ik had hem er nooit over gehoord, terwijl we toch al jarenlang bij elkaar in huis woonden.

‘Misschien kun je meteen even een cocktailtje voor me maken nu je toch achter de bar staat,’ zei Monica plagerig.

Ik keek op mijn horloge. Het was elf uur ’s ochtends en ik nam aan dat ze een grap maakte.

‘Zeg het maar,’ zei Kevin. ‘Mojito, Cosmopolitian, Sex on the Beach…’

‘Serieus?’ vroeg Itty.

‘Het is vakantie, toch?’ zei Monica. ‘Wie doet ermee?’

‘Ik,’ zei Jelle. ‘Als Lili het goedvindt.’

Ook Merel en Itty keken aarzelend naar mij. De enige die nonchalant voor zich uit bleef staren alsof het hem allemaal niet uitmaakte was Almar.

Ik vroeg me af wat me meer irriteerde: dat iedereen al aan de drank wilde terwijl we nog lang niet klaar waren met de rondleiding of dat iedereen mijn toestemming daarvoor wilde.

‘Kom op, Lil. Laten we gewoon even vieren dat we hier zijn,’ zei Kevin. ‘Morgen gaan we aan de bak, geen zorgen.’

‘Lili…’ zei Jelle op een kleuterachtige toon tegen mij.

‘Het maakt mij echt niets uit,’ zei ik snel. ‘Doe wat je wilt. Het enige is dat we onze drank wel zélf moeten betalen. Achter de bar is een lijstje waarop we het kunnen bijhouden.’

‘Zet de eerste zeven streepjes maar alvast neer,’ zei Monica. ‘Om te proosten op een leuke vakantie met zijn allen.’ Ze keek me uitdagend aan. ‘Kom op, Liliane, dat vind jij toch ook gezellig?’

Omdat ik me niet wilde laten kennen, zei ik: ‘Willen we een bubbeltje?’

‘Goed idee, chef,’ zei Jelle.

Ik ging achter de bar staan en haalde een fles cava uit de koeling. ‘Deze rijke cava van de druivensoorten macabeo en chardonnay wordt geproduceerd in mijn geboortestreek, door het wijnhuis Reyes de Aragon, wat koningen van Aragon betekent,’ zei ik op een overdreven professionele toon. ‘Ja ja, ik stond op mijn twaalfde al achter deze bar drank te schenken. In Spanje komt dat soort dingen niet zo nauw.’

‘Wat je zegt, de ervaring spat ervan af,’ zei Almar.

Ik gaf Kevin de fles. ‘Maak jij even open, schat?’

Terwijl hij de schroefdraad losmaakte, pakte ik de glazen uit de kast en zette ze op de bar. Met een knal vloog de kurk van de fles tegen het plafond. Cava stroomde over de bar en toen Kevin de glazen net iets te enthousiast inschonk nog meer. In mijn hoofd hoorde ik tía Paola ‘*portavasos*!’ schreeuwen en ik onderdrukte de neiging om meteen een doekje te pakken.

Toen iedereen een glas in zijn handen had, nam Almar het woord: ‘Lieve vrienden… We zijn zelden serieus, maar daar wil ik nu een uitzondering op maken. Aan de vooravond van dit fantastische avontuur wil ik een toost uitbrengen op degene die dit allemaal mogelijk heeft gemaakt. Een jongedame die ons keer op keer verblijdt met haar fantastische ideeën, onmogelijke werkschema’s en tomeloze inzet. Ik wil je bedanken, lieve Lili, voor je uitnodiging om hier te verblijven. Op jou.’

We klonken met elkaar, terwijl iedereen de woorden van Almar herhaalde: 'Op jou.' Al mijn vrienden keken me liefdevol aan, zelfs de blik van Monica was warm. Ik voelde opeens weer onze verbondenheid. Het emotioneerde me.

'O, schatje toch,' zei Merel en ze sloeg haar arm om me heen. 'Gaat het?'

'Almar bedoelde het allemaal niet zo,' zei Kevin grappend, waarop Itty hem een stomp in zijn zij gaf. Cava klotste over het tapijt.

'Zijn jullie altijd zo klierig?' vroeg Monica.

'Ik ben bang van wel,' zei Almar. Hij nam een grote slok. 'Lekker spul, zeg.'

'Ik zeg: zelfs beter dan echte champagne,' zei Kevin waarderend.

'Jullie bedankt dat jullie allemaal ja hebben gezegd tegen dit avontuur,' zei ik en ik hief mijn glas. 'Het wordt vast een geweldige tijd.'

'Foto!' riep Jelle en we poseerden met brede glimlachen en geheven glazen.

NU

‘WAAROM KEVIN?’ VRAAGT SERGIO ROB. We zitten op de overdekte patio van zijn villa op Ibiza. Zoals verwacht is zijn huis hippiechic ingericht, een walhalla van microcement vloeren, XL-meubilair in natureltinten, Marokkaanse lampen, antiek bewerkt hout, zitjes met kussentjes en een enorme infinitypool met uitzicht over zee. Het zou me niets verbazen als het in een woonmagazine heeft gestaan, want zoals Sergio Rob zegt: ‘Mijn hele leven is mijn visitekaartje.’

Ik had al gedacht dat hij over Kevin zou beginnen, maar met deze vraag weet hij me toch te overvallen. Wat heeft Kevin hem verteld? ‘Hoe bedoel je?’ vraag ik om tijd te winnen.

‘Waarom hebben ze hém opgepakt en de anderen niet? Jullie waren met zijn zessen, toch? Wat maakte hem verdacht?’

‘Hij zal wel iets doms hebben gezegd tegen de politie,’ antwoord ik. ‘Hij was de enige die een klein beetje Spaans sprak, dus dat zal wel een rol gespeeld hebben.’

Camilla, de Zweedse vriendin van Sergio Rob die eind twintig is en bijna altijd gekleed in zijden kaftans zonder beha eronder, komt aanlopen met een rinkelend dienblaadje met drankjes en hapjes. Terwijl ze bukt om de lekkernijen op de salontafel te zetten, valt haar jurk zodanig naar voren dat ik vrij zicht heb op haar jaloersmakende kleine en stevige borsten.

'*Thank you, love*,' zegt Sergio Rob.

Camilla knikt en heupwiegt weer weg. Ze heeft vierhonderdduizend volgers op Instagram, die ze verblijdt met ingewikkelde yogaposes en belangrijke levenswijsheden als 'je kwetsbaar opstellen is doodeng, maar wel heel goed'.

Ik neem een slok van het drankje dat lijkt op de ochtendurine van iemand met ernstige nierproblemen en dat ook nog eens behoorlijk zuur blijkt te zijn. Ik spuug het nog net niet uit.

'Zelfgemaakt,' zegt Sergio Rob. 'Kombucha. Oftewel gefermenteerde thee. Goed voor je darmflora.' Hij begint te lachen. 'De smaak is even wennen.'

'Wil je me vergiftigen of zo?' Ik moet ook lachen.

'Kevin is een bijzondere man,' zegt Sergio Rob peinzend, alsof hij de enige is die hem echt goed kent. 'Een hoop bravoure, maar daaronder zit...'

'Een klein hartje?' onderbreek ik hem. 'Laat me niet lachen. Dat is nou typisch zo'n cliché waarin iedereen maar al te graag wil geloven.'

'Eens,' zegt hij en hij geeft me een high five. 'Ja, echt. Wat ik eigenlijk wilde zeggen,' vervolgt hij onverstoorbaar, 'is dat ik in hem een klein jongetje zie dat zich onbegrepen en ongezien voelt. Als verdedigingsmuur heeft hij daar een hele persoonlijkheid omheen gebouwd. Succesvol zijn is zijn copingmechanisme. Niks mis mee.'

'Wat wil je zeggen?' vraag ik. 'Moet hij zijn innerlijke kind helen of moet hij in tien stappen gelukkig worden?'

'Wat dacht je van allebei?' vraagt Sergio Rob. 'Fuck trauma's. Laat wat er eerder in je leven is gebeurd niet je toekomst verziekken. Wees eerlijk, omárm je verleden, leer je lessen en word gelukkig. Sterker nog, elke nare gebeurtenis in ons leven brengt ook een gift met zich mee. Maar die moet je wel herkennen en uitpakken.'

'Leuke tekst voor op een T-shirt,' zeg ik. 'Fuck trauma's.'

Hij wrijft even peinzend over zijn baardje. 'Dat is nog niet eens zo'n slecht idee.'

'Was een grap.'

'Weet ik, maar dan nog is het geen slecht idee.' Hij barst in lachen uit. 'Je moet nog steeds aan mij wennen, merk ik. Terwijl we al best wat tijd samen hebben doorgebracht. Maar het gaat al beter. In het begin was je veel meer gesloten. Zei je bijna niets terug of je zei iets waarvan je dacht dat ik het wilde horen. Nu zit je zelfs de gek met mij te steken. Wat is er veranderd?'

'Jouw geweldige seminars, onlineprogramma's en boeken natuurlijk.'

'Dit bedoel ik. Dat zou je eerder nooit gezegd hebben. Kan het kloppen dat je steeds meer van jezelf naar buiten laat komen? En dat dat eigenlijk als een bevrijding voelt?'

'Zullen we weer verder met jou? Je stond op het punt te vertellen over je tweede echtscheiding.' Ik leg de voicerecorder op tafel en druk de opnameknop in.

'Nog één ding, gewoon uit nieuwsgierigheid. Wat is jouw theorie over de dood van dat meisje?' Sergio pakt een olijf uit een schaaltje, stopt hem in zijn mond en kijkt me geconcentreerd aan.

Ik heb geen zin om hierover te praten, maar vrees dat hij me niet met rust zal laten. Dus ik kies voor de makkelijke optie en zet de recorder weer uit. 'Ze was stomdronken, liep naar buiten, vergat even dat het twintig graden vroor en kon niet snel genoeg de weg terug vinden. Zoiets.'

Sergio haalt even zijn hand door zijn grijze lokken die er vandaag na het zwemmen wat plakkerig uitzien. 'Je wilt er niet aan, hè,' zegt hij dan met de geduldige intonatie van een kleuterleider. 'Je hebt het allemaal onder het tapijt geveegd, al weet je zelf ook wel dat hier helemaal niets van klopt.'

'Je echtscheiding,' zeg ik streng en ik druk de opnameknop van de voicerecorder weer in. Deze keer laat ik me niet afleiden. 'Vertel.'

TOEN

EEN SNEEUWSTORM IS EEN BELEVENIS. Als die een dag duurt. Na twee dagen ben je het behoorlijk zat en na zeven dagen vlieg je tegen de muren op.

Omdat het hotel omringd was door hoge bergen konden de stormwolken geen kant op. We zagen niets anders dan sneeuwvlokken die een venijnige tango voor de ramen dansten. Meestal was niet eens de overkant van het dal zichtbaar. Als we een poging deden om naar buiten te gaan, keerden we binnen tien minuten terug. Het was geen doen: de wind sneed dwars door je heen en je zag geen hand voor ogen. Natuurlijk had dat zijn weerslag op onze stemming. Zelfs Itty klaagde. 'Op Ameland heb je ook vaak slecht weer,' zei ze, 'maar daar waait het altijd snel over.'

'Is dit normaal?' vroegen mijn huisgenoten, die me steeds meer het gevoel gaven dat ik ze ergens in had geluisd. 'Hoelang duren dit soort stormen meestal? Wanneer gaat de zon weer schijnen? Wat zeiden je oom en tante hierover?'

Natuurlijk moest ik het me niet aantrekken, maar op de een of andere manier voelde ik me verantwoordelijk voor ieders welzijn.

’s Avonds keken we televisie op de oude breedbeeldtelevisie in de bar. Omdat het toestel alleen was aangesloten op Spaanse zenders, vonden mijn huisgenoten er niet veel aan. In korrelige beelden zagen we de zoveelste ETA-aanslag, deze keer in Bilbao, dat Evo Morales tot president van Bolivia was verkozen en dat in Damascus de ambassades van Denemarken en Noorwegen in de fik waren gestoken. Ik had een paar videobanden gevonden, waaronder een heel seizoen van *Friends*, maar de stemmen waren in het Spaans nagesynchroniseerd. Het was even grappig geweest om ernaar te kijken – vooral Kevin was erg goed in het imiteren van de hese Spaanse stemmen van Rachel, Ross en Chandler – maar ook dat verveelde snel.

‘Wordt het niet eens tijd voor een Kolonisten van Catan-marathon?’ stelde ik op een avond voor. We hadden gegeten en hingen zoals altijd rond in de bar. Er stonden al aardig wat streepjes op het lijstje van tío Manuel. ‘Ken je dat?’ vroeg ik aan Monica. Ik begon alvast de speelkaarten uit te spreiden op een van de salontafels. Merel kwam naast me zitten en begon de dorpen en straten te verdelen.

‘Wat is dat?’ vroeg Monica.

‘Ons favoriete bordspel,’ zei Jelle. ‘Hé, je kunt niet onze huisgenoot zijn en geen Catan spelen.’ Hij porde haar even in haar zij.

Monica pakte de doos op en zei: ‘Hier staat dat je maar met zes kunt spelen.’

‘Daarom doen we een marathon. We spelen telkens met vier totdat we een uiteindelijk winnaar hebben,’ zei ik. ‘En meestal is dat Almar.’

'Hmm,' zei Monica. 'Ik heb een beter idee. Waar we allemáál wat aan hebben: *Truth or Dare*.'

'Wat is dat?' vroeg Almar.

'Dat ga ik jullie uitleggen. Om te beginnen nemen we allemaal een shotje,' zei Monica, terwijl ze Kevin aankeek met een samenzweerderige blik.

'Ik ben voor,' zei hij.

'Daarna kies je "truth" of "dare",' vervolgde ze. 'Bij "truth" moet je een vraag naar waarheid beantwoorden. Bij "dare" krijg je een opdracht.'

'En alles mag?' zei Itty.

'Alles mag, zolang je er maar niet dood aan gaat,' ging Monica verder.

'En als je een opdracht niet wilt doen?' vroeg ik.

'Dat is geen optie,' zei Monica. 'Niet zo angstig kijken.'

'Oké,' zei Kevin en hij zette shotglaasjes klaar op de bar. 'Wat vinden jullie van… *fireballs*!' Hij sprak de naam op een overdreven Amerikaanse manier uit.

'*Fantastic*,' zei Monica met een soortgelijke intonatie. Ze waren in korte tijd goed op elkaar ingespeeld.

Kevin schonk een laagje sambuca in de glaasjes en vervolgens tequila. 'Je oom heeft vast wel tabasco hier?' vroeg hij mij. 'Ik neem aan dat hier weleens bloody mary's worden gedronken?'

Ik ging bij hem achter de bar staan en haalde een flesje tabasco uit een van de bovenkastjes waarin ook de cocktailshakers stonden.

'*Thanks*,' zei Kevin. In elk glas schonk hij een paar druppels. 'Aan jou de eer om het heilige vuur te ontsteken, madame,' zei hij. Hij gaf me een aansteker en maakte een zwierig gebaar naar de glaasjes die op een rijtje op de bar stonden.

'Gewoon de vlam erbij houden?'

'Precies.' Kevin richtte zijn wijsvinger op mij alsof het een pistool was, kneep zijn linkeroog dicht en klakte met zijn tong alsof hij een foute versie van Clint Eastwood was.

Almar deed het licht uit. Met de aansteker ging ik langs alle glaasjes, waardoor er mooie blauwe vlammetjes op ontstonden. 'Aah,' zei Merel. 'Wat schattig.' Jelle maakte de zoveelste zinloze foto.

'En nu,' zei Kevin, 'verklaar ik het Truth or Dare-seizoen voor geopend! Atten maar!' Hij doofde met een onderzetter de vuurtjes en we sloegen allemaal het shotje achterover. Het was alsof ik pure tabasco naar binnen goot. De anderen hadden kennelijk dezelfde ervaring, want we begonnen allemaal te hoesten en naar adem te happen.

'Holy shit,' zei Almar die als eerste iets uit kon brengen. 'Volgende keer wat meer tabasco, graag.'

'Het heet niet voor niets fireball, hè,' zei Kevin.

Ik schonk voor iedereen water in. Daarna namen we de flessen drank mee en gingen we op de chesterfields bij de open haard zitten. Behalve een paar brandende kaarsjes op tafel en een klein lampje achter de bar was het donker. Je kon slechts de contouren van onze gezichten zien. Ik zat op de hoek van de bank naast Almar. Zijn warme dijbeen drukte tegen het mijne.

'We gaan beginnen,' zei Monica. 'Kevin, truth or dare?'

'Eh...'

'Kom op, Kev,' zei Itty op de bank tegenover me. 'Je moet nú iets zeggen.'

‘Truth,’ zei hij.

‘Heb jij weleens iets gestolen?’

Een brede grijns ontstond op Kevins gezicht. ‘Zo vaak.’

‘Specifieker, graag. Wat is het bizarste?’

De grijns op Kevins gezicht werd nog breder. ‘Oké. Ik heb weleens de beha van mijn oma gestolen. Ik logeerde bij haar, hij hing aan de waslijn en toen heb ik hem genakt.’

‘Waarom zou je dát doen?’ riep Merel uit.

‘Ze had enorme tieten en ik was benieuwd hoe ze eruit zouden zien zonder.’

‘En?’ vroeg Almar.

‘De volgende dag droeg ze gewoon een andere beha. Ik was zeven. Wist ik veel dat vrouwen er meerdere hebben. Ik dacht dat ze er maar één had.’

‘Waarom ben ik niet verbaasd?’ zei Itty.

‘Shotje!’ riep Monica. ‘Na elke ronde drinken we er een,’ verduidelijkte ze.

‘Beter,’ zei Jelle.

Kevin schonk de glaasjes weer vol, nadat hij plechtig had beloofd om minder tabasco te gebruiken. We sloegen ze allemaal weer in één keer achterover.

‘Oké… ik ben nu, toch?’ Kevin dacht even na. ‘Merel… truth or dare?’

‘Dare,’ zei ze.

‘Ga tongzoenen met je shotjesglas.’

‘Lekker.’ Ze pakte het glas van de tafel, stak haar tong erin en begon hem halfslachtig rond te draaien.

‘En nu alsof je het meent,’ zei Kevin streng. ‘Dit is niks.’

‘Mmm,’ deed Merel terwijl ze haar tong in het glaasje uitstak.

'Volgende!' riep Monica.

'Eerst een shotje,' zei Kevin streng.

Weer sloegen we het drankje achterover.

Zo hoorden we dat Monica niet alleen bang was voor muizen, maar ook voor cavia's en konijnen en dat Almar vroeger verliefd was geweest op een juf van zijn lagere school. Itty moest heen en weer naar de eetzaal hinkelen en ik moest het 'Wilhelmus' in het Spaans zingen. Ondertussen bleven de shotjes maar komen.

Inmiddels had Almar zijn been wat steviger tegen het mijne aan gedrukt. Door de stof van onze kleding heen voelde ik zijn warmte. Elke vezel in mijn lichaam kwam tot leven en ik merkte dat ik sneller adem was gaan halen. De drank had mij loom en overmoedig gemaakt. Ik vroeg me af of hij zich net zo bewust was van de elektrisch geladen spanning tussen ons. Ik legde mijn hand achter op zijn rug waar mijn vingers een stukje bloot vel vonden tussen de rand van zijn spijkerbroek en zijn trui. Zachtjes streek ik daar met mijn vinger overheen. Ik voelde hoe hij kippenvel kreeg en ik hoopte dat we die nacht samen in bed zouden eindigen.

'Lili...' vroeg Merel. Ze leunde voor Almar langs en wuifde voor mijn gezicht. 'Ben je er nog? Je zit zo wazig voor je uit te staren.'

Ik schoot overeind, zodat Almar en ik elk lichaamscontact verloren. 'Huh?' zei ik. 'Ik ben geloof ik een beetje dronken.'

'Wij allemaal,' zei Merel.

'Ik niet,' zei Monica, die recht tegenover ons zat en inderdaad opvallend helder uit haar ogen keek. Ik vroeg me af of ze had gezien dat Almar en ik met elkaar hadden zitten vozen. 'Ik heb een enorme tolerantie voor drank, maar dat is ook logisch omdat ik in de baarmoeder al ben begonnen.'

We moesten allemaal lachen.

Ik leunde terug naar achteren in de verwachting daar Almars warme lichaam weer te vinden, maar hij was opgeschoven.

'LILI?' HET WAS AL DE DERDE KEER in een week dat mijn tía belde. Kennelijk kon het haar niet schelen dat de belkosten van Thailand naar Spanje torenhoog waren. 'Ik wil even met je checken. Laten jullie de kamers vaak genoeg luchten? Want anders wordt het zo'n muffe bende. Daarna moeten jullie wel de ramen goed sluiten, want anders bevriest de boel. Hoe gaat het met de muizen? Kun je even kijken wat de druk is in de verwarmingsketel? En maak wel alles goed schoon, vooral het houtwerk, want anders trekken er vlekken in en die krijg je er nooit meer uit.'

'Alles is onder controle,' antwoordde ik braaf.

Op de achtergrond hoorde ik tío Manuel zeggen: '*No te preocupes*, Paola.' Maak je niet druk.

'Dit hotel is ons levenswerk,' zei Paola. 'Dat weet je.'

'Ja, tía,' zei ik nog maar een keer, terwijl ik me nu al zorgen maakte over hoe ik dit aan mijn huisgenoten moest overbrengen. Dat het allemaal wat tegenviel, was duidelijk. 'Als je me van tevoren had verteld dat we vooral binnen zouden zitten en het huishouden moesten doen, weet ik niet of ik was meegegaan,' had Kevin zelfs al een keer gezegd. De anderen waren minder expliciet in hun kritiek, maar ik hoorde hen wel zuchten en Merel maakte zich hardop zorgen of ze haar scriptie wel af zou krijgen.

Ik deed maar net of ik het niet hoorde, maar het stak me wel.

Beneden in de kelder was een wasserette met professionele wasmachines en drogers. Hier stonden ook de verwarmingsketel, de generatoren, kratten vol lege flessen en de enorme hoeveelheden spullen die tío Manuel en tía Paola in de loop der jaren hadden verzameld: meubels waaraan wat mankeerde en waarvan het ongetwijfeld de bedoeling was dat ze ooit gerepareerd of afgevoerd zouden worden, stapels tijdschriften en kranten, en dozen vol persoonlijke spullen die gasten hadden achtergelaten en waarvan tía Paola hoopte dat ze ooit nog geclaimd zouden worden door de rechtmatige eigenaar.

Ook was deze ruimte geliefd bij de muizen en Kevin beweerde zelfs dat hij er een rat had gezien. Bijna dagelijks zat er wel een muis in een van de vallen, die we griezelend in een vuilniszak gooiden. Die gooiden we dan weer buiten in een grote container die in het voorjaar geleegd zou worden.

Niemand kwam graag in de kelder waar geen daglicht was en apparaten onverwachte harde geluiden maakten. De ruimte was verlicht met flikkerende tl-lampen waarvan een aantal meteen al in de eerste week kapotgingen, zodat het donker was in sommige delen. Jelle, die het handigst was van ons allemaal, en ik hadden een kleine poging gedaan om ze te vervangen, maar we waren allebei bang dat we geëlektrocuteerd zouden worden, dus we hadden het al snel opgegeven.

In de uren dat ik wachtte tot de was klaar was, snuffelde ik vaak tussen de oude spullen. Ik las kranten uit 1970 en vond kledinghoezen met muffig ruikende maar fantastische avondjurken, bezaaid met pailletten en duizelingwekkende decolletés die tía Paola ongetwijfeld geweldig hadden gestaan in haar jonge jaren. De kelder was een ware schatkamer, als je het unheimische gevoel wist te negeren.

In een van de dozen zaten tientallen fotoalbums die door tía Paola in de loop der jaren minutieus bijgehouden waren. Het was een feest om erdoorheen te bladeren; foto's van mijn moeder en haar zussen in hun eerstecommuniejurkjes, foto's van mijn oma en de eeuwige dunne sigaartjes die ze rookte. Foto's van mijn opa die op een paard door de bergen reed. En foto's van El Refugio, vlak nadat tío Manuel en tía Paola het hotel hadden overgenomen, geholpen door de hele familie. Trots stonden ze op het terras, hun gezichten nog jong, hun lichamen nog recht.

Tot mijn verrassing vond ik een foto van mijn moeder waarop ze zwanger was van mij. Ik had altijd gedacht dat daar geen foto's van waren, aangezien haar ongewenste zwangerschap niet bepaald werd toegejuicht in onze katholieke Spaanse familie. Ik had me een onderdanig, beschaamd meisje voorgesteld, maar deze versie blikte uitdagend de camera in. Het trof me hoeveel ik op haar vroegere zelf leek. Als ik niet beter had geweten, had ik zomaar kunnen denken dat ik het was op de foto. Dat ik volgens de overlevering een Nederlandse vader zou hebben was in ieder geval niet aan mij af te zien. Soms vroeg ik me af of dat hele verhaal verzonnen was, om mijn echte vader te beschermen. Ik had me zelfs weleens afgevraagd of tío Manuel niet mijn verwekker kon zijn. We hadden een warme band en in bepaalde opzichten leken we op elkaar. Toen ik mijn moeder voorzichtig daarover had gepolst, had ze geschrokken gereageerd en gezegd dat ik dat maar nóóit tegen tía Paola moest zeggen. Dit stelde me niet bepaald gerust. Later hoorde ik dat tío Manuel onvruchtbaar was en dat hij daarom nooit zelf kinderen had gekregen. Weer een fantasie om zeep.

Het was niet makkelijk voor mijn moeder geweest om in haar eentje een kind op te voeden. We deelden samen een zolderkamer in Huesca, waarvan je je kon afvragen of die wel bewoonbaar was. Van jongs af aan nam ze me mee naar de sigarettenwinkel waar ze werkte. Eerst lag ik daar in een ledikantje in het magazijn, later scharrelde ik rond tussen de tijdschriftenrekken. Ik hoorde als het ware gewoon bij het interieur. Toen ik ouder werd, ging ik natuurlijk ook naar school, maar dit bleef de plek waar ik de meeste tijd doorbracht. In de winkel werden ook loten verkocht. Mijn moeder was er heilig van overtuigd dat ze op een dag de loterij zou winnen waarmee al haar problemen opgelost zouden zijn, maar in plaats daarvan vond ze Sietze.

Hij was een twintig jaar oudere IT'er, een verstokte vrijgezel die ze had ontmoet via een Nederlands relatiebemiddelingsbureau. Alhoewel ze geen tekort had gehad aan huwelijkskandidaten in Huesca, vond mijn moeder dit een logische zet. Ik was immers (zogenaamd) verwekt door een Nederlander én Sietze had een eigen huis en een auto. Na een halfjaar corresponderen volgden een ontmoeting in Madrid en een weekend in Amsterdam. Daarna werd besloten dat wij bij hem zouden intrekken.

Op een koude winterdag vlogen we naar Amsterdam, waar we werden opgehaald door Sietze in een gloednieuwe Opel Omega-stationwagon, die hij speciaal had aangeschaft voor 'het nieuwe gezin'. Leeuwarden had net zo goed Mars kunnen zijn. Sietze woonde in een zogeheten 'bloemkoolwijk' aan de rand van de stad, met doodlopende straten die als kleine roosjes uit de doorgaande weg ontsproten. De straten hadden allemaal namen van grassoorten die wij niet konden uitspreken, laat staan onthouden. Ons nieuwe huis zat aan het Fioringras. Toen ik later de soort opzocht, las ik dat het een halsstarrig struisgras is dat vooral dominant is in ondergelopen gebieden en dat verbaasde me niets. De huizen waren gebouwd met grauwe bakstenen en hadden kleine achtertuinen. Ik zag dat ook mijn moeder ervan schrok, maar ze haalde dapper adem, legde haar hand op Sietzes arm en zei met haar zware Spaanse accent: '*Very very nice gouse.*'

Sietze had de eerste dagen vrij genomen om ons Nederland te laten zien. In een week tijd bezochten we het Vogeltjespark in Rijs, de Flevohof, het Dolfinarium Harderwijk, Avonturenpark Hellendoorn en Ponypark Slagharen. In mijn beleving was Nederland één groot pretpark, maar dat beeld veranderde al snel toen ik naar school moest. Maar een paar van mijn klasgenoten hadden ooit het buitenland bezocht. Uiteraard sprak geen van hen Spaans. En ik sprak geen woord Nederlands.

Een van mijn klasgenoten was als baby geadopteerd uit Guatemala, en als vanzelfsprekend werd ik naast hem gezet. Ook Miguel was de Spaanse taal niet machtig en hij was bovendien dodelijk verlegen. Hij sprak alleen wanneer de juffrouw expliciet het woord tot hem richtte en zelfs dan pas na enig aandringen. Zelfs toen hij tijdens de gymles zijn arm brak, had hij geen woord gezegd; we waren er pas achter gekomen toen hij de volgende dag met gips op school verscheen.

In de pauzes stond ik in het beste geval met Miguel in een hoekje te wachten tot we weer de klas in mochten. In het slechtste geval waren we omsingeld door klasgenoten die ons uitscholden, al verstond ik niet wat ze zeiden. Aan het gezicht van Miguel te zien was het niet best. Soms werden we tegen elkaar aan geduwd, terwijl onze medeleerlingen kusgeluiden maakten. Soms rende ik naar huis, soms verstopte ik me achter struiken om zo mijn plaaggeesten te ontlopen. Ik wilde niets liever dan bij mijn moeder uithuilen, maar het was duidelijk dat ze het zelf al moeilijk genoeg had.

Daarom maakte ik er mijn persoonlijke levenstaak van om ervoor te zorgen dat het fantástisch met mij ging. Binnen een maand sprak ik al redelijk Nederlands, – een van mijn eerste zinnen was: 'Rot op!' – binnen drie maanden sprak ik het vloeiend, met Leeuwarder accent en al, een grove versie van het Fries. Anders dan Spaanse kinderen die braaf in geblokte uniformen naar school gingen en netjes 'alsjeblieft' en 'dank je wel' zeiden, blonken de Leeuwarder kinderen niet uit in goede manieren. Als ik een klasgenoot mee naar huis nam – nadrukkelijk niet Miguel, die had ik zodra ik wat hoger in de hiërarchie zat links laten liggen – was mijn moeder altijd geschokt over hun gedrag. 'Ze stellen zich niet voor, ze lusten niks – alleen maar die vieze boterhammen – en ze denken dat ze alles weten, ook al zijn ze maar negen jaar oud.'

Het ergerde me dat ze zo over mijn klasgenoten klaagde. Wat zij meemaakte was niets vergeleken met wat ik dagelijks over me heen kreeg. Zo kreeg ik vaak te horen dat ik naar knoflook stonk en werd meer dan eens mijn lunchtrommeltje met tortilla of een ander warm gerecht afgepakt en in de vuilnisbak gekieperd.

‘Waarom eten ze niet gewoon allemáál warm op school?’ vroeg mijn moeder als ik haar vroeg om in godsnaam normaal brood te kopen. ‘Dat is toch niet gezond?’ Maar ik kon me niet zoals zij terugtrekken in de doorzonwoning die inmiddels gedecoreerd was alsof iemand op vakantie naar Spanje was gegaan en daar alle denkbare souvenirs had gekocht: variërend van waaiers tot beeldjes van Spaanse stieren en schilderijen van flamencodanseressen.

Toen mijn moeder over míj begon te klagen, wist ik dat ik goed zat. ‘Je hebt al net zo’n grote mond als de Nederlanders, je wilt krentenbollen eten en waarom houd je een agenda bij?’

Al deed ze een cursus Nederlands, het kostte haar heel veel moeite om zelfs ook maar een basiswoordenschat te ontwikkelen. Ze was geheel afhankelijk van mij als tolk en ik moest overal mee naartoe. Naar de dokter, waar ik moest uitleggen dat ze een nieuw spiraaltje nodig had. Naar de bank, om geld op te nemen. Naar de buren op verjaardagsvisite, waar mijn moeder het volle uur nauwelijks iets zei maar wel heel ongelukkig zat te glimlachen.

Het was de bedoeling dat ze het huishouden zou doen, maar op de een of andere manier trof ik altijd een bende aan als ik uit school kwam. ‘Ik ben hulpeloos,’ zei ze dan op zo’n radeloze toon dat het niet in me opkwam om haar níét te helpen. Pas toen ik het huis uit ging, realiseerde Sietze zich dat mijn moeder niet eens wist hoe de wasmachine werkte. Zelfs de boodschappen liet ze liever door mij doen, omdat het zo ver lopen was naar de Miro. We hadden geprobeerd haar te leren fietsen, maar na een paar pogingen en een lelijke schaafwond op haar knie had ze het opgegeven.

Ook al was ze niet geslaagd als huisvrouw, ze kon geweldig koken en Sietze adoreerde haar. Mijn moeder leek zowaar ook gelukkig met hem. Voor mij was het onbegrijpelijk wat ze zag in deze stugge, trage, onwrikbare man, maar ondanks of misschien wel dankzij hun taalbarrière hadden ze het goed samen.

De randen van de foto van mijn zwangere moeder waren een beetje omgekruld, en terwijl ik ze gladstreek overviel me een onbestemd, verdrietig gevoel.

Ik haalde de foto voorzichtig uit het album, in de hoop dat tía Paola het niet zou merken en nam hem mee naar mijn kamer. Misschien wilde ik mezelf eraan herinneren dat zelfs sterke mensen kunnen breken, mits ze het toelaten.

En dat zou mij nooit gebeuren.

NU

IK STAAR OVER HET INMIDDELS donkere Ibiziaanse landschap. Lichtjes glinsteren in de verte. Vaag hoor ik technomuziek. Omdat het nog vroeg in het seizoen is, koelt het 's avonds flink af en ben ik ongemerkt verkleumd geraakt. Ik doe de openslaande deuren van mijn kamer dicht, trek een warm vest aan en ga achter het bureau zitten. Sergio Rob heeft me speciaal een '*office suite*' gegeven, zoals hij dat zelf noemt. Veel van zijn cliënten hebben werk te doen tijdens hun retraites. Daarom zijn enkele van de gastenkamers voorzien van een bureau en een comfortabele leren bureaustoel.

Nooit eerder heb ik naar de profielen van mijn ex-huisgenoten gezocht, al was de verleiding er soms. Ik weet dat het alleen maar nare herinneringen naar boven zal halen. Maar nu spoken ze door mijn hoofd, storen ze me in mijn dromen en halen ze me uit mijn concentratie. Het voelt alsof ik de doos van Pandora wel móét openen.

Op social media heet ik Sanne van der Berg. Mijn profielfoto is die van een gezellige blondine die ik bij een stockfotobureau vandaan heb. Op mijn profiel staan posts van onder andere een fictieve skivakantie, een etentje met vriendinnen en een zonsondergang. Ik heb 346 volgers, allemaal gekocht, en volg zelf een soortgelijk aantal accounts. Niemand zal ooit Sanne wantrouwen en dat is precies waarom ik haar in het leven heb geroepen. Ze is de perfecte persoon om onderzoek te doen naar mijn klanten, maar vanavond zoekt Sanne naar mijn oude huisgenoten.

De eerste naam die ik intoets is die van Merel. Er zijn vijf mensen met dezelfde naam en het duurt even voordat ik haar herken, omdat ze tegenwoordig door het leven gaat als blondine. Maar als ik haar nader bestudeer, is het onmiskenbaar Merel. De kuiltjes in haar wangen, de blauwe ogen, de neus die een klein beetje opwipt. Ze heeft nog steeds hetzelfde vrolijke gezicht. '*Living the best life*' staat er in haar bio. Eronder staat een link naar yourearparty.nl, kennelijk haar eigen sieradenwebshop.

Ze heeft twee kinderen die het grootste deel van haar feed vullen, gaat regelmatig eten met haar vriendinnen die eruitzien alsof ze allemaal uit dezelfde mal zijn gekomen én, ik kan mijn ogen bijna niet geloven, ze heeft een relatie met Jelle. Jelle, inmiddels flink kalend, en Merel poseren samen met hun twee kinderen in de Apenheul en nu ik beter kijk, zie ik dat hun zoontje behoorlijk veel op hem lijkt. Ook vind ik een foto van haar '*datenight* met de liefste man ever' waarop ze hem op zijn wang kust, terwijl hij met zijn bekende nietszeggende blik voor zich uit staart. Jelle en Merel. Voor zover ik wist vond zij hem net als ik wat oppervlakkig, maar misschien trekt haar dat nu juist in hem aan.

Vanaf Merel is iedereen makkelijk te vinden. Jelle, die wat wielrenfoto's heeft gepost, gekleed in een strak broekje met zeemleer in het kruis, en flauwe grappen van RUMAG die hij doorplaatst. Kevin, die één grote successstory op zijn tijdlijn heeft staan: ontmoetingen met prominenten – ik tel Sergio Rob minstens tien keer –, zeilvakanties en een innige foto met een vrouw met van die overdreven getekende wenkbrauwen en opgespoten lippen, waardoor ze eruitziet als een stripfiguur. Itty blijkt helemaal in de esoterie gedoken te zijn. Vanuit een joert op Ameland organiseert ze zweethutsessies, vrouwencirkels en cacaoceremonies.

Ik aarzel voordat ik Almar opzoek. Wil ik hem zien? Gaat dit me niet heel veel pijn doen? Omdat hij niet op Insta te vinden is, kijk ik op Facebook. Daar vind ik een In Memoriam-pagina. De profielfoto is al wat ouder, zo te zien. Een lachende Almar met een glas rode wijn in zijn hand. Ik lees de condoleances. 'Wat viel het leven je zwaar, ouwe reus. Ik hoop dat je nu je rust vindt,' schrijft zijn broer. 'Ik troost me met de gedachte dat je bij Onze Vader in de hemel bent,' schrijft zijn moeder. Ik vind ook berichten van mijn huisgenoten. 'Had je maar gezegd hoe slecht het met je ging.' En: 'De wereld kan niet zonder jou, gappie.' Foto's uit de tijd dat we nog samenwoonden. Op een paar sta ik ook. Rimpelloze, stralende gezichten. Naïeve gezichten.

'Lieve papa, ik zal je missen,' lees ik dan. Een jongen. Sprekend hem, maar dan met bruine ogen.

Papa.

Almar was vader.

Ik sla mijn laptop met een klap dicht. Opeens zie ik Almar voor me zoals hij voor mijn deur stond. Vlak voor zijn dood. Nu ik eraan terugdenk, voel ik zijn wanhoop. Waarom heb ik hem niet aangehoord? Waarom kon ik hem niet gewoon vergeven?

Wat als dat het verschil had gemaakt tussen leven en dood?

Een jankend geluid ontsnapt uit mijn mond en ik sla mijn handen voor mijn gezicht. Mijn ademhaling is hoorbaar en voelbaar in het kommetje. Sneller en sneller. Het is al een tijdje geleden dat ik een paniekaanval had, en ik dacht dat ze met de pillen verleden tijd zouden zijn, maar dit gaat onmiskenbaar de verkeerde kant op.

Ik loop de badkamer in en laat de waskom vollopen met koud water. Daarna houd ik mijn gezicht zo lang mogelijk onder. Alle zoogdieren hebben een duikreflex, een mechanisme waarbij je hartslag vertraagt en er meer bloed stroomt naar je hart en je brein. Dit zou moeten helpen om jezelf te reguleren bij overweldigende emoties. Als ik bovenkom om adem te halen wordt er op mijn deur geklopt.

'Nu niet,' roep ik, terwijl ik met een handdoek mijn gezicht droogdep, al weet ik niet of degene die op de deur klopt dat wel kan horen. Ik loop de kamer in.

'Lili?' Ankie steekt haar hoofd om de hoek. Zelfs nu draagt ze een donkerblauw colbertje. Ze zet een grote strandtas op de grond en wil de deur weer sluiten. Dan ziet ze mij. 'Sorry, ik dacht dat je er niet was. Ik wilde alleen even...' Ze kijkt me nu pas goed aan. Ik moet eruitzien als iemand die is ontsnapt uit een sanatorium. 'Gaat het?'

'Je weet me elke keer wel te treffen.'

'Daar heb ik een talent voor.' Ze aarzelt. 'Wil je alleen gelaten worden? Of wil je praten?'

Ik aarzel. Alles in mij zou haar willen vertrouwen, maar ik ben het niet gewend om mezelf bloot te geven. Bovendien moet je werk nooit mengen met privé. Het is niet de bedoeling dat ik breek, maar dat zíj breekt en pikante informatie gaat geven over Sergio Rob.

'Ik maak even thee en dan bedenk jij in de tussentijd wat je wilt,' zegt Ankie kordaat. Ze lijkt me het type vrouw dat rampen kan doorstaan zonder ook maar één keer met haar ogen te knipperen.

Terwijl ze weg is, veeg ik de mascarastrepen van mijn gezicht en fatsoeneer ik mijn haar. 'Ik ben Liliane Torres, het is 15 maart 2023 en ik ben hier,' zeg ik een paar keer tegen mezelf terwijl ik op de maat van mijn woorden op mijn borst tik. Het is gewoonweg sneu hoeveel zelfhulptrucs ik ken en ook telkens weer nodig blijk te hebben.

Na een kort klopje komt Ankie weer binnen met een dienblad met een theepot en twee mokken. Ze zet er een neer en kijkt me vragend aan.

'Ik vind het fijn als je blijft,' zeg ik dan tot mijn eigen verbazing.

'Gelukkig maar,' zegt ze. 'Ik heb de laatste chocolade van de geheime voorraad van Camilla uit de keuken gestolen.' Ze moet er zelf even om giechelen en zet een kommetje met stukjes chocolade voor ons neer.

'Vind jij het leuk om voor Sergio Rob te werken?'

'Ja, natuurlijk. Het is mijn buurjongetje, hè. Ik ken hem nog uit de tijd dat hij puisten had en een beugel. Nooit gedacht dat hij dit allemaal zou bereiken. En het werk is heel afwisselend. Dan weer zijn we hier, dan weer in Nederland; en nu zijn boeken zijn vertaald naar het Duits en Engels verwacht ik dat er meer reisjes in het verschiet liggen.'

'Heb je zelf nog wel een leven?' vraag ik.

'Sergio Rob is mijn leven. Dat klinkt misschien pathetisch, maar dat is het niet. Ik heb het een stuk leuker dan toen ik nog officemanager was. Maar genoeg over mij. Ik ben hier voor jou,' zegt ze dan.

'Heb je nooit een relatie gehad?'

'Ooit. Vroeger. Leuke afleidingsmanoeuvre, maar we hadden het over jou.'

'Het gaat alweer,' zeg ik.

'Is dat zo?' Haar ogen staan liefdevol. Even doet ze me denken aan mijn moeder die nu alweer vier jaar dood is, maar die ik nog iedere dag mis.

Ik haal diep adem. Kijk haar aan. En waag dan de sprong. 'Het gaat om Almar,' zeg ik en ik open mijn laptop. Ik laat haar de memoriepagina zien. 'Hij behoorde tot dezelfde vriendengroep als Kevin en ik. Hij...' Ik merk dat ik moeite heb om verder te praten.

Ondertussen bestudeert Ankie zijn Facebookpagina. 'Het was zijn eigen keuze om eruit te stappen, begrijp ik?'

Ik knik. Neem snel een slok van mijn thee. 'Hij, ehm... hij heeft geprobeerd om met mij te praten. Een dag voor zijn dood. En ik heb hem...'

'Het is oké,' zegt ze. 'Laat maar gebeuren.'

Het is denk ik de bedoeling dat ik ga huilen en iets in mij zou dat ook willen, maar ik kan het niet.

'Je bent veilig,' zegt Ankie uitnodigend. Haar gezicht staat vriendelijk en warm.

Even geloof ik dat ze het goede met me voorheeft, even lijkt het erop dat ik me kan laten gaan, even gaat door me heen hoe heerlijk dat zou zijn; totdat een stem in mijn hoofd zegt: raap jezelf bij elkaar, trut.

'Wat gebeurt er nu?' vraagt Ankie.

'Hoe bedoel je?' Mijn stem klinkt weer helder, sterk.

'Je bent weer achter je muurtje gekropen.' Omdat ik niet reageer, zegt ze: 'En daar mag je lekker blijven zitten als je dat fijner vindt. Van mij hoef je helemaal niets. Ik kom je alleen maar thee brengen. En die mand.' Met haar hoofd knikt ze naar de rieten strandtas die naast de deur staat. 'Ga maar kijken.'

Als ik hem open, vind ik een badhanddoek, slippers, een zonnebril en zonnebrandcrème. Alles van dure merken. Aan het hengsel bungelt een kaartje: *Sorry dat ik je heb laten schrikken. Geniet van het eiland, Kevin.*

'Niet meteen afwijzen. Hij bedoelt het echt goed,' zegt Ankie.

'Wat moet ik hier nou mee?'

'Misschien helpt het als ik je vertel dat ik namens hem de spulletjes heb uitgezocht en er een gepeperde rekening voor ga sturen. Ik zou er gewoon praktisch in gaan staan en ervan genieten.'

'Fuck trauma's,' herhaal ik de woorden van Sergio Rob cynisch.

'Helaas zijn het meestal de trauma's die met ons fucken,' zegt Ankie droog. 'Maar je kunt het proberen.' Ze staat op. 'Kan ik je weer alleen laten? Ben je oké?'

'Prima,' zeg ik. 'En als ik alsnog moet huilen, dan roep ik je.'

'Mag hoor,' zegt ze. 'Je kunt me vinden in het tuinhuisje achter het zwembad. En anders staat de telefoon aan.'

Als ze de kamer uit is, ben ik weer alleen met de memoriepagina van Almar. Ik schaam me voor hoe ik alleen maar aan mezelf heb gedacht. Voor het eerst besef ik hoe het voor hem moet zijn geweest. Een zware last om te dragen. Misschien nog wel zwaarder dan de mijne, in elk geval complexer.

Wordt het inderdaad niet tijd om het verleden onder ogen te zien?

‘HE IS JUST AMAZING, YOU KNOW,’ zegt Camilla. In een schattige tuinbroek waarin ik eruit zou zien als een kleuter met kraaienpootjes en zij een soort boshinde lijkt, is ze kruiden en sla aan het plukken voor de lunch. Ze verbouwt bijna al hun groente zelf; er staat zelfs een kleine kas op het terrein zodat er ook in de winter geoogst kan worden. Ik wilde dat ik zelf meer talent had voor tuinbouw. Zelfs beginnersgroenten zoals courgettes lukken mij niet.

‘Toen ik Sergio Rob ontmoette, zes jaar geleden, was ik een puinhoop. Verslaafd aan pijnstillers, twee scheidingen achter de rug. En zo oud ben ik niet eens.’ Ze giechelt even. ‘Maar hij nam me onder zijn vleugels. Voor het eerst zag iemand wie ik kon zijn.’

Ze geeft mij de mand met verse sla aan die eruitziet als een Instagrampost. ‘Kijk, broccoli,’ zegt ze en ze wijst naar plantjes die in keurige rijen naast elkaar geplant zijn. ‘Je ziet dat er toppen aan beginnen te komen. Over anderhalve maand zijn ze klaar om te eten.’

‘Nooit geweten dat het er zo uitzag,’ zeg ik. ‘Ik dacht dat broccoli een soort struik was.’

Ze giechelt. 'Dat soort dingen wist ik ook niet. De eerste twee jaren waren één grote verrassing.' Ze neemt de mand weer van me over en steekt haar vrije arm door de mijne terwijl we naar het huis terugwandelen. 'Ik kan je alleen maar aanraden: let goed op wat Sergio tegen je zegt. Hij kan hard zijn. Onaardig, zelfs. Maar hij heeft altijd gelijk. Dat is gewoon zijn gave, weet je.'

'Ik kom hier natuurlijk niet om geholpen te worden,' zeg ik.

'Iedereen heeft hulp nodig.' Ze glimlacht lief naar me. Iets in mij wil heel graag iets negatiefs aan haar ontdekken en ik haat mezelf dat ik altijd het slechtste van mensen denk. '*You are a beautiful person, Liliane*,' zegt ze dan zo gemeend dat ik me nog meer schaam voor mijn kleingeestigheid. 'Als het leven tegenzit, als mensen je niet begrijpen of je pijn doen, hebben we de neiging om in te krimpen. Terwijl het antwoord juist is *to become more. More of yourself.* Als je jouw energieveld helemaal met jezelf opvult wordt het groter. Je wordt een baken in je eigen leven en je zult zien dat alles wat bij jou hoort je weet te vinden.'

'Maar hoe doe ik dat dan?'

'Je bent het al aan het doen.' Ze kijkt me geruststellend aan. 'Je bent hier.'

Dan begin ik te huilen als een klein kind. Het overvalt me volledig. Camilla zet haar mand neer, drukt me tegen haar knokige lichaam aan en ik kan niet anders dan me overgeven.

Een week later, als ik weer thuis ben, staat er een pakketje naast de deur. Met de postbezorger heb ik afgesproken dat hij alles wat niet door de brievenbus past gewoon neer mag zetten, aangezien de buren een heel eind verderop wonen. Ik maak het open. Er zit een trui in waar met grote letters FUCK TRAUMA'S op staat.

Leuk geprobeerd, Sergio Rob.

TOEN

'DENK JE DAT HET HIER SPOOKT?' vroeg Jelle. We zaten in een rijtje op de barkrukken, terwijl onze vaste barkeeper Kevin biertjes tapte. 'Ik hoorde gisteravond rare geluiden. Getik tegen de ramen. Voetstappen in de gang.'

'Hou op,' zei Merel. 'Ik moet nog wel kunnen slapen, hè.'

'Ik kom wel gezellig bij je liggen,' zei Kevin. 'Jaag ik alle spoken voor je weg.'

'Ja, wil je dat alsjeblieft doen?' vroeg Merel. 'Lijkt me heerlijk.'

'Echt?'

'Wat denk je zelf?'

'Nu je het zegt, ik had laatst ook iets vreemds,' zei Itty. 'Jullie waren al naar bed en ik was terug naar de bar gelopen om mijn bril op te halen. Ik liep door de gang en het was net alsof iemand me aan het bekijken was.'

'Heb jij weleens iets gemerkt, Al?' vroeg Jelle.

'Ik vind het doodeng om hier alleen te lopen,' zei hij. 'En jij hoorde toch ook laatst een gek geluid op de gang, Lil?'

'Zeg es, Lil. Jij weet vast wel iets over de geschiedenis van het hotel. Is hier weleens een moord gepleegd?' vroeg Jelle.

‘Of zelfmoord,’ zei Itty. ‘Die schijnen ook lang te blijven hangen. De geesten.’

Merel huiverde en stak haar glas uit naar Kevin. ‘Doe maar iets sterkers.’

Kevin haalde een fles wodka tevoorschijn waar nog maar een bodempje in zat en schonk haar een glas in. Het viel me op dat hij geen streepje zette op de barrekening.

‘Ben jij niet bang voor spoken?’ vroeg Jelle aan Monica. Monica lag languit op de chesterfield. Een lege wijnfles stond voor haar op de salontafel.

‘Daar geloof ik niet in,’ zei zij. ‘Ik ga even mijn e-mail checken.’ Ze stond op en liep de bar uit. Jelle en Kevin keken haar na zoals honden vanachter een raam naar hun vertrekkende baasje kijken. Ik had Jelle de dag ervoor gevraagd of hij een beetje verliefd was en hij had geantwoord: ‘Ze is natuurlijk wel erg mooi.’

‘Er is inderdaad wel iets gruwelijks gebeurd hier,’ zei ik. ‘In de jaren zestig.’

‘Wat dan?’ vroeg Kevin gretig.

‘Onze familie heeft afgesproken daar nooit met anderen over te praten,’ zei ik. ‘We willen niet dat het hotel een slechte reputatie krijgt.’

‘O, kom op,’ zei Kevin.

‘Als je het niet wilt horen, kun je misschien beter even je oren dichtdoen.’ Ik keek Merel aan.

‘Hoe eng is het?’

‘Heel eng,’ zei ik. Tot mijn plezier had ik inmiddels de volledige aandacht.

Itty pakte mijn arm beet en leunde tegen me aan. ‘Hè ja, een lekker spookverhaal.’

Ik haalde diep adem en begon te vertellen: 'Jullie weten dat dit hotel vroeger van de overheid was. In de tijd van Franco werden hier heel wilde feesten gehouden. Vrouwen, drank, de shit...'

'In deze bar?' vroeg Kevin.

'Je wilt het niet weten,' zei ik. 'Als je goed kijkt, zie je de spermavlekken nog steeds op het plafond.' Ik moest inwendig even grinniken toen Jelle meteen het plafond afspeurde.

'Lili!' riep Merel. 'Wat zeg jij nou?'

'Sta je van te kijken, hè,' zei ik. 'Franco was een ultrakatholiek, maar ondertussen waren zijn mannen en niet te vergeten de grote leider zelf behoorlijke viespeuken.'

'Wat zou jij doen als je dictator was?' vroeg Kevin.

'Laat Lili even uitvertellen,' zei Almar. Hij zat voorover geleund met zijn ellebogen op de bar. Zijn ogen leken in het gedimde licht van de barlampen donkerder dan normaal, een soort olifantengrijs.

'De vrouwen van de partijleiders hadden natuurlijk wel door dat hier het een en ander werd uitgevroten, maar ze werden koest gehouden met parfums en designerhandtassen. De partijtop had zelfs speciaal iemand in dienst om deze cadeaus te kopen voor de bedrogen echtgenotes. Dit werkte uitstekend, behalve bij één: Eleonora...' Ik liet een stilte vallen om de nieuwsgierigheid verder op te wekken.

'Ga verder!' zei Merel.

'Jij hield toch niet van spookverhalen?' zei Jelle.

'Ik houd té veel van spookverhalen,' zei Merel. 'Dat is juist het probleem.'

'Eleonora was ultrakatholiek en erg gehecht aan de traditionele kerkelijke waarden. Zij had niets met parfums en designertassen en ze was niet van plan om het erbij te laten zitten. Sterker nog, zij geloofde dat de Heilige Maagd Maria haar persoonlijk de opdracht had gegeven om de boel recht te zetten. Dus toen haar man wéér een weekend wegging naar El Refugio, zogenaamd om de opvolging van Franco, die inmiddels aan parkinson leed, te bespreken, reisde zij hem achterna.'

Ik pauzeerde om een slokje van mijn bier te nemen. Ondertussen keken mijn huisgenoten ongeduldig toe.

'Het was begin januari, vlak voor de wintersluiting, en er lag al een aardig pak sneeuw,' vervolgde ik. 'De mannen hadden nog meer uitgepakt dan normaal. Er waren wel hónderd vrouwen van lichte zeden ingehuurd. Gewoon omdat ze dat een mooi getal vonden. Verder vloeide de cava rijkelijk en werden er riante hoeveelheden kaviaar, oesters en gekonfijte wilde eend, een specialiteit van het hotel, genuttigd.'

'Wát! Aten ze dan helemaal geen groente?' riep Kevin verontwaardigd uit.

Ik schoot in de lach. 'Kevin, ik zweer het je, op een dag verkopen we je aan het circus. Enfin, onze brave katholiek Eleonora ondernam haar eigen "kruistocht" naar El Refugio.' Mijn huisgenoten lachten gewillig om mijn flauwe woordgrap. 'Met in haar designerhandtas die ze onlangs nog had gekregen – en die ze haatte... een pistool.'

'O, o,' zei Merel.

'Eleonora was niet van plan om iemand dood te schieten, in de Bijbel staat immers dat gij niet zult doden, ze wilde gewoon de mannen een beetje bang maken. In het dorpje Bielsa vond ze een taxi naar het hotel. Maar ze wist niet dat haar taxichauffeur enorme fooien kreeg van de partijfunctionarissen. Terwijl ze door de sneeuwstorm reden, kreeg de chauffeur steeds meer de angst dat zijn broodwinning weleens in gevaar zou kunnen komen. En hij, vader van maar liefst zes kinderen bij vier verschillende vrouwen, kon zich dat niet permitteren. Dus zei hij dat de storm te hevig was en dat ze om moesten keren.'

'Wat een slappe zak,' zei Merel.

'Maar...' Ik hief mijn vinger op. 'Toen zag de taxichauffeur het pistool op de schoot van Eleonora liggen. Dus besloot hij om door te rijden. Het was negen uur 's avonds. Het feest was inmiddels in volle gang. Eleonora stapte uit en liep met het pistool in haar hand door de lobby naar dc bar. Naar deze ruimte.' Ik keek om me heen alsof ik de bar voor de eerste keer zag. 'Het was een gekkenhuis hier. Vrouwen dansten schaars gekleed op, eh... Spaanse muziek uit de jaren zestig, partijleden hingen laveloos op de chesterfields, sommigen met hun gulp nog open, en één meisje stond topless te dansen op de bar, ja lieve huisgenoten, dezélfde bar als waar wij nu aan zitten...'

'Dezelfde bar?' herhaalde Kevin. 'O mijn god.'

'Onze heldin schoot met haar pistool in de lucht. Meteen viel het stil. Het topless meisje sprong van de bar af en verstuikte haar enkel.

"*Donde diablos está mi esposo?*" schreeuwde Eleonora.

Niemand antwoordde. Eleonora schoot weer met haar pistool in de lucht. "*Donde está mi puto esposo?*" vroeg ze nog een keer. Haar echtgenoot was op dat moment in zijn kamer in het gezelschap van de dames, die hem onderling ook wel de chorizo noemden, vanwege... nou ja, dat kunnen jullie zelf wel bedenken. Nog steeds antwoordde niemand. De vrouw richtte het pistool op de barkeeper. "*Contéstame, gilipollas!*" krijste ze.'

'Mogen er alsjeblieft nog meer Spaanse scheldwoorden in het verhaal komen?' vroeg Kevin.

Ik grinnikte. *'Perro sucio, voy a dispararte las bolas!'*

'Kun je dat nog een keer zeggen, maar dan heel zachtjes in mijn oor?' Kevin weer.

'Ik sla hem wel even,' zei Itty. 'Vertel jij maar verder.'

'Wat Eleonora niet wist, was dat de taxichauffeur haar achterna was gekomen. Terwijl ze opnieuw de trekker overhaalde, greep hij haar van achteren vast, waardoor ze langs de barkeeper heen in de spiegel schoot. De taxichauffeur wist haar het pistool te ontfutselen en zette haar al gillend en krijsend buiten in de sneeuw en deed alle deuren op slot. De voordeur, de zijdeur, de achterdeur. Met geen mogelijkheid kon Eleonora meer binnenkomen.'

'Wat gebeurde er toen?' vroeg Merel.

'De gasten deden de muziek weer aan en het feest ging vrolijk verder. Ondertussen zwierf Eleonora rondom het hotel. Ze had haar winterjas in de taxi laten liggen en droeg slechts een hooggesloten kanten blouse met daaronder een lange gereformeerde – pardon, katholieke rok. Sneeuw sloeg Eleonora in het gezicht en al snel was ze doorweekt. Ze bleef aan de deuren rammelen en op de ruiten tikken, maar niemand dácht zelfs nog aan haar. Met haar laatste krachten sleepte ze zich naar de ingang, wierp zich op de grond en blies daar haar laatste adem uit.'

'Hmm,' zei Jelle. 'Ik mis nog wat bloed in dit verhaal.'

'Vooruit dan maar. Ze kwam op haar knie terecht. Enkele druppels bloed drongen door haar huidkleurige panty van zestig denier heen en maakten rode vlekjes in de witte sneeuw,' zei ik en ik stak mijn tong naar hem uit.

'Maar nu komt het... Na haar dood merkte ze dat ze zich door de muren kon verplaatsen. Ze zweefde het hotel binnen, op zoek naar haar man. En nog steeds dwaalt ze elke avond als de klok negen uur heeft geslagen door de hotelgangen, tikt ze op ruiten en klopt ze op deuren op zoek naar overspelige echtgenoten. Zolang je trouw bent aan je oude verbintenissen heb je niets van haar te vrezen, maar o wee als je overspelig bent; dan zal Eleonora je niet met rust laten.'

Mijn huisgenoten keken me met glanzende ogen aan.

'*Sa*,' zei Itty, 'op Ameland zouden we zeggen: *Ut griist je de toänen uut*. Oftewel, dat is een goed griezelig verhaal.'

'*Dankewol*,' zei ik.

Almar begon te applaudisseren. 'Bravo!' zei hij. Jelle sloeg me op de rug, Merel klampte zich angstig aan mijn arm vast en Kevin schonk een nieuw biertje voor me in en zei: 'Goed gedaan, Lili.'

'Maar je kunt toch niet via de achteruitkijkspiegel op iemands schoot kijken?' zei Monica. We keken om en zagen haar in de deuropening staan, met haar laptop in haar hand.

'Hoe bedoel je?' vroeg ik.

'Je zei dat de taxichauffeur zag dat ze het pistool op schoot had.'

Ik fronste even mijn wenkbrauwen. 'Als ik me niet vergis, lag de chorizo op jouw kamer te krikken, dus kijk maar uit,' zei ik. 'Voor je het weet staat Eleonora 's nachts aan jouw bed.'

'Ik hou anders wel van chorizo,' zei Monica.

Iedereen schoot in de lach. Het stoorde me dat ze het moment van me afpakte. Meteen wenste ik dat ik wat minder onzeker was.

'Stond je daar al lang in de deuropening?' vroeg Jelle. 'Kom zitten. Neem een drankje.'

Ze zuchtte. 'Sorry jongens, ik ben even niet op mijn best.'

'Ik vind je anders nog steeds behoorlijk grappig.' Jelle liep naar haar toe en leidde haar naar de bank alsof ze een klein kind was. 'Wat is er gebeurd?'

'Ik wil jullie er niet mee belasten.'

'Dat doe je niet,' zei Almar die eveneens naar de bank was gelopen, en ook Merel stond op alsof ze de lokroep van een sirene volgde.

'Jean-Pierre.' Monica zuchtte.

'Ach, nee toch?' riep Itty uit. 'Wat dan?' En tegen Kevin zei ze: 'Geef dat kind drank en gauw een beetje.'

'Al bezig,' zei die.

Monica zuchtte weer diep. 'Hij mailde dat hij weet waar ik ben.'

'Hoe weet hij dat dan?' vroeg ik. 'Hij kan het moeilijk hebben geraden.'

Ze keek me fel aan. 'Wat maakt het uit? Een van mijn vrienden zal wel gekletst hebben, weet ik veel.'

'En nu?' vroeg Almar. 'Je weet dat het onmogelijk is om hier te komen. Je bent hier hartstikke veilig.'

'Dat dacht ik ook toen ik bij mijn tante was, maar op een dag stond hij gewoon voor het raam. Ik schrok me rot.'

Kevin zette een glas whisky voor haar neer. 'Hier, schat.'

Inmiddels was ik de enige die nog aan de bar zat, dus stond ik ook maar op.

'Hij zei dat ik zijn leven heb verwoest en dat hij er alles aan zal doen om mij kapot te maken.'

'Waarom eigenlijk?' vroeg ik. 'Heeft hij geen belangrijker dingen aan zijn hoofd?' Ik bedoelde het belangstellend, maar aan de gezichten van de anderen te zien werd het niet zo opgevat. Er viel een rare stilte.

'Dit is nou typisch Lil, die stelt altijd veel te veel vragen,' zei Almar snel, alsof hij mij moest redden, terwijl ik echt niet begreep waarom.

Monica keek me geërgerd aan. 'Omdat ik zijn vrouw heb verteld dat hij me lastig heeft gevallen, natuurlijk.'

'Dit wist je toch al?' vroeg Merel aan mij en ze maakte een ongeduldig handgebaar.

'Ik was er niet bij in Parijs, hè,' zei ik ter verdediging.

Monica nam een slok. 'Wat als hij toch hier komt? Hij is gek genoeg om een helikopter te huren of weet ik veel wat.'

'Hij komt hier niet,' zei Almar.

'En als hij komt, moet hij eerst langs ons,' zei Jelle.

'Het komt goed,' zei Itty. 'Echt.'

Monica's ogen werden vochtig. 'Het ergste vind ik het nog voor zijn kinderen. Ik kan vluchten, maar zij zitten de rest van hun leven aan die griezel vast. Vreselijk.'

'Hoe oud zijn ze?' vroeg Merel.

'Zeven en negen.'

Mijn huisgenoten knikten allemaal mee, terwijl ik toch vrij zeker wist dat Kevin en Itty een bloedhekel aan kinderen hadden.

'En zijn vrouw dan?' waagde ik toch nog te vragen. 'Hoe reageerde ze?'

'Die doet alsof ze het allemaal niet ziet. Veel te bang om haar luxeleven te verliezen. God verhoede dat ze naar de periferie zou moeten verhuizen.'

Het was een rare opmerking. Waarom was Jean-Pierre woedend op Monica omdat zij hem had verraden, terwijl het zijn vrouw kennelijk niets kon schelen? Iets klopte hier niet, maar blijkbaar was ik de enige die dat doorhad.

Monica zuchtte diep. 'Het was een afschuwelijke situatie en ik ben blij dat ik ervan verlost ben.'

Almar gaf haar een geruststellend klopje op haar knie. 'Honderd procent.'

Dankbaar nam ze een slok. 'Echt zo fijn dat ik hier mag zijn.'

'Natuurlijk,' zei Kevin. 'Dat is toch normaal.'

'Op vriendschap,' zei Monica en ze hief haar glas.

'Op vriendschap,' zei ook ik, en ik wilde heel graag geloven dat het waar was.

NU

'HOE MEER IK OVER HEM NADENK, hoe minder ik hem begrijp.' Daisy, de moeder van Almars zoon, is totaal anders dan ik me had voorgesteld: ze lijkt op mij. Lang donker haar, donkerbruine ogen, klein van stuk. Ze draagt zelfs dezelfde stijl kleding: een zwart zomerjurkje met gympen eronder. 'Hij had altijd al iets onrustigs over zich. Alsof hij nooit helemaal aanwezig was. En dat werd alleen maar erger.'

'Ik herken dat ongrijpbare.' Ik ga in gedachten mijn herinneringen met Almar na. 'Hij was nooit de meest uitgesproken persoon in de ruimte, hij had iets dromerigs. Bedoel je dat?'

'Ik denk het.'

Daisy en ik lopen door het Vondelpark. Het was haar idee om elkaar hier te ontmoeten, een gewoonte die ze heeft overgehouden uit de coronacrisis. Om meer te begrijpen over Almar, leek het logisch om haar te benaderen. Toch heb ik lang geaarzeld. Ik wilde haar niet belasten. Al waren zij en Almar alweer een aantal jaar uit elkaar, zijn dood is amper een halfjaar geleden en ze zal naast haar eigen vragen en gevoelens haar handen vol hebben aan het begeleiden van haar zoon die zijn vader moet missen.

Almar als vader.

Ik kan er nog steeds niet aan wennen en het doet pijn op allerlei manieren. Ook is het een vreemd idee dat zij veel langer met Almar is geweest en hem waarschijnlijk veel beter kent dan ik. Uiteindelijk ben ik maar een korte bladzijde uit zijn geschiedenis.

'Het is fijn om over hem te praten,' zegt ze. Een vlucht halsbandparkieten vliegt luid krijsend over ons heen en landt in een boom achter ons. 'Hij leidde de laatste jaren een teruggetrokken leven in een stacaravan in Ermelo. Soms kreeg ik de indruk dat Joep, onze zoon, de enige was die hij nog zag. En dat was om het weekend. In het begin kwam Al hem nog halen, maar het was telkens zo'n gedoe met het openbaar vervoer en dan nog dat hele eind fietsen naar de camping. Dus bracht ik hem zelf maar met de auto. Ook om een beetje poolshoogte te nemen. Want dat hij niet oké was, dat had ik wel door. Wist ik veel dat hij voor de trein zou springen.'

'Waar leefde hij van?'

'Van een uitkering voornamelijk. En hij kluste zo hier en daar wat bij op de camping zodat hij geen stageld hoefde te betalen.'

'Ik neem aan dat dat niet zo was toen je hem ontmoette...'

Ze lacht schamper. 'God, nee. Een heel andere man. Hij had toen nog dat bedrijf samen met Kevin.'

'Welk bedrijf?' vraag ik.

'Een softwarebedrijf. Een administratieprogramma voor kleine ondernemers. Het kon niet op in die tijd. Dure vakanties, etentjes, grote auto's. Tot bleek dat Kevin een alcoholprobleem had en nogal slordig met hun eigen administratie was omgegaan. Lekker ironisch. Hele boel failliet. Maar daar ging Almar op zich goed mee om. Hij had zoiets van: ik was er zelf bij, ik heb niet goed opgelet en ik vind wel weer iets nieuws.'

'Wat heeft hem dan genekt, denk je?' We moeten even aan de zijkant van het pad blijven staan, omdat we worden ingehaald door een groep joggende vrouwen die alsof ze het zo hebben afgesproken allemaal gekleed zijn in vergrijsde pasteltinten. In het hoge noorden zouden ze een ware bezienswaardigheid zijn. Als ze gepasseerd zijn, vraag ik het nog maar een keer: 'Wat heeft hem de das omgedaan?'

Haar ogen vullen zich met tranen. 'Joep.'

Dat antwoord had ik niet verwacht.

'Hij kon de verantwoordelijkheid niet aan. Hij was zo bang dat hij het verkeerd zou doen, dat hij geen goede vader was. Joep is beter af zonder mij, zei hij heel vaak. En wat ik ook zei, die gedachte bleef in zijn hoofd zitten.'

'Heeft hij hulp gezocht?' vraag ik.

Ze schudt haar hoofd. 'Wilde hij niet. Kevin was inmiddels van de drank af en die heeft in zijn eentje een doorstart gemaakt. Almar had tijd nodig, zei hij. Een soort sabbatical, zodat hij kon nadenken over de toekomst. We kochten die kutcaravan in Ermelo, zodat hij zich af en toe kon terugtrekken. Om op te laden, zei hij. Idioot hoe dat soort dingen op dat moment een goed idee lijken, maar totaal verkeerd uitpakken. Hij keerde steeds meer naar binnen. Kwam steeds minder vaak naar Amsterdam en ja, toen liep het ook helemaal mis tussen ons. Weet je hoe hij reageerde toen ik hem vertelde dat ik niet meer met hem verder wilde?'

'Hoe dan?'

'Daar doe je goed aan.' Daisy klinkt nog steeds verontwaardigd. 'Dat was het enige wat hij te zeggen had.' Na een kleine pauze zegt ze: 'En het klopt, ik heb er ook goed aan gedaan. Almar was een zinkend schip en als iemand zichzelf niet wil redden, dan is er weinig wat je kunt doen. Ik heb een goede baan, een geweldig kind, inmiddels weer een leuke vriend...' Ze lacht verdrietig. 'Natuurlijk denk ik weleens: had ik hem moeten dwingen om in therapie te gaan, had ik hem dichter bij me moeten houden, had ik die stomme caravan in brand moeten steken, weet ik veel... Ik weet dat het niet mijn schuld is en al helemaal niet mijn verantwoordelijkheid. Maar toch spoken die vragen door je hoofd.'

'Hij kwam bij me langs. Een dag voor zijn dood,' zeg ik zachtjes.

'O?' Daisy kijkt me van opzij aan met gefronste wenkbrauwen. 'Wat wilde hij van je?'

'Hij...' Ik aarzel of ik verder zal praten. 'Wat heeft hij je verteld over Spanje?' vraag ik dan.

'Spanje?'

Niets dus. 'Zegt de naam Monica je iets?'

'Monica?' Ze kijkt me onderzoekend aan, kennelijk heeft ze echt geen idee.

'Monica was een oude jeugdvriendin van Almar,' zeg ik. 'Ik was verliefd op hem, maar hij had meer oog voor haar. Daarom hebben we het contact verloren.'

'Wat jammer,' zegt ze.

'En nu hij er niet meer is, heb ik spijt dat ik het nooit met hem heb uitgepraat.'

'Dat begrijp ik.' Ze reageert opvallend lief, terwijl vanuit haar gezien dit echt nergens over gaat.

‘Heb je die stacaravan eigenlijk nog?’

Ze knikt. ‘Ik kan het nog niet opbrengen om de boel op te ruimen daar. Misschien dat Joep er ook nog een keer naartoe wil. Hij zegt nu de hele tijd dat hij geen zin heeft.’

‘Lijkt me heel moeilijk voor hem. Voor jou ook trouwens.’

‘Dat is het.’

We omhelzen elkaar en ik voel me schuldig dat ik haar niet het werkelijke verhaal heb verteld. Aan de andere kant: wat heeft ze aan nog meer ellende?

Ik vraag me af waarom Almar zo’n levensbepalende gebeurtenis voor zijn partner heeft achtergehouden. Was dat omdat zijn eigen rol groter was dan ik tot nu toe dacht? Is hij degene die Monica heeft vermoord?

OF ER BINNENKORT NOG IEMAND komt om het gras te maaien, vraagt de eigenaresse van de camping. De laatste keer is al erg lang geleden en het staat toch duidelijk in het reglement dat de staplaatsen netjes onderhouden moeten worden.

Ik heb alle campings in Ermelo gebeld totdat ik die van Almar had gevonden. Tegen de eigenaresse heb ik gezegd dat ik zijn zus ben. Omdat het hoge gras kennelijk nogal een ding voor haar is, beloof ik dat ik mijn best zal doen. Als ik het park op loop, begrijp ik waar de verontwaardiging vandaan komt. Bij de andere stacaravans zijn de buxushagen keurig bijgeknipt, ligt er grind op de grond en zijn de terrassen van onderhoudsvrij kunsthout. Geen onkruid te zien. De stacaravan van Almar bevindt zich helemaal achteraan op het terrein naast een vervallen schuur. In een klein weilandje ertegenover kijken twee geiten me nieuwsgierig aan. De tuin moet ooit leuk geweest zijn, maar de planten in de borders zijn voor een groot deel dood en het pad is bedekt met herfstbladeren, al is het inmiddels mei. Het gras is inderdaad behoorlijk lang.

De donkergrijze verf van de caravan is afgebladderd en op

het terras staan twee tuinstoelen waar de kussens, inmiddels flink beschimmeld, nog op liggen. Onder een afdakje staat een jongensfiets. Of Almar had geen fiets of zijn fiets is weg. Dan bedenk ik dat hij daarmee waarschijnlijk naar het spoor is gereden.

De deur zit op slot, zoals te verwachten valt, maar een zijraam staat op een kiertje. Als ik het forceer, lukt het om mezelf naar binnen te wringen. Ik hoop maar niet dat de campingeigenaresse onraad ruikt en Daisy aan het bellen is. Binnen is alles keurig opgeruimd, zoals je zou doen wanneer er visite komt of als je weet dat je nooit meer terugkomt. Zou hij zijn dood al lang van tevoren gepland hebben? Ik neem aan dat Almar enige tijd heeft besteed aan het uitzoeken van zijn spullen in de wetenschap dat na zijn dood niets meer geheim zou blijven.

Ik ga zitten op de versleten bank en kijk om me heen. Hoewel het mei is, is het kil en vochtig in de woonkamer. Vochtplekken zitten op het plafond en ik ruik de aanwezigheid van schimmel. Tegen de muur zitten planken geschroefd met allerlei kristallen erop die grijs zijn van het stof. Misschien een hobby van zijn zoon. Er staat geen eettafel, wel een bureau met een computer erop. Ik vraag me af waar Almar heeft gegeten; aan zijn bureau of op de bank met zijn bord op schoot?

Op het bureau staat een foto van Almar, Daisy en Joep in gelukkiger tijden. Ik probeer er iets in te zien, iets wat wijst op naderend onheil, maar ze lachen allemaal stralend naar de camera. Het jongetje met zijn donkere ogen en opvallende neus lijkt de perfecte mengeling van Almar en Daisy. Met een beetje fantasie lijkt hij op mij.

Wat doe ik hier eigenlijk?

Ik loop langs het IKEA-keukenblok – een bord, mes en vork staan eenzaam te drogen in het afdruiprek – door een halletje met aan de zijkant een kleine badkamer en een slaapkamertje met een eenpersoonsbed en posters van dinosaurussen aan de muur. Aan de achterkant bevindt zich een kamer over de volle breedte van de caravan. De deur staat halfopen. Het lijkt of iemand een keer zijn vuist erin heeft gezet, want op ooghoogte zit een forse deuk in het mdf. Voorzichtig duw ik de deur verder open. Een tweepersoonsbed, keurig opgemaakt met grijs gestreept linnengoed. Op het nachtkastje ligt een boek dat ik meteen herken als de biografie die ik heb geschreven over de spelshowpresentator. De kamer is te klein voor een echte kledingkast, zijn kleding ligt op planken waar een lullig gordijn voor geschoven is. Ik pak een trui en ruik eraan in een poging Almar te vinden, maar de wol is muf en geurt naar een wasmiddel dat ik zelf nooit zou gebruiken.

Deze plek heeft niets te maken met de Almar die ik kende, maar dan bedenk ik wat Daisy over hem zei: liet hij zich eigenlijk wel echt kennen? Ik laat me in een opwelling op het bed vallen. Het veert erg mee zoals goedkope matrassen dat doen. Door het raam van enkel glas zie ik een merel in een vuurdoornstruik landen. Zelfs nu in mei is het koud in de slaapkamer. 'Wat de fuck, Almar,' zeg ik hardop. 'Waarom heb je je zo laten afglijden?'

Maar als ik heel eerlijk ben, kan ik de vraag net zo goed aan mezelf stellen: is mijn leven werkelijk zoveel beter dan het zijne?

Hooguit wat luxer, maar zeker zo eenzaam.

Ik besluit op zoek te gaan naar een grasmaaier. Achter in de tuin is een kleine schuur die op slot zit. Na even zoeken vind ik de roestige sleutel in een rommellaatje met dingen als paperclips, kassabonnen en elastiekjes. Het slot gaat moeizaam open. Even ben ik bang dat de sleutel af zal breken, maar als ik de door het vocht kromgetrokken deur een beetje optil, lukt het om hem om te draaien.

Binnen ziet het eruit alsof er al heel lang niemand is geweest. Overal hangen spinnenwebben. Op de planken ligt gereedschap, keurig gesorteerd. In de hoek staat een grasmaaier die zijn beste tijd heeft gehad. Als ik hem mee naar buiten wil trekken, zie ik het: aan de wand hangt een groot vel papier met een complete mindmap, zoals je die ook wel ziet in politieseries.

Ik deins terug. Dit had ik niet verwacht.

Centraal hangt een foto van Monica. Hij is genomen voor El Refugio; ze draagt een lichtroze muts en ziet er uitgelaten uit. Het treft me hoe jong ze is op deze foto, en dat was ze natuurlijk ook. Nog maar tweeëntwintig jaar oud. Als je haar niet zou kennen, zou je nooit kunnen bedenken waartoe ze in staat was.

Maar wat nog meer in het oog springt: om mijn naam staat een rode cirkel. Waarom? Dacht hij dat ik iets met haar dood te maken had? Kwam hij me daarmee confronteren?

Ik denk aan een terugkerende droom waarin Monica voor me uit rent in de sneeuw. Soms is die zo realistisch dat ik helemaal verkleumd wakker word, compleet buiten adem. Ik heb weleens gelezen dat mensen door acute stress delen van hun geheugen kwijtraken. Een vorm van psychose. Zou mij dat zijn overkomen?

Gejaagd probeer ik een logische gedachte te vormen, terwijl

het voelt of er elk moment een arrestatieteam op de stoep kan staan.

Ik trek de punaises waarmee het A2-papier aan de houten wand is bevestigd eruit en vouw het papier op. Daarna zoek ik de stacaravan nog een keer grondig door, maar ik vind niets wat van belang kan zijn. Zelfs zijn koelkast is schoon en leeg. Ik stel me voor hoe hij nog een laatste keer door zijn huis loopt. Checkt of de verwarming uitstaat, de vuilnisbak is geleegd en of er nog zaken liggen die niet voor andermans ogen bestemd zijn. Hij stapt op zijn fiets in de wetenschap dat hij hier nooit meer terug zal keren.

Het wordt me te veel. Ik wil hier weg. Zo snel mogelijk. Maar dan besluit ik om toch maar het gras te maaien.

Het is het enige wat ik nog voor Almar kan doen.

TOEN

WE ONTWIKKELDEN EEN AARDIG RITME. Meestal zaten we om een uur of tien aan het ontbijt, werkten we tot een uur of één aan onze taken, aten we lunch en namen we daarna een paar uur voor onszelf. Ik probeerde aan mijn scriptie te werken, al lukte het me steeds minder goed om me te concentreren. Mijn afstudeerproject heette: 'Het verhaal dat we willen vertellen'. Aan de hand van een aantal bekende voorbeelden onderzocht ik in hoeverre autobiografieën afweken van ander materiaal. Wat laten we van onszelf zien en wat houden we achter? Op dat moment was ik een aantal boeken over Agatha Christie met elkaar aan het vergelijken. In 1926 verdween zij van de aardbodem nadat ze had ontdekt dat haar man een affaire had. Haar auto met daarin haar bontjas en rijbewijs werd teruggevonden aan de rand van een steengroeve. De pers dook erbovenop en duizenden mensen gingen naar haar op zoek. Vervolgens werd ze elf dagen na haar verdwijning herkend door een van de gasten van een exclusief kuuroord waar ze was ingecheckt onder de naam van de minnares van haar man. Zelf claimde ze aan geheugenverlies te lijden.

Journalisten die deze zaak hebben onderzocht wijzen naar

een uit de hand gelopen publiciteitsstunt. Of een wraakactie op haar man. In ieder geval is het frappant dat ze er zelf met geen woord over heeft gerept in haar autobiografie. Zo zie je maar, de meest onbetrouwbare bron is vaak de persoon zelf.

Ook mijn huisgenoten hadden werk voor hun studies meegenomen, al had ik de indruk dat niemand erg gemotiveerd was. Meestal hingen ze wat rond in de bar, ook overdag, of werd er voetbal gespeeld in de gangen. Er heerste een lusteloze sfeer, totdat de eerste fles drank openging, elke dag wat eerder. Ik merkte dat ik me veel te verantwoordelijk voelde, voor alles, variërend van de algehele sfeer tot aan het schoonmaken van de filter van de vaatwasser en het feit dat nu ook de laatste uien en knoflook erdoorheen waren. Mijn huid was altijd een goede graadmeter voor mijn gemoedstoestand en inmiddels deed mijn gezicht qua vulkanische activiteit niet onder voor de planeet Mars.

'Hebben jullie zin om de avondjurken van tía Paola te bekijken?' vroeg ik Merel, Itty en Monica na het ontbijt. Nog steeds sneeuwde het onafgebroken. Jelle had de dag ervoor een poging gedaan om een wandeling te maken, maar was al binnen een kwartier teruggekeerd. Te koud, te veel sneeuw, te veel wind. Hij had een uur klappertandend bij de open haard gezeten om op te warmen.

'Ja, leuk,' zei Monica.

'Heel leuk,' beaamden Itty en Merel.

'Moeten jullie niet eerst honderdduizend taken doen?' vroeg Kevin. Merel, Itty en Monica schoten in de lach.

'Die doe jij wel even voor ons, toch?' Monica blies hem een kusje toe.

'Voor een mooie vrouw doe ik alles,' zei Kevin.

'Slijmbal,' zei ik.

'Misschien had ik het wel over jou.'

'Woord voor dat we allemaal weten dat dat niet zo is,' zei ik. 'Maar evengoed bedankt.'

In de kelder was een van de tl-lampen nog heviger aan het knipperen dan normaal. Monica, Itty en Merel klampten zich overdreven aan elkaar vast. Monica gilde zelfs toen de verwarmingsketel uit het niets begon te ratelen. 'Dat jij niet bang bent,' zei ze tegen mij.

'Ik heb hier heel wat uren met de was doorgebracht, dus ik ben het gewend,' zei ik. Ik kon me vergissen, maar ik meende te zien dat Monica, Itty en Merel elkaar aankeken op een manier die ik niet kon plaatsen. 'Wat is er?' vroeg ik.

'Niks,' zei Merel.

'Echt niet? Waarom keken jullie elkaar dan zo aan? Zei ik iets raars?'

'Je ziet spoken,' zei Merel en ze tikte me speels op mijn neus. 'Kom maar op met die jurken.'

Ik rolde het kledingrek waaraan de kledinghoezen met jurken hingen naar het voorste gedeelte van de kelder, waar het meeste licht was. Toen ik de eerste openritste kwam er een zachtblauwe mousseline jurk tevoorschijn met een gedrapeerde voorkant en een diepe rug. In een apart tasje zat een soort hoofdtooi: een haarband met enkele bloemen in dezelfde kleur. Ik ging staan en hield hem in de lucht, zodat we hem allemaal konden bewonderen.

'Wow!' zei Merel. 'Je had me niet verteld dat tante Paola in haar vrije tijd de keizerin van Oostenrijk was.'

'Sexy!' Itty streelde de zachte stof.

'Toen ze het hotel pas hadden gekocht, was dit nog een toevluchtsoord voor de *rich and famous*,' zei ik.

'Denk je dat ze ze nog wil dragen?'

Ik schoot in de lach. 'Ik denk niet dat ze haar nog passen, maar ze zal er best gehecht aan zijn. Wat vind jij ervan, Monica?'

Monica had inmiddels de andere zakken opengeritst en bestudeerde de labels. 'Ze lijken nogal gedateerd en ik zie geen bekende designers, dus ik denk niet dat ze veel waard zijn. Wel van sentimentele waarde natuurlijk,' zei ze snel erachteraan.

'Ik hoef ze niet te verkopen,' zei ik.

De verwarmingsketel begon weer te ratelen, deze keer harder dan daarvoor. Weer slaakte Monica een gilletje. 'O, sorry hoor,' zei ze toen en ze sloeg haar hand voor haar mond. 'Ik krijg helemaal de gierzenuwen van deze plek.' Merel en Itty begonnen te giechelen.

'Hoe vinden jullie deze dan?' Ik ging onverstoorbaar verder en haalde een zuurstokroze strapless jurk tevoorschijn. Het bovenlijfje was voorzien van prachtige gekleurde pailletten. 'Te gek, toch?'

'Hoe vind je hem staan?' vroeg Merel terwijl ze de jurk voorzichtig van het haakje haalde en voor haar lichaam hield.

'Verrassend goed,' zei Itty. 'Dat roze past heel goed bij je bruine haar.'

'Dat zei ik toch laatst ook al,' zei Monica. 'Jullie zijn veel knapper dan jullie denken, als je je maar weet te presenteren.'

Ik kon me niet herinneren wanneer dit gesprek had plaatsgevonden, maar Merel en Itty kennelijk wel, want Itty zei: 'En toen zei ik: dat is makkelijk praten voor iemand die eruitziet als jij.'

'Itty...' Monica keek haar liefdevol aan. 'Stop nou met jezelf zo naar beneden te praten. Kijk nou naar die ogen van jou. Bijna niemand heeft die kleur groen. Maar in plaats van dat je dat accentueert met een lekker make-uppie, hang jij je pony ervoor.'

'Itty houdt gewoon heel erg van dieren,' zei ik, maar niemand leek de grap te waarderen.

'En voor jou geldt hetzelfde, Merel. Als je je nou eens niet meer verstopt in die saaie joggingpakken die helemaal niets voor je doen en bovendien te kort zijn...'

Ik trok een gezicht naar Merel die die dag toevallig een van mijn joggingpakken had geleend. Het klopte dat ze een stuk langer was dan ik, maar dat hield ons doorgaans niet tegen om kleding met elkaar uit te wisselen.

'Dank je wel voor de tip,' zei ze tegen Monica. Ik verwachtte dat ze dat sarcastisch bedoelde, maar daarvoor klonk het te vriendelijk.

'Jij weet al van jezelf dat je mooi bent, dus jou hoef ik niets te zeggen,' zei Monica toen tegen mij.

'Dat is niet zo,' zei ik. 'Mijn huid is een drama en ik ben maatje tuinkabouter. Maar bedankt voor het compliment... als het een compliment was.'

Monica keek me net iets te lang zonder te knipperen aan en ik merkte dat ik er zenuwachtig van werd.

'Kom, we ruimen de jurken weer op,' zei ik tegen de anderen. 'Leuk dat we ze hebben gezien, toch?'

'Hartstikke leuk,' zei Monica. 'Misschien dat ik er binnenkort een leen voor de foto's. Jelle heeft talent. Hij maakt echt mooie dingen.'

Of je vindt de aandacht gewoon heel fijn, dacht ik bij mezelf.

Toen we even later naar boven liepen, Monica en Itty voorop, fluisterde ik tegen Merel: 'Dat joggingpak staat je prima hoor.'

'Ze heeft natuurlijk gelijk. We mogen weleens wat meer ons best doen. We lopen erbij als verlepte huisvrouwen.'

'Ja, hallo. Je moet al die dure spullen ook kunnen betalen. Hoe doet zij dat?'

'Ze heeft gewerkt, toch?'

'Als au pair. Dan krijg je kost en inwoning en een beetje zakgeld.'

'Ik weet het ook niet,' zei Merel.

'Hebben jullie het over mij?' vroeg Monica, die opeens halverwege de trap stil was blijven staan.

Ik voelde bloed naar mijn wangen stijgen en wilde al ontkennen, maar Merel zei: 'We hadden het over je goede smaak.'

'Dank je wel,' zei Monica. 'Ik hou nou eenmaal van mooie spullen.'

We waren inmiddels op de eerste verdieping aangekomen. Het was die dag mijn beurt om de bar schoon te maken en ik nam aan dat de anderen ook aan hun taken wilden beginnen. 'Wat zijn jouw plannen hierna?' vroeg ik. 'Ga je weer als au pair aan de slag?'

'Dat nóóit weer,' zei Monica fel. 'Dat zou je toch zo langzamerhand moeten snappen.'

'Ik bedoelde het niet lullig,' zei ik.

'Maar zo klonk het wél.'

NU

'KUN JE MORGENAVOND?'

We hebben afgesproken dat Aron wacht totdat ik het initiatief neem – mijn 'man' mag immers niet achter onze 'affaire' komen – en meestal houdt hij zich er trouw aan. Ik zou er goed aan doen om hem aan deze afspraak te herinneren, maar omdat ik zin in hem heb, de laatste tijd meer en vaker dan ooit, antwoord ik: 'Toevallig wel.'

Dan blijkt dat hij wil afspreken in een restaurant in plaats van in ons vaste hotel. Dat kan maar één ding betekenen: hij wil het uitmaken. Liever heb ik dat hij gewoon een appje stuurt, zoals de meeste mannen doen wanneer ze de hoop dat er een normale relatie in zit definitief opgeven, wat ik hun overigens niet kwalijk neem. In elke affaire zit een natuurlijk verloop. Als de grootste opwinding eraf is en de wanhoop de overhand neemt, is het tijd voor de volgende.

'Laten we het hotel doen,' probeer ik nog.

'Verleidelijk, maar we houden deze keer onze kleren aan.'

We hebben afgesproken in Amsterdam. Ook dit zie ik als een teken aan de wand. Hij weet immers dat ik helemaal uit Friesland moet komen. Hij wil me laten bloeden, denk ik. Maar omdat hij goed voor me is geweest en ik er nog enige ethische normen op na wil houden, besluit ik te gaan. Voor het geval er nog uitmaakseks op het menu staat, desnoods in de auto of in een steeg, trek ik een mooi lingeriesetje aan onder mijn kleding.

Ik zet de auto in een parkeergarage en loop over de grachten naar het restaurant, waar hij al zit te wachten. Hij gaat staan, spreidt zijn armen en tot mijn verbazing drukt hij me stevig tegen zich aan terwijl hij me op mijn mond kust. Mijn lichaam heeft overduidelijk niet door dat er allemaal mensen om ons heen zitten en reageert meteen. Het liefste wil ik hem boven op me trekken, maar in plaats daarvan gaan we zitten.

Nadat de ober heeft gevraagd wat we willen drinken, stel ik maar meteen de vraag: 'Ga je het uitmaken?'

Hij kijkt verbaasd. 'Hoezo?'

'Voordat we drie gangen bestellen, vind ik dat wel handig om te weten.'

Hij barst in lachen uit. 'Natuurlijk niet.'

Ik ben in de war. 'Waarom zitten we dan hier?'

Hij lijkt bijna verlegen. 'Ik wil je graag beter leren kennen. En naakt zijn leidt altijd zo af.'

Deze zag ik niet aankomen.

'Ben je daar verbaasd over?'

'Je weet dat het nooit echt iets kan worden tussen ons, hè,' zeg ik.

'Het is al echt iets. Wat mij betreft.' Hij neemt een slok van zijn witte wijn.

'Oké...'

'Misschien niet wat de gemiddelde mens verstaat onder een

vaste verkering en ook niet wat ikzelf in eerste instantie voor ogen had. Maar als dit het is, dan wil ik jou nog steeds. Wat vind je daarvan?'

Nog steeds heb ik geen idee wat ik moet zeggen. Meestal als mijn minnaars en ik het omslagpunt bereiken, komt er een periode van bokkigheid en verwijten, afgewisseld met wanhopige seks die absoluut zijn charme heeft. Dit heb ik nog niet eerder meegemaakt.

'Ik denk dat er veel meer achter jou zit dan wat je nu laat zien. En dat wil ik graag ontdekken. Uiteindelijk blijken de meeste relaties tijdelijk, welke vorm ze ook hebben. Ik wil in elk geval het idee hebben dat ik je echt heb gekend.'

Nog steeds weet ik niet wat ik terug moet zeggen.

'Je kijkt heel angstig.'

'Ik begrijp niet wat je van me vraagt.'

'Dat we eerlijk tegen elkaar zijn.'

'Oké,' zeg ik.

'Écht eerlijk tegen elkaar zijn. Ik accepteer dat je getrouwd bent. Maar ik wil wel dat er openheid is en dat we onszelf aan de ander laten zien. Bewaar je geheimen maar voor je man. Anders werkt het niet meer voor mij. Kunnen we dat afspreken?'

Zijn gezicht staat vriendelijk en oprecht belangstellend. Een deel van mij wil niets liever dan open en eerlijk naar hem zijn. Maar tegelijkertijd weet ik dat dat niet kan. De leugen is niet terug te draaien en sommige geheimen zijn te groot om gedeeld te worden. Het enige wat ik nog kan doen is onze relatie zo lang mogelijk rekken. 'Onder één voorwaarde,' zeg ik dan.

'En die is?'

'Dat we de volgende keer afspreken in het hotel.'

TOEN

DE VERWARMING IN EL REFUGIO was zo afgesteld dat het of bloedheet of stervenskoud was. Meestal stookte ik de temperatuur goed op voordat ik ging slapen en werd ik 's ochtends wakker met een ijskoude neus. Met dekens en al klom ik dan uit bed om de radiator open te draaien en wachtte net zolang tot de temperatuur een beetje acceptabel was voordat ik opstond.

Die ochtend werd ik wakker van gebons op mijn deur. 'Lili!' De stem van Merel.

Ik rende snel naar de deur om hem open te doen en vluchtte meteen weer de warmte van mijn bed in.

'Hier is het ook al zo koud,' zei Merel, die binnenkwam. Ze had over haar pyjama een dikke trui aangetrokken.

Na haar volgde Jelle. 'Het lijkt erop dat de verwarming stuk is. Ik heb het bij iedereen al gecheckt en het is overal hetzelfde.'

'En ik maar denken dat jullie ontbijt op bed kwamen brengen,' zei ik.

'Je kunt een ijsje krijgen,' zei Jelle. 'Als je even hebt, schraap ik het zo van de binnenkant van het raam.'

Ik trok mijn kleren onder de dekens aan. Daarna stapte ik uit bed en draaide de radiator open. Normaal begon hij dan meteen te borrelen en te rommelen, maar deze keer gebeurde er inderdaad niets.

Mijn tío en tía hadden uitgebreide instructies gegeven voor bijna alles, maar met deze situatie wist ik me geen raad. Met tegenzin belde ik naar Thailand. Tío Manuel nam op, maar op de achtergrond hoorde ik tía al met paniek in haar stem '*que pasa?*' roepen.

'Alles gaat uitstekend, alleen is de verwarming ermee opgehouden,' zei ik zo rustig mogelijk. 'Hoe moet ik dit oplossen?'

Op de achtergrond begon tía Paola allerlei dingen te roepen als 'ik wist dat het mis zou gaan' en 'hoe moet het nou verder?'

Tegelijkertijd stonden Jelle en Merel mij ook aan te kijken met een blik van: 'hoe ga je dit nou oplossen?' Al met al werkte de situatie me behoorlijk op de zenuwen. Tío Manuel stelde voor dat ik eerst naar de kelder zou lopen om de hoofdkraan dicht te draaien. Daarna moesten we kamer voor kamer aflopen om te kijken of er misschien een lek zat en of de leiding bevroren was.

Terwijl ik naar deze instructies probeerde te luisteren, vroeg Jelle een paar keer ongeduldig: 'Wat zegt je oom?' Aan de andere kant van de lijn, in Thailand, hoorde ik mijn tía erdoorheen tetteren: 'Vertel haar wel dat ze dit goed moet uitzoeken, want de loodgieter kan pas eind maart komen!' Ik was nog maar een kwartier wakker, maar mijn irritatieniveau ging al door het dak.

Met Jelle en Merel achter me aan liep ik, als een moeder de gans, eerst naar de kelder om de hoofdkraan dicht te draaien. Daarna begonnen we aan onze ronde. Al snel ontdekten we dat in een kamer op de tweede verdieping de ramen wagenwijd openstonden.

'Wie heeft dit nou weer gedaan?' vroeg ik.

'Dat is wel heel raar,' zei Merel. Ze dacht even diep na. 'Fuck...' zei ze toen. 'Denk je dat... Jean-Pierre, de stalker van Monica, weet je wel...'

Jelle en ik keken elkaar aan.

'Wat?' vroeg ik.

'Dat hij hier naar binnen is geklommen?'

Ik zuchtte geïrriteerd. 'Eén: hoe moet hij hier komen als we zelf niet eens meer dan twee stappen buiten de deur kunnen zetten? Twee: hoe klimt hij langs een steile muur naar boven? Is hij opeens Spiderman geworden? Drie: waarom neemt hij niet gewoon de voordeur?'

'Hij kan toch een trap op het terras zetten,' zei Merel. 'Waar is Monica? Heeft iemand haar al gezien?'

'Zullen we ons niet gek laten maken door dat Jean-Pierre-gebeuren?' zei ik. 'Volgens mij valt het allemaal wel mee.'

'Je ziet toch zelf dat het raam hier openstaat!' zei Merel. 'Hoe denk je dat dat is gekomen?'

Ze had de neiging om makkelijk met anderen mee te bewegen, iedereen vond haar aardig en ze had zelden een conflict. Een eigenschap die ik vaak benijdde, maar in dit geval had ik haar intelligentieniveau hoger ingeschat.

Jelle schraapte zijn keel en keek me aan zoals een hond dat doet nadat hij op je nieuwe bankstel heeft gekauwd. Ongetwijfeld zouden veel meisjes deze blik onweerstaanbaar vinden. Niet ik. 'Ik zal het maar opbiechten,' zei hij. 'Monica en ik hebben hier een blowtje gerookt. Maar dat is alweer twee dagen geleden en ik weet zeker dat we daarna alles hebben dichtgedaan.'

'Kennelijk niet.' Met een ruk sloot ik de ramen weer. Daarna voelde ik aan de verwarmingsbuis. 'Helemaal bevroren. Sjezus christus, er had hier een enorme lekkage kunnen ontstaan.'

'Sorry,' zei Jelle niet echt overtuigend.

'Je bent voorlopig niet vergeven en dan nog iets: wie heeft gisteren de kamers gecontroleerd?' vroeg ik. Beneden in de hal hoorde ik de telefoon alweer rinkelen. Het was vast tía Paola.

'Moet ik hem even pakken?' vroeg Jelle. 'Dan neem ik de volledige schuld op me.'

'Jij spreekt geen Spaans.'

Degene die zich niet aan het rooster had gehouden, bleek Kevin. Ik bonsde hard op zijn deur om hem wakker te maken. Chagrijnig deed hij open. 'Wat is het teringkoud hier,' was het eerste wat hij zei. Ik probeerde nadrukkelijk niet naar zijn witte, pafferige lichaam te kijken of naar de vieze onderbroeken die op de grond lagen. Of de zweetlucht te ruiken die in de kamer hing.

'Dat is je eigen schuld,' zei ik. 'Jij hebt gisteren de kamers niet gecontroleerd.'

'Waar heb je het over?' vroeg hij. 'Natuurlijk heb ik mijn ronde gedaan. Ik zou niet anders durven.'

'Lul niet,' zei ik. 'Op de tweede verdieping stond een raam wagenwijd open en dat heb jij niet gezien. En nu is de verwarming bevroren.'

'Fok jou,' zei Kevin en hij dook zijn bed weer in.

'Insgelijks.' Ik liep de kamer uit en smeet de deur achter me dicht.

'Alles opgelost.' Jelle kwam met een brede glimlach de ontbijtzaal in gelopen, met Monica met een zo mogelijk nog bredere glimlach in zijn kielzog.

'Zie je wel, niets aan de hand,' zei Kevin met een hap croissant in zijn mond. Schilfertjes bladerdeeg zaten op zijn trui.

'Het had heel anders kunnen aflopen,' zei ik fel. Meteen nadat ik het had gezegd zag ik Itty en Merel een blik met elkaar wisselen. Jelle leunde naar voren alsof er elk moment een voorstelling kon beginnen. Monica leek zich te moeten bedwingen om niet te grinniken. Weer bekroop me het gevoel dat er iets gaande was in de groep waar ik geen vat op had. 'Wat is er?' vroeg ik. 'Ik zeg toch niks geks?'

'Misschien voel je je iets te verantwoordelijk,' zei Almar diplomatiek. 'Omdat het hotel van jouw familie is. Ik bedoel maar, wij hoeven straks niet bij hen op verjaardagsvisite.'

Stomverbaasd keek ik hem aan. Hij kneep even zijn ogen samen alsof hij me wilde vertellen dat ik me geen zorgen hoefde te maken, maar het kwam onoprecht op me over.

'Ehm, wat begrijpen jullie niet?' zei ik. 'Er had een enorme lekkage kunnen ontstaan en dan hadden we zomaar de rest van de tijd zonder verwarming kunnen zitten.'

'Maar dat is niet gebeurd,' zei Jelle. 'Dus *tranquilo* nou maar.'

'Doe niet zo stom,' zei ik.

'Je moet ook begrijpen dat als je ons de hele tijd zo op zit te jagen, we steeds minder zin hebben om ons uit te sloven,' zei Kevin. Weer met zijn mond vol. Kennelijk waren zijn rijke ouders vergeten hem bij te brengen hoe je netjes moest eten.

'Uit te sloven?' zei ik. 'Jij doet nog het minste van iedereen!' Eigenlijk was dat niet waar. Monica deed het minste van iedereen.

Ik probeerde oogcontact te krijgen met Merel. Maar zij zat op een stuk peer te kauwen met op haar gezicht de uitdrukking van een pasgeboren lammetje. Itty staarde stoïcijns voor zich uit. Jelle zat in zijn yoghurt te lepelen. Almar schonk koffie in. De enige die me recht aankeek was Monica.

Ik begreep het niet. Waarom steunde niemand mij?

Opeens werd het me allemaal te veel. Ik schoof mijn stoel naar achteren. 'Ik zie jullie later wel,' wist ik er nog uit te persen. Ik rende de trap op, de gang van de vierde verdieping in. Ik sloeg de deur van mijn kamer achter me dicht en stortte me op het bed. Het is allemaal niet erg, een kleine aanvaring, je wist dat die zouden komen, zei ik tegen mezelf.

Maar het voelde alsof er iets veel ergers aan de hand was. Alsof ze me eigenlijk al een tijdje uit de groep hadden gezet.

Vanaf die ochtend was alles anders. Wat voorheen vanzelfsprekend was geweest, voelde nu als iets wat in de gaten gehouden moest worden. In mijn borstkas was een nerveus gefladder ontstaan als van een vogel die per ongeluk een huis is binnengevlogen en paniekerig rondvliegt, op zoek naar de uitgang.

Monica, daarentegen, leek probleemloos in de groep te passen. Of het was anders: de groep leek zich naadloos om háár heen te plooien, alsof ze hun hele leven op haar hadden gewacht. Het zat hem in de kleine dingen: Itty die opeens mascara ophad en een beige lamswollen trui droeg, die zeker niet van haarzelf was. Merel die altijd naast haar ging zitten. Kevin die het niet kon laten om te pas en te onpas over de grote huizen en dure vakanties uit zijn jeugd te beginnen. Jelle die, ook als ze niet samen een 'fotoshoot' deden waarbij Monica zijn talent altijd uitbundig prees, als een schaduw achter Monica aan liep en zich ongerust maakte over de kleinste dingen; of ze zich niet verveelde, of ze het wel warm genoeg had, of ze wel lekker sliep. Hij liet geen gelegenheid onbenut om een taakje voor haar uit te voeren. Zelfs Almar leek anders in haar bijzijn: stralender en alerter.

Nog steeds had ik niet kunnen ontdekken wat er zo bijzonder aan haar was, behalve dan dat ze een pistool in haar bagage had verstopt en graag vertelde over haar leven in Parijs. Ze deed me steeds meer denken aan bepaalde meisjes op de middelbare school. De bijenkoninginnen, die vinden dat alles hun toekomt en op de een of andere oneerlijke manier ook altijd krijgen wat ze willen.

Ik had geleerd om ver bij hen uit de buurt te blijven.

is: “Ik verdien een ton per jaar met het maken van poppenhuizen.” En dan redeneer je terug naar waar je nu bent. Kun je dat?’

De vrouw begint te stralen.

‘Ga je dat doen? Beloof je dat aan mij, aan de hele zaal, maar vooral aan jezelf?’

‘Ja,’ zegt ze net iets te hard in de microfoon.

Sergio Rob doet een stap naar achteren en maakt een gebaar alsof hij een superster aankondigt. ‘Dit is Ronja, mensen. Na afloop van deze avond kun je bij haar een prachtig op maat gemaakt poppenhuis bestellen en ik wil dat je het dubbele vraagt van wat je normaal doet. Hoor je dat, Ronja?’

Het volume van de muziek gaat omhoog, alleen nu draait er iets opzwepends. Mensen springen en klappen op de maat. Totale euforie.

Ik druk op pauze en kijk Sergio Rob aan. ‘Hoe doe je dit?’

‘Specificeer “dit”?’

‘Hoe weet jij dat Ronja iets met haar handen maakt en dat ze dat nu niet meer doet? Hoe kom je aan die informatie?’

Sergio Rob glimlacht geduldig. We zitten op het kantoor van Droomleven BV aan de Zuidas in Amsterdam, waar zestien mensen fulltime werken aan zijn imperium. Ook is hier het trainingsinstituut gevestigd waar mensen voor elfduizend euro binnen acht dagen kunnen worden opgeleid tot coach. Aan de muur hangt de Klibansky die ik herken van ons eerste Skypegesprek. Ik maak een aantekening om hem straks te vragen naar zijn vriendschap met de kunstenaar.

‘Een mens vertelt veel meer dan wat hij zegt, als je maar weet hoe je moet luisteren,’ zegt Sergio Rob. ‘Hoe je tussen je wimpers door moet kijken.’

'Kun je dit wat concreter uitleggen?'

'Het wordt niet veel concreter dan dit. Ik heb een feilloze intuïtie. Ik zoom op iemand in en ik wéét gewoon wat er speelt. Of in elk geval in welke richting ik moet zoeken.'

'Hoe heb je die gave ontwikkeld?'

'Dat is rechtstreeks te herleiden naar mijn jeugd. Ik creëerde veiligheid voor mezelf door te leren lezen in welke staat mijn ouders waren en wat ze nodig hadden om zich beter te voelen. En dat trucje pas ik nog steeds toe. Heb je weleens gehoord van coaching met paarden?'

Ik knik.

'Dat komt op hetzelfde neer. Een kudde is net zo sterk als de zwakste schakel. Op het moment dat een nieuweling de ruimte betreedt, zal een stabiel paard altijd diegene scannen op zijn zwakheden en proberen om ze te verhelpen. Hij doet dat in wezen voor zijn eigen veiligheid. Bij mij is het op dezelfde manier begonnen. Je zou mij het ultieme therapiepaard kunnen noemen.'

'Interessant,' zeg ik.

'Inmiddels doe ik het omdat ik zo veel mogelijk mensen wil helpen. Zoveel mensen lijden onnodig en ik geloof oprecht dat de wereld een mooiere plek wordt als dat lijden wordt weggenomen.'

'En als je er ook nog eens miljoenen mee verdient...' Onwillekeurig valt mijn blik weer op het werk van Klibansky dat toch zeker een kleine ton waard moet zijn. Sowieso is alles waarmee Sergio Rob zich omringt verschrikkelijk duur. Of het nou zijn Range Rover is, zijn sneakers van Loewe of de Mont Blanc-pen waarmee hij zijn boeken signeert.

'Ik begrijp dat mensen sceptisch zijn over mijn verdienmodel. Maar ik zie het zo. Stel, ik zou het gratis weggeven, dan zien mensen de waarde niet en zijn ze minder gemotiveerd. Ga maar na: als jij ergens geld in hebt geïnvesteerd, dan wil je daar ook echt iets uit halen.'

'Zo maak je mensen ontvankelijker, bedoel je?'

'Laten we een kleine test doen.' Hij kijkt me doordringend aan en begint dan op de toon die hij gebruikt tijdens de interventies van zijn seminars tegen me te praten. 'Wat houdt je tegen, Liliane?'

'Hoe bedoel je?'

'Wat staat er tussen jou en jouw droomleven in?'

'Mij hoef je niet te redden hoor. Misschien leid ik dat al.'

'Is dat zo? Geen vrienden. Geheim adres. Verstopt achter je werk. Aan de pillen om jezelf overeind te houden.'

Ik schiet overeind. 'Hoe weet je dat?'

Hij glimlacht zelfverzekerd. 'Heb ik het mis?'

'Nee,' zeg ik.

'Je bent een slachtoffer van het verleden. Jouw beperkende overtuiging is dat iedereen die te dichtbij komt eropuit is om jou pijn te doen.'

Hij heeft niet ongelijk. Maar aan de andere kant: makkelijk praten als je niet in mijn schoenen staat.

'Ik zou je wel door elkaar willen rammelen en tegen je willen schreeuwen: hou op met dat slachtofferschap. Het staat je niet. Jij bent een sterke vrouw die het van nature fijn vindt om veel ruimte in te nemen. Om verhalen te vertellen. Om jouw unieke kijk op de wereld te delen. Dáár ligt je kracht. Maar in plaats daarvan hou jij je klein.' Dan leunt hij achterover in zijn Barcelona Chair en vouwt zijn handen achter zijn hoofd.

Ik voel een enorme ergernis ontstaan. 'Ik ben geen slachtoffer.'

Hij begint te lachen. 'Schat, misschien denk je dat omdat je op tijd je rekeningen betaalt en er een aardige carrière op na houdt. Maar dat zegt niets. Jij wordt volledig geregeerd door je verleden. Dat maakt je voor mij een slachtoffer.'

'Mijn moeder. Zij was een slachtoffer. Ik niet.'

'En wat moest jij doen om liefde van je moeder te krijgen?'

'Hard zijn. Alles regelen. Alles oplossen.'

Hij glimlacht. 'Wanneer ga je beginnen met leven?'

Het is allemaal zo gratuit.

'Word maar boos op me. Maakt mij niet uit. Je kent het Engelse gezegde: *first the truth hurts and then it sets you free.* Wat mijn punt is: ik zie aan alles dat je niet van plan bent om deze wáárheid, en je wéét dat dit waar is, anders werd je niet boos, aan te nemen. En dát is waarom ik mensen driehonderddrieëndertig euro laat betalen.' Hij begint breeduit te grijnzen.

Ik kijk hem vermoeid aan. 'Ik zou je bijna betalen om het tegendeel te bewijzen.'

'Het rekeningnummer staat op mijn website. Bovendien kan ik moeilijk prediken dat je alles kunt bereiken wat je maar wilt als ik zelf in een flat in Appingedam woon, vind je niet?'

'Wie zegt dat Appingedam niet leuk is?'

'Lul niet,' zegt hij stellig. 'Wanneer ga je afrekenen met het verleden? Wanneer ga je eens eerlijk kijken naar wat er tussen jou en dat meisje is gebeurd? Wat er met je vrienden is gebeurd?'

'Voorkennis,' zeg ik. 'Zo kan ik het ook.'

'Jij bent net als zij, bevroren in de tijd,' gaat Sergio Rob onverstoorbaar verder. ‘Ik denk dat je er goed aan doet om uit te zoeken wat daar is gebeurd. Ik weet dat het Kevin heel erg heeft geholpen in zijn proces.’

Ik kijk hem ongelovig aan.

‘Je bent een intelligente vrouw,’ zegt hij. ‘Jij zult altijd willen begríjpen wat er is gebeurd. Zolang je dat niet doet, kun je het ook niet verwérken.’ Hij leunt achterover en haalt zijn hand door zijn *signature* grijze lokken. ‘Zo, nu weer over mij,’ zegt hij zelfgenoegzaam.

TOEN

IK OPENDE DE GORDIJNEN en werd verblind door zonlicht. De bergen lieten zich van hun beste kant zien. De wanden waren helderwit met hier en daar nog stromende watervalletjes die grillige lijnen door de verse sneeuw trokken. Opgelucht haalde ik adem. We konden naar buiten. Eindelijk zou de vakantie beginnen zoals we die ons hadden voorgesteld.

Ook mijn huisgenoten waren in een opperbeste stemming. 'Niet normaal!' zei Merel toen ik aan tafel kwam zitten. 'Laten we zo lekker naar buiten gaan. Fuck het schema!'

'Hoor ik iemand "fuck het schema" zeggen?' zei ik quasistreng. Zodra ik het had gezegd, hoopte ik maar dat ze zouden snappen dat het een grap was. De laatste tijd kwam niet altijd alles wat ik zei even goed over.

'Fuck het schema,' zei Kevin. 'Echt wel.'

'Fuck het schema!' riep Monica uitgelaten die op dat moment de ontbijtzaal binnenstapte. Meestal kwam ze pas als wij al klaar waren met eten, maar ook zij was kennelijk gewekt door de zon. Jelle schoof als in een automatisme een bordje haar kant op. Inmiddels had hij er een gewoonte van gemaakt om alvast fruit voor haar te ontdooien en in een kommetje met yoghurt te doen. Nog even en hij zou haar gaan voeren.

'We kunnen natuurlijk eerst even met zijn allen het schema afwerken, als je dat fijner vindt,' zei Almar tegen mij.

'Natuurlijk niet,' zei ik. 'Wie het eerste buiten is.'

We baanden ons een weg door de verse poedersneeuw. Het was heerlijk om de koude, knisperende lucht in te ademen en de zon op onze gezichten te voelen. Samen met Almar en Itty gooide ik sneeuwballen naar Kevin, Monica en Merel, terwijl Jelle om ons heen cirkelde met zijn camera. Al snel waren mijn handschoenen doorweekt en had ik het gevoel dat mijn oren eraf zouden vriezen, maar geen haar op mijn hoofd die erover peinsde om weer naar binnen te gaan. Ik keek even opzij naar Almar. Als hij het naar zijn zin had en ontspannen was, was hij op zijn allerknapst. In combinatie met de donkerblauwe muts leken zijn ogen purpergrijs en zijn neus leek nog groter nu hij rood was van de kou. Ik hield van die neus. Het liefste zou ik erin willen bijten.

Aan de overkant bekogelden de anderen ons met evenveel fanatisme. Onze kreten weerkaatsten tegen de bergwanden. Ik voelde de energie weer door me heen stromen. Ik raapte met twee handen een flinke schep sneeuw op en vormde weer een bal. Mijn handen waren inmiddels gevoelloos van de kou. Nadat ik hem goed had aangedrukt, gooide ik hem zo hard ik kon naar de overkant.

'Au! Teringtyfus!' hoorde ik Monica schreeuwen. Ze greep met haar handen naar haar gezicht.

'Wat is er?' vroeg Almar.

‘Wie heeft die sneeuwbal gegooid?’ brieste ze.

Ik voelde mijn gezicht warm worden.

Jelle bukte zich om naar de grond te kijken. Pas op het laatste moment realiseerde hij zich dat zijn fototoestel om zijn nek hing; hij kon het nog net vastgrijpen. Met zijn andere hand raapte hij een bijna onzichtbaar stukje gruis op. ‘Zo te zien zat er een steentje in.’ Hij gooide het terug op de grond en legde zijn handen om Monica’s gezicht om met een ernstige blik de schade te bestuderen.

‘Je handen zijn nat!’ zei Monica fel en ze duwde hem ruw van zich af. ‘Wie de fuck gooit er een steen naar mijn hoofd?’ Ze draaide zich om en liep met grote stappen naar binnen. De anderen keken haar verbouwereerd na. Iets in mij was blij dat ze zich zo liet kennen.

‘Trek het je niet aan,’ zei ik tegen Jelle die ontzettend beteuterd keek. ‘Het valt vast allemaal wel mee.’

Hij glimlachte zwakjes naar me. ‘Had jij die bal gegooid?’

‘Ik was het niet,’ zei Merel.

Almar zei niets, maar keek in plaats daarvan ook vragend naar mij.

‘Geen idee of er een steentje in de sneeuw zat,’ zei ik. ‘Ik voel ook bijna niets meer. Kijk.’ Ik trok mijn handschoenen uit en liet mijn rode vingertoppen zien.

‘Jij was het dus,’ zei Jelle.

‘Ik kon er echt niets aan doen.’ Ik verbaasde me erover hoe serieus dit incident werd opgenomen. Waar hadden we het over?

‘Ik ga wel even kijken,’ zei Itty. Ze liep naar binnen met de anderen in haar kielzog.

Ik bleef in mijn eentje achter. Hoog boven me maakte een

vliegtuig een witte streep door de lucht. Ik vroeg me af waar het vandaan kwam en waar het naartoe ging. Alles leek me beter dan hier. Kom op, sprak ik mezelf moed in. Je gaat je niet laten kisten. Blijf gewoon jezelf. Maar misschien lag daar wel het probleem.

Ik trof de anderen aan in de bar. Monica zat op een van de banken. Mijn huisgenoten zaten om haar heen. Iemand had ijs in een theedoek gewikkeld.

'Bloedt het?' vroeg Itty, die de rol van hoofdverpleger op zich had genomen. Haar vader was dierenarts en ze hielp hem regelmatig in de praktijk; misschien dat ze zich daarom de aangewezen persoon voelde om eerste hulp te verlenen. Jelle en Kevin zaten aan weerszijden van Monica. Merel zat naast Itty op de salontafel. Almar stond van een afstandje toe te kijken.

Monica haalde even het kompres van haar gezicht en keek ernaar. 'Een beetje.'

'Laat me nog even naar de plek kijken,' zei Itty op besliste toon. Monica hief haar gezicht naar haar op en Itty tuurde ingespannen naar haar wang. Vanaf waar ik stond was niets te zien. 'Ik zie inderdaad een klein plekje zo net onder je oog.'

'Denk je dat het een litteken wordt?' vroeg Monica met een klein stemmetje. Van haar eerdere boosheid was weinig over. Ze had nu eerder iets hulpeloos over zich, als van een klein kind.

'Ik hoop het niet,' zei Itty. 'Je huid is natuurlijk wel heel teer rondom je ogen. Gelukkig is het steentje niet ín je oog terechtgekomen.'

'Het komt goed,' zei Jelle en hij aaide Monica troostend over haar been. 'Zullen we je handschoenen uitdoen? Je hebt vast heel koude handen.'

Monica knikte. 'Ze doen echt zeer,' zei ze, nog steeds met de intonatie van een klein kind.

Jelle trok voorzichtig haar handschoenen uit, nam haar handen in de zijne en wreef zachtjes. 'Ze zijn helemaal bevroren,' zei hij en hij blies er zelfs op.

Ik kende mijn huisgenoten als nuchtere mensen die wel tegen een stootje konden. Onze modus was eerder om de draak met elkaar te steken dan elkaar te betuttelen. Ik begreep niet waarom iedereen hier zo'n drukte van maakte.

Toch kon ik niet anders dan meedoen aan de vertoning. 'Sorry,' zei ik en ik ging op het salontafeltje naast Merel en Itty zitten. 'Het ziet ernaar uit dat het steentje van mij afkomstig was.'

Het bleef stil op een gespannen, afwachtende manier. Monica's ogen waren naar beneden gericht en het leek of ze haar opties aan het overwegen was. Toen keek ze naar me op en zei hartelijk: 'Maak je geen zorgen, Liliane. Ik neem jou helemaal niets kwalijk. Het had net zo goed een ander kunnen overkomen.'

Ik kon me vergissen, maar het leek of mijn huisgenoten opgelucht ademhaalden.

'Gelukkig maar,' zei ik.

'Geef me een knuffel,' zei ze en ze strekte haar armen naar me uit. Itty schoof een stukje op zodat ik me door Monica kon laten omhelzen. De omhelzing voelde weer onnatuurlijk en geforceerd aan. Ze was vast niet gewend aan fysiek contact door haar problematische jeugd. Maar ook was ik er inmiddels van overtuigd dat ze een hekel aan me had en dat deze knuffel vooral bedoeld was om aan mijn huisgenoten te laten zien dat onze kille verstandhouding echt niet aan haar lag.

‘Au!’ Ze schoot terug en greep naar haar wang. ‘Het doet nog wel pijn.’

‘Sorry,’ zei ik nog maar een keer.

‘Doe dan nu maar een whisky,’ zei ze met een valse uitdrukking op haar gezicht. ‘Een van die heel speciale van je oom.’

‘Eh…’ Ik wilde niet flauw doen, maar ik wilde ook zeker geen ruzie met tío Manuel.

‘Kom op,’ zei Monica. ‘Dat is toch wel het minste wat je kunt doen om het goed te maken.’ Ze keek me strak aan. Het viel me op dat er helemaal geen diepte in haar ogen zat. Alsof je naar een foto keek in plaats van een mens.

Ze barstte in lachen uit. ‘Grapje! Je had je gezicht eens moeten zien.’

Mijn huisgenoten lachten hard mee.

Ook ik probeerde een lach te produceren, maar mijn gezicht leek wel bevroren.

‘Woord voor iemand die haar gevoel voor humor heeft verloren,’ zei Kevin.

‘Jullie lijken net een stel tieners met jullie “woord voor”-gedoe,’ zei Monica.

‘Het is inderdaad wel wat kinderachtig,’ zei Jelle.

‘Jij kunt maar beter nooit actrice worden.’ Kevin kwam naar me toe en schudde me door elkaar. ‘Aan jou kun je alles aflezen. Alsof je echt dacht dat Monica die whisky zou gaan drinken.’

NU

SIETZE HEEFT HET ME AL minstens tien keer gevraagd, maar ik heb me er telkens met een smoes van afgemaakt. Morgen zal hij bij zijn nieuwe vriendin intrekken, dus dit is mijn allerlaatste kans. Hij zei het heel voorzichtig. Stelde zelfs nog voor om de kleding van mijn moeder op te slaan, als ik dat fijner vond. Maar hij heeft gelijk: eens zal het moeten gebeuren, dus dan maar nu.

Het huis is al helemaal leeg wanneer ik binnenkom. Hier en daar staan nog wat kartonnen dozen waarop KAN WEG geschreven staat.

'Wat heb je met de rest gedaan?' Mijn stem klinkt verwijtend, al is dat niet eens de bedoeling.

'Alles is al opgehaald door de kringloop of verkocht,' zegt Sietze. 'Marjan heeft natuurlijk alles al.'

Nog steeds heb ik weinig zin om deze Marjan te ontmoeten en Sietze kent me goed genoeg om niet aan te dringen.

'Goed,' zeg ik. 'Mama's spullen.' Ik loop achter hem aan de trap op. Ook de foto's die aan weerszijden van het trappenhuis hingen zijn weg. Ik durf niet te vragen wat ermee gebeurd is. Onze voetstappen klinken hol.

In de slaapkamer staat alleen nog maar de kledingkast. De kleding van mijn moeder ligt in keurig nette stapels, nog steeds klaar om door haar gedragen te worden. Verder is alles weg: het bed, de nachtkastjes, de stoel, de nachtlampjes, het foeilelijke schilderij van El Refugio... Ik moet een paar keer slikken.

Van tevoren heb ik met mezelf afgesproken dat ik een paar van haar kledingstukken mee zal nemen. Alleen de stukken waar ze echt van hield en waarvan de kans groot is dat ik ze zelf ook zal dragen. Maar nu lijkt alles even waardevol en onmisbaar.

Sietze legt zijn hand op mijn schouder. 'Het valt nog steeds niet mee dat ze er niet meer is,' zegt hij.

Ik wil een cynische opmerking maken over Marjan, maar in plaats daarvan zeg ik: 'Ik weet het.' Ik pak een stapeltje uit de kast. De rode trui die ze altijd droeg met Kerstmis. De rok met de grote bloemen die ik altijd lelijk heb gevonden, maar waar ze zelf zo blij mee was. De eindeloze hoeveelheden crèmekleurige coltruien waar ze om de een of andere reden dol op was.

Dan houd ik de zachtroze mohair trui in mijn handen die mijn moeder droeg toen ik haar weer zag in Huesca, na de dood van Monica. Nadat ik door agenten was verhoord brachten ze me naar het huis van een van mijn tantes. Ik zie voor me hoe mijn moeder naar buiten rende en het portier openrukte. Zodra ik was uitgestapt, sloeg ze haar armen hartstochtelijk om me heen. Het moederdier was ontwaakt. Haar trui kriebelde ontzettend tegen mijn gezicht en het duurde eindeloos lang voordat ze me met tegenzin losliet. 'Mijn lieve meisje,' zei ze. 'Er kan niets meer gebeuren. Je bent veilig nu.'

Ook nu steek ik mijn neus in de zachte wol. Die ruikt naar zeep.

'Ik was alles elke maand,' zegt Sietze bijna verlegen. '... haar kleding.'

Het raakt me onverwacht. 'Dat is echt lief van je,' zeg ik met tranen in mijn ogen.

'Ik moet op de een of andere manier verder. Begrijp je dat? Ik kan...' Hij maakt een hulpeloos gebaar.

Ik kijk naar zijn verweerde gezicht en voel opeens iets wat op liefde lijkt. 'Ik weet zeker dat mama ook alleen maar zou willen dat je weer gelukkig wordt.'

'Gelukkig is veel.'

'Dat je het leven met haar blijft koesteren en dat er iets nieuws voor in de plaats komt.'

'Denk je?'

'Ik weet het wel zeker.'

TOEN

HET GOEDE WEER HAD een geweldige invloed op de sfeer. Niemand was nog aan het zuchten, de taken werden zonder mopperen gedaan en we waren zo veel mogelijk buiten. Aan de zijkant van het hotel was een ophoping van sneeuw ontstaan van enkele meters hoog. Almar was op het idee gekomen om een slee te maken van opengevouwen kartonnen dozen zodat we ervanaf konden roetsjen. Sneeuwballen werden gegooid, rare sprongen werden gemaakt en Kevin bouwde een sneeuwpop met een enorme fallus. Zelfs Monica leek een uitgelaten kind, zoals ze zich gillend van de helling af liet storten.

Ik stond op mijn beurt te wachten toen Merel mij aanstootte. 'Hoor jij dat ook?'

In de verte klonk vaag het geluid van een motor.

'Het lijkt wel of het dichterbij komt,' zei Jelle. En dat klopte.

'Een sneeuwscooter, denk ik,' zei Kevin met glimmende ogen. Hij zette zijn handen aan zijn mond. *'Help! Help! Get me out of here!'*

Monica gooide een handje sneeuw in zijn gezicht.

'Dat had je beter niet kunnen doen,' zei Kevin en hij kwam dreigend op haar af. Monica slaakte een damesgilletje en zette het op een rennen. Kevin was sneller. Hij dook boven op haar en met een extatische uitdrukking op zijn gezicht zeepte hij haar in. Nog harder gegil. Jelle keek stuurs de andere kant op. Inwendig moest ik hier even om grinniken.

Intussen reed er een sneeuwscooter het terrein op. Een monstrueus rood geval met een enkele berijder. Omdat hij bij de ingang bleef staan, moesten we ons een weg door de diepe sneeuw banen om naar hem toe te komen. Jelle en Almar leken met hun lange benen wel over de sneeuw te vliegen en kwamen als eersten aan.

De berijder van de sneeuwscooter schakelde de motor uit, zette zijn helm af en begon in rap Spaans tegen hen te praten. Het was me al vaker opgevallen dat mensen die zelf geen tweede taal beheersen nooit op het idee kwamen dat anderen hen weleens niet zouden kunnen verstaan. Ook nu was dat het geval. 'Kom gauw, Lil!' riep Jelle opgewonden.

De man, die met zijn bolle wangen en witte baard een beetje op de Kerstman leek, vertelde dat er in het dorp volop gespeculeerd werd over ons welzijn, vooral na het slechte weer van de afgelopen tijd. 'Jullie hebben wel erg veel pech,' zei hij. 'Zoveel als deze winter heeft het in geen jaren meer gesneeuwd.' Ook in het dorp hadden ze er last van. De stroom was een paar dagen uitgevallen, het haardhout was overal uitverkocht en niemand kon eropuit om nieuw te halen. Terwijl hij aan het praten was, dwaalde zijn blik telkens af naar Monica. Zelfs zoals ze er nu uitzag, met uitgelopen mascara en rode wangen, kon kennelijk geen enkele man zich normaal gedragen in haar bijzijn.

'Dat is hier gelukkig niet gebeurd,' zei ik in het Spaans. Omdat ik de indruk had dat de man geen idee had waar ik het over had, verduidelijkte ik mezelf. 'We hebben een generator, dus de stroom doet het nog steeds.'

De man knikte afwezig, nog steeds met zijn ogen op Monica gefixeerd. Hij haalde zelfs zijn tong langs zijn lippen alsof hij naar een versgebakken biefstuk aan het kijken was.

'Ik heb iets,' zei hij toen. Hij opende de klep van zijn sneeuwscooter en haalde een appel tevoorschijn. 'Deze is voor haar.' Hij gaf hem aan Monica die meteen een verrukt kreetje slaakte. '*Gracias*,' zei ze.

De man boog zich naar voren en draaide zijn wang naar haar toe, zodat zij hem een kus kon geven. Inmiddels rook ik een flinke zweem alcohol. Het was voor Spanjaarden vrij normaal om bij de lunch een wijntje of een biertje te drinken, maar het middaguur moest nog komen. Monica's gezicht bevroor. Dit was dus de keerzijde van het effect dat ze op mannen had. Ik schaamde me opeens een beetje voor alle gedachten die ik eerder over haar had gehad. Misschien was het helemaal niet zo leuk om altijd begeerd te worden.

Monica gaf hem obligaat een snel kusje op zijn wang.

De man keek Monica nog één keer verlekkerd aan en zette toen zijn helm weer op. '*Hasta pronto!*' zei hij, terwijl hij wegreed en een spoor van stuifsneeuw achterliet.

Monica nam een hap van de appel. 'Zalig,' zei ze.

Waarom was ze niet bang, schoot door me heen. Een vreemde die ons terrein oprijdt, en ze denkt geen moment aan Jean-Pierre die zogenaamd weet waar ze is en alles zal doen om haar kapot te maken.

NU

TWEE ZEEMEEUWEN LANDEN luid krijsend in de tuin en herinneren me aan de troostende nabijheid van de zee. De mindmap van Almar hangt inmiddels aan de muur van mijn tuinkantoor. Toen ik nog in mijn huis werkte, had ik de neiging om eeuwig door te gaan. Nu komt er elke dag vanzelf een moment waarop ik honger krijg en naar de keuken ga.

Als Almar al onderzoek heeft gedaan, is hij niet echt grondig geweest. Bij ieder van ons heeft hij een aantal mogelijke motieven en een tijdspad geschreven. Ook staat Jean-Pierre op de lijst der verdachten. Onderaan het vel staan twee stellingen.

MONICA IS OPZETTELIJK DOOR IEMAND BUITENGESLOTEN

- WAAROM LAG HAAR LICHAAM BIJ DE RIVIER?
- WAAROM HEEFT ZE NIET GEPROBEERD OM EEN SCHUILPLAATS TE ZOEKEN? VUILCONTAINER? AFDAKJE HOUT?

MONICA IS UIT ZICHZELF NAAR BUITEN GEGAAN

- WAAROM HEEFT ZE ZICH NIET AANGEKLEED?
- ZELFMOORD? DRONKEN?

Inmiddels heb ik zelf ook de nodige dingen uitgezocht. Het voelt net als werk, iets waar ik goed in ben en controle over heb. Met veel moeite heb ik het politierapport te pakken gekregen. Volgens de officiële lezing is Monica dronken naar buiten gelopen en verdwaald. Daar is ze onderkoeld geraakt en gestorven tussen twee uur 's nachts en vier uur 's ochtends. Het alcoholpromillage van 2,73 in haar bloed heeft deze theorie bevestigd. Een dom ongeluk, zoals dat kan gebeuren met domme, jonge mensen.

Ik lees de verklaringen van mijn huisgenoten. Itty, Merel en Almar hebben tot een uur of twee in de bar gezeten. Daarna brachten ze de rest van de nacht samen voor mijn deur op de gang door. Tot mijn opluchting gaat niemand in op wat er eerder die avond was voorgevallen. Nog steeds voel ik een diepe schaamte, al weet ik rationeel ook wel dat die onterecht is. Maar wat je denkt en wat je emoties je vertellen zijn vaak twee totaal verschillende dingen.

Jelles verklaring ontbreekt. Expres of is dit een typisch voorbeeld van Spaanse slordigheid? Kevin beweert dat hij, nadat hij de bar had verlaten om twee uur, is gaan slapen op zijn kamer. Om een uur of negen werd hij wakker, klopte bij Monica aan en toen zij niet reageerde, heeft hij de loper gepakt en is hij naar binnen gegaan. Nadat hij geconstateerd had dat ze er niet lag, is hij Jelle gaan halen. Samen troffen ze Itty, Merel en Almar slapend aan op de gang voor mijn deur. Vervolgens hebben ze met zijn tweeën het hotel afgezocht en daarna zijn ze naar buiten gegaan. Om halftwaalf werd Monica dood aangetroffen bij de rivier.

Kevin is tijdens zijn hechtenis nóg een paar keer verhoord.

Het enige nieuwe dat hij verklaart is dat hij smoorverliefd was op Monica en haar nooit wat aan zou doen. Háár niet, nee, denk ik wrang. Ik slik de bittere smaak in mijn mond weg.

Zijn verhaal is consistent, terwijl hij toch zeer regelmatig en intensief is ondervraagd. De Spaanse politie zal niet zachtaardig voor hem zijn geweest. Ik zie de jonge Kevin voor me. Iets te dik, morsig, onhandig. Het moet voor Monica zo makkelijk zijn geweest om hem in te palmen. En nog steeds is hij beïnvloedbaar, kijk maar hoe hij nu weer achter Sergio Rob aan hobbelt. Toch heeft de Spaanse politie hem niet weten te breken. Is dat omdat hij de waarheid sprak?

In zijn verklaring rept Almar met geen woord over mij, maar toch dacht hij dat ík iets met haar dood te maken had. Wat wist hij dat ik niet weet? In gedachten ga ik terug naar die laatste nacht. Mijn herinneringen zijn warrig, als een koortsdroom, en ik vraag me af hoe betrouwbaar ze zijn. De donkere kamer. De geur van angstzweet. De stemmen van mijn huisgenoten. Het gezicht van Monica. Bleek. Koud. Mijzelf, rennend door de sneeuw, al weet ik niet of dit daadwerkelijk heeft plaatsgevonden of dat het een creatie is van mijn onderbewustzijn.

In een opwelling pak ik mijn telefoon en stuur Merel een bericht.

DE AFSPRAAK WAS OM MEREL alleen te ontmoeten, maar als ik het Zutphense grand café binnenloop blijkt dat ze Jelle heeft meegenomen. Samen zitten ze op een van de banken tegenover de bar. Drankjes staan op tafel. Mijn eerste impuls is om meteen weer weg te gaan. Maar Merel is al opgesprongen en komt met open armen op me af. Haar blonde haar heeft een vervreemdend effect. Alsof ze het wel en tegelijkertijd niet is.

'Lili! Wat zie je er goed uit!' Ik was van plan om haar een hand te geven, maar omdat ik een moment te lang aarzel, hangt ze al om me heen. Het is raar hoe je je niet bewust bent van iemands geur, laat staan dat je in staat bent om die te omschrijven; maar mijn onderbewustzijn herkent haar meteen, hoe ze ruikt, hoe ze voelt. Ik realiseer me dat ik haar heb gemist, al heeft ze dat helemaal niet verdiend.

Ze laat me los om me nog eens goed te bekijken. 'Hoelang hebben we elkaar niet gezien?' vraagt ze dan.

'Zeventien jaar en twee maanden,' zeg ik.

'Je ziet er goed uit. Echt goed.' Ze benadrukt het zo vaak dat ik me afvraag of ze eigenlijk iets anders bedoelt.

Ook Jelle is gaan staan. Hij is kaler geworden dan op zijn laatste Instagrampost, maar zijn ogen hebben nog steeds dezelfde heldere kleur blauw. Bij hem heb ik wel de tegenwoordigheid van geest om bijtijds mijn hand uit te steken, als een schild, waardoor hij niet dichtbij kan komen. Hij grijpt hem beet en schudt hem net iets te hard. 'Goed je te zien,' zegt hij. 'Oprecht.'

Ik kan niet hetzelfde tegen hem zeggen, dus zeg ik maar niets.

'Kevin is een lul,' zegt Merel nadat ik haar heb verteld over het weerzien in Zwolle. Ze neemt een slok witte wijn, ook al is het nog maar vier uur 's middags, veegt haar mond af en zegt daarna: 'Ja, sorry hoor.'

'Wij zien elkaar nog weleens,' zegt Jelle. 'Niet vaak. We hebben het allebei druk.'

'Het helpt natuurlijk ook niet mee dat hij niet meer drinkt,' zegt Merel. 'We kunnen wel doen of het niet uitmaakt, maar hij is er niet gezelliger op geworden.' In haar oren zitten wel acht verschillende oorbellen en ringetjes, vast uit haar eigen webshop.

'Een beetje raar om dat te zeggen van een alcoholist,' zegt Jelle.

'Als híj een alcoholist was, dan zijn we het allemaal.' Merels hand gaat alweer richting haar wijnglas, maar dan bedenkt ze zich.

'Jij zegt het.'

'Kibbelen jullie altijd zo?' vraag ik.

'Altijd,' zegt Jelle vermoeid.

'Dat valt reuze mee,' zegt Merel.

Ze zijn inmiddels vijftien jaar bij elkaar en hebben twee kinderen: een dochter van zes en een zoontje van twee. Rouw en ontreddering bracht hen samen, maar uiteindelijk heeft de liefde hen bij elkaar gehouden. Dit heeft Merel me letterlijk over de telefoon verteld. Het klonk verschrikkelijk zoetsappig en ingestudeerd, maar aan de andere kant: Merel had altijd al een hang naar vals sentiment.

Merel stoot Jelle aan. 'Wilde jij niet nog iets zeggen?'

'Op mijn eigen tijd en eigen manier,' zegt Jelle.

'Jelle heeft heel veel spijt,' zegt Merel. 'Daarom heb ik hem meegenomen. Zodat hij zijn excuses kan aanbieden.'

Jelle kijkt mij getergd aan alsof hij verwacht dat ik hem de reddende hand zal bieden, maar dat gaat niet gebeuren. Nooit.

'Ik kom niet voor excuses,' zeg ik. 'Wat heb ik daaraan?'

'Waar kom je dan wel voor?' vraagt Merel.

'Duidelijkheid,' zeg ik. 'Ik ben eraan toe om te horen wat er nou precies is gebeurd.'

'Dat weten wij natuurlijk ook niet,' zegt Merel.

'Jullie weten meer dan ik.'

Merel neemt een grote slok van haar wijn. 'Je weet toch, Lil, dat ik het grootste deel van die avond out was?' Tranen springen in haar ogen. Snel pakt ze een tissue uit haar tas om ze af te vegen. 'Hè, ik had me nog zo voorgenomen om niet te gaan janken.'

Jelle slaat zijn arm om haar heen en geeft haar een kus op haar kruin. Een rilling gaat door me heen.

'Ik vind het zo erg wat er is gebeurd.' Merel kijkt me aan met waterige ogen. Ze pakt de tissue en veegt langs de onderrand van haar ogen. 'Je had gelijk over Monica. Ze was knettergek. We hadden jou moeten geloven, maar het leek wel of we allemaal verblind waren.'

De woorden die ik al heel lang heb willen horen. Maar nu ze

uitgesproken zijn, doen ze me niet veel.

Jelle kijkt moeilijk. 'Je had natuurlijk niet over álles gelijk.'

'Hoe bedoel je?' vraag ik fel.

'Je had het helemaal mis over Jean-Pierre.'

Merel stoot Jelle aan. Meteen haalt hij zijn arm van haar schouder en er ontstaat weer afstand tussen de twee, wat een stuk makkelijker is om naar te kijken. 'Vind je dit nou nodig?'

'Lili is op zoek naar de waarheid, toch?'

Voordat Merel iets kan zeggen, zeg ik zelf: 'Dat klopt.'

'Jean-Pierre is een heel enge man,' zegt Jelle. 'En anders dan jij beweerde, was Monica wel degelijk bang voor hem. Dat hebben haar vrienden bevestigd toen we in Parijs waren. Hij achtervolgde haar, kwam onverwacht opdagen op de raarste momenten, hij belde hen om te checken waar Monica was...'

'Je mocht mee om je excuses aan te bieden,' zegt Merel. 'Niet om Lili nog meer van streek te maken.'

'Ik ben helemaal oké hoor,' zeg ik, al weet ik niet zeker of dat wel zo is. Op dit moment voel ik me beheerst, maar ik weet niet wat eronder zit.

'En ja, natuurlijk, ik ga je ook echt wel mijn excuses aanbieden, maar niet op commando,' zegt Jelle.

'Hoef je niet te doen. Ik wil het niet eens.'

'Natuurlijk wil je dat wel,' zegt Merel. Ze kijkt weer nadrukkelijk naar Jelle.

Ik besluit het gedoe tussen hen te negeren. 'Jean-Pierre. Dat was toch één grote poppenkast? Hoofdstuk één van het handboek *Hoe win ik de sympathie?*'

'Hoe bedoel je?' vraagt Merel.

'Monica had feilloos door hoe ze ieder van ons om haar vinger kon winden. Wat dat betreft was ze zeer intelligent. Maar de meeste punten scoorde ze natuurlijk met het verhaal dat ze bedreigd werd, waarmee ze inspeelde op het reddersinstinct van de jongens, maar ook op dat van jou en Itty, Merel.'

'En jij was natuurlijk de enige die alles doorhad,' zegt Jelle met een niet te verhullen sarcasme.

'Ik krijg er steeds meer spijt van dat ik je heb meegenomen,' zegt Merel tegen hem.

Het blijft bizar om Merel en Jelle als stel voor me te zien, ruziënd over wie de vaatwasser leegruimt, tijdens etentjes met vrienden, innig verstrengeld of juist niet.

'Ik wist iets wat jullie niet wisten. Het pistool. Ik had het in haar bagage gezien toen ik de koffers boven zette,' zeg ik, terwijl ik voel dat ik rood aan het worden ben.

'Tot die conclusie waren we al gekomen,' zei Merel. 'Dat jij in haar spullen had zitten snuffelen.'

'Haar koffer viel open,' zeg ik. Het klinkt niet geloofwaardig.

'Ik begrijp dat dat jouw beeld van haar meteen heeft bepaald en dat het moeilijk voor je was om dat bij te sturen,' zegt Merel op een vergoelijkende toon. 'Maar wat ik níét begrijp is waarom je mij niets hebt verteld. We waren zo close, jij, Itty en ik. Ik dacht altijd dat we elkaar honderd procent vertrouwden en begrepen.' Merel pakt weer een zakdoekje uit haar tas.

'Dat dacht ik ook,' zeg ik een beetje bits. 'Dat we vriendinnen waren. Maar vriendinnen zouden nooit doen wat jullie hebben gedaan.'

Merel opent haar mond alsof ze iets wil zeggen, maar bedenkt zich en sluit hem dan weer, waardoor ze op een naar lucht happende vis lijkt.

'Wat is er gebeurd die nacht?' vraag ik dan maar aan Jelle. 'Nadat ik naar mijn kamer was gegaan.'

'Dat weet Jelle natuurlijk ook niet precies,' zegt Merel.

Ik doe net alsof ze helemaal niet meer bestaat en blijf Jelle doordringend aankijken.

Hij zucht diep. Neemt een slok van zijn cola. 'Het is voor mij ook nogal vaag. Geen van ons was nuchter. Dat zeg ik niet als excúús,' zegt hij nadrukkelijk tegen Merel die al ongeduldig met haar vingers op tafel zit te trommelen, 'maar het hielp natuurlijk niet mee. Ik herinner me dat ik op mijn kamer aankwam en dat ik me in de war voelde over alles wat er was gebeurd. Slecht, ook. Ik voelde me heel, heel slecht.' Hij concentreert zich op het metersgrote schilderij van een meisje in een bikini achter mij en praat verder: 'Ik moet in slaap gevallen zijn, want ik werd op een gegeven moment wakker van Kevin die op mijn deur klopte. Hij vroeg of ik Monica ergens had gezien. Toen ben ik opgestaan om haar te gaan zoeken. Toen we haar nergens konden vinden, zijn we naar buiten gegaan. Daar vonden we haar. Bij de rivier...'

'Waarom zou ze naar buiten zijn gegaan?' vraag ik.

'Dat hebben wij ons ook vaak afgevraagd,' zegt Merel. 'En dat is waarom we denken dat de Fransman er iets mee te maken heeft. Het was die dag droog en hij kon makkelijk met de sneeuwscooter komen.'

'Dan hadden we dat toch gehoord?' vraag ik.

'Niet als hij hem voor de laatste bocht had geparkeerd en de rest te voet had afgelegd.'

'Maar dan had je toch sporen moeten zien?'

'Dat is het gekke,' zegt Jelle. 'Die waren er niet.'

TOEN

KEVIN HAD GEKOOKT DIE DAG en een behoorlijke puinhoop achtergelaten. Overal lagen geopende verpakkingen en er zaten enorme spetters tegen de achterwand van het fornuis. Tía Paola zou met een dwangbuis afgevoerd moeten worden als ze dit zou zien.

Het was mijn beurt om schoon te maken. Ik zette de radio aan, maakte een flinke emmer sop en nam de hele keuken onder handen; de tegelwanden, alle oppervlakken, de vloeren. Na ruim twee uur hard schrobben was alles weer blinkend schoon.

Daarna liep ik naar de bar. Tot mijn verbazing was er niemand. Wel stonden er een aantal lege glazen zonder onderzetters en een lege wijnfles. Ik keek op de klok. Het was nog maar halfelf. Ik kon me niet voorstellen dat iedereen al naar bed was gegaan; meestal bleven we tot zeker een uur of twaalf hangen.

Ik spoelde de glazen af, poetste ze op totdat ze glommen onder de lampjes van de bar en zette ze op de glazen planken, die flink plakkerig waren. Ik meende me te herinneren dat Monica vandaag de bar moest schoonmaken, maar zo te zien was ook dat niet gebeurd.

Ik deed het licht uit en liep door het verlaten trappenhuis naar boven. Nog steeds vond ik het vreemd dat mijn huisgenoten zonder iets tegen mij te zeggen naar bed waren gegaan. In de gang scheen licht onder de deur van Monica door. Bij iedere andere huisgenoot zou ik hebben aangeklopt, maar bij haar voelde ik een drempel. Kom op, zei ik tegen mezelf. Als ik wilde dat het ooit normaal werd tussen ons, dan moest ik misschien ook zelf wat meer toenadering zoeken.

Toen ik voor haar deur stond, hoorde ik gelach. Ontspan, zei ik tegen mezelf. Er is niets aan de hand. Wees luchtig en vrolijk. Luchtig en vrolijk. Niemand wil een verongelijkte zeur. Ik haalde diep adem en klopte aan.

'O fuck, daar is ze,' hoorde ik Jelle zeggen, al kon ik me vergissen. Het geluid werd gedempt door de gesloten deur.

'Moeten we het verstoppen?' vroeg Kevin.

Merel deed de deur open. Meteen sloeg een zoete walm me in mijn gezicht. Mijn huisgenoten hadden de bank uit het zithoekje gesleept en hem tegen het bed aan gezet, zodat er een groot ligoppervlak was ontstaan. In kluwen hingen ze door en over elkaar heen. Op het nachtkastje stond een halfvolle whiskyfles. Kevin hield opzichtig iets achter zijn rug.

'Zitten jullie lekker te blowen?' vroeg ik zo nonchalant mogelijk.

Kevin en Jelle, die om onverklaarbare redenen de beddensprei als een hoofddoek om zijn hoofd had gewikkeld, begonnen ontzettend irritant te giechelen. Met een overdreven schuldbewust gezicht haalde Kevin een joint tevoorschijn. 'Ik zei toch dat we het moesten verstoppen,' zei hij tegen de anderen.

'Het is anders gewoon te ruiken,' zei ik. 'Mag ik erbij?'

Centraal op het bed zat Monica, als een koningin te midden van haar onderdanen. Ze keek me aan met wat ik opvatte als een triomfantelijke blik, al durfde ik niet meer op mijn eigen waarnemingen te vertrouwen. Ze zag er tegelijkertijd ontzettend schattig en sexy uit in een crèmekleurige wollige trui met een satijnen boxershortje eronder. Haar slanke, lange benen lagen bij Almar op schoot. Hij keek me lodderig aan.

Merel en Itty hingen suffig tegen elkaar aan op de bank, hun benen voor zich uitgestrekt over het bed. Itty had haar ogen dicht. 'Kunnen jullie een beetje opschuiven?' vroeg ik.

'Ik denk dat je beter op de grond kunt gaan zitten,' zei Monica, die als enige weinig last leek te hebben van de joint. 'Zoals je ziet, zit het hier nogal vol.'

'Ik denk dat ik er nog wel bij pas,' zei ik en ik ging op de houten leuning van de bank zitten, met mijn benen bungelend aan de zijkant. Itty had zich nog steeds niet bewogen. Haar gezicht was behoorlijk bleek. 'Gaat het wel goed met It?' vroeg ik aan Merel.

'Ja hoor, met It gaat het prima,' zei Merel. Haar oogwit was rood en ik rook haar zure adem vanaf een afstandje. 'Ja sorry, Lil, je komt hier ook zo lekker nuchter binnenvallen terwijl wij met z'n allen een vibe hebben.'

'Doe mij dan ook maar een trekje,' zei ik, al had ik me de enige keer dat ik had geblowd er niet prettig door gevoeld. Alsof alles vertraagd was in de tijd en mijn hoofd niet meer op mijn romp zat. Ik hield er niet van om de controle te verliezen. Daarom dronk ik ook nooit te veel.

'Jij houdt toch niet van blow?' zei Almar.

'Misschien moet je eerst je oom en tante bellen of het wel

mag,' zei Kevin en hij begon stom te lachen.

'Geef hier,' zei ik. Van één hijsje zou ik vast geen last hebben. Misschien had ik die eerste keer gewoon pech gehad en zou ik het nu heel anders ervaren. Er was vast een reden waarom hele volksstammen blowden. Ik gaf de joint door aan Merel, die hem alweer gedachteloos aan haar mond wilde zetten.

'Eén hijs is géén hijs,' zei Monica. 'Geef dat ding eens terug aan Liliane.'

Merel reageerde verrassend vlug voor iemand die stoned was, als een goed afgericht huisdier.

'En nou neem je gewoon nog een paar trekjes, zoals een echte flinke meid,' zei Monica streng.

Kevin, Jelle en tot mijn verdriet ook Almar kregen de slappe lach. 'Een flinke meid neemt haar trekjes op tijd,' hikte Kevin. Monica en Merel begonnen mee te lachen. Zelfs Itty ontwaakte uit haar halfcoma, perste wat geluid eruit en sloot haar ogen weer.

Ondertussen zat ik met die joint in mijn handen.

'Trek-kie, trek-kie!' begon Kevin te roepen terwijl hij op de maat op het nachtkastje sloeg. Al snel deden de anderen met hem mee.

'Kom op, Liliane!' riep Monica. 'Niet zo flauw doen.'

Ik nam voorzichtig nog een klein hijsje en hoopte maar dat ik er niet al te veel van zou merken.

'Nog één. En nu een echte.' Monica keek me aan met de toegeknepen ogen van een kat die verlekkerd naar een vogeltje loert.

Ondertussen bleven de anderen 'trek-kie' scanderen. Ik wilde niet. Maar ik wilde ook mijn huisgenoten geen reden geven om te denken dat ik flauw was. Of braaf. Of wat ze ook maar over mij leken te denken de laatste tijd. Weer bracht ik de joint naar mijn mond en ik inhaleerde zo oppervlakkig mogelijk. Ik blies snel uit en zei: 'Nu tevreden?'

Ik wilde de joint aan Merel doorgeven die er al klaar voor zat, maar Monica zei met onverbiddelijke stem: 'Dit is niks. Nog één keer, maar dan goed.'

'Is dat niet wat veel?' vroeg Almar loom. Ik wierp hem een dankbare blik toe die hij niet zag.

'Ze kan het beter maar in één keer goed aanleren,' zei Monica waarop Kevin en Jelle weer begonnen te hinniken van de lach.

'Ik wil niet meer,' zei ik.

'Nog eentje,' zei Monica. 'Doe het voor je nieuwe beste vriendin Monica die haar leven heeft gewaagd door deze joint over maar liefst drie verschillende landsgrenzen mee te smokkelen.' Ze trok een soort pruillip en knipperde verleidelijk met haar ogen.

'Trek-kie, trek-kie,' begon Kevin weer.

'Echt niet,' zei ik. Ik wilde de joint aan Merel geven, maar ze hield me tegen.

'Nee, nee,' zei ze streng. 'Je hebt gehoord wat de juf heeft gezegd. Nog één trekje.'

Ik keek haar ongelovig aan. Dit was niet mijn vriendin zoals ik haar kende.

'Zuigen, kreng,' voegde ze eraan toe, wat zorgde voor het zoveelste gehinnik van de jongens. Monica's lach klonk zo mogelijk boven alles uit. Zelfs Itty werd weer even wakker en zei met onvaste stem: 'Ja, Lil.' Daarna zakte ze weer weg.

Merel pakte mijn hand en duwde de joint in mijn mond. 'En nu heel diep inhaleren,' zei ze. Nog steeds zocht ik naar de Merel die ik kende. De Merel die voor mij op zou komen en mij nooit iets zou laten doen wat ik niet wilde, maar waar ik ook zocht, ze was er niet meer. Ik ademde in. Te diep. Vieze rooklucht in mijn keel. Te verbouwereerd om meteen uit te ademen.

'Goed zo,' zei de persoon die voorheen Merel was en ze keek triomfantelijk naar Monica. 'Nu ben je braaf.'

De joint kwam op als een tornado die je in de verte ziet naderen, eentje die recht op je afkomt en waarvan je weet dat die alles gaat vernietigen. Instinctief voelde ik dat ik mezelf in veiligheid moest brengen. Moeizaam kwam ik overeind om naar mijn kamer te gaan. Het effect werd steeds duidelijker merkbaar. Mijn benen waren loodzwaar, mijn armen bungelden slap langs mijn lichaam alsof ze van iemand anders waren. Hoe kon ik de deur bereiken?

'Blijf nou gewoon zitten, gekkie,' zei Almar. 'Ontspan je nou eens een keertje.' Ik wilde geloven dat hij dat lief bedoelde.

'Ja, Lil,' zei Merel en ze trok me naar beneden. Ik kwam hard op de houten leuning van de bank terecht. Merel begon te gieren van het lachen.

'Wat gebeurt er?' vroeg Jelle.

'Lil... Lil...' Merel kon bijna niet meer uit haar woorden komen. 'Lil komt keihard met d'r kruis op het hout terecht.'

'Nee!' riep Kevin uit en hij begon voor de zoveelste keer te hinniken van de lach. Vrijwel meteen vielen de anderen hem bij.

Ook ik begon te lachen. Niet omdat ik het wilde, maar omdat ik geen enkele controle meer had over mezelf. Het lachen ging maar door en ging maar door, het deed pijn aan mijn kaken en in mijn buik. Ik probeerde te stoppen, maar het satanische 'hahaha'-geluid bleef maar opstijgen uit mijn keel en ik kon niet anders dan me eraan overgeven. Ik gooide mezelf op de grond en rolde over de houten planken, inmiddels jankend van de lach die geen lach was. Niemand had door wat er werkelijk aan de hand was, want iedereen lachte maar mee en lachte maar mee, totdat Itty van de bank opstond om te gaan kotsen.

'Zo,' zei Monica toen we allemaal wat bedaard waren. 'Wie wil er nog een slokje whisky?'

‘WAT WAS DAT ZIEK GRAPPIG,’ zei Kevin de volgende ochtend bij het ontbijt. Het liep al tegen twaalven en de eersten van ons druppelden met lijkbleke gezichten de ontbijtzaal binnen. Ik had nog urenlang liggen worstelen in mijn bed. Als ik mijn ogen opendeed, kwam de kamer op me af. Voorwerpen veranderden in levende wezens, bodems zakten onder me vandaan, het plafond kwam naar beneden om me te pletten. Deed ik mijn ogen dicht, dan verdwaalde ik in allerlei vreemde gedachten die naargeestige beelden opwekten en weer vervormden tot andere bizarre beelden totdat er een nieuwe gedachte opkwam. Pas in de vroege ochtend was het rustig genoeg in mijn hoofd geweest om in slaap te vallen.

‘Ik dacht dat ik erin zou blijven. Vooral toen jij...’ Kevin keek me aan. ‘Toen jij met je kruis...’

‘Ja, stop maar,’ zei ik.

‘Doet het nog pijn?’ vroeg hij. ‘Moet ik er anders een kusje op komen geven later vandaag?’

‘Dan maar liever de pijn,’ zei ik en ik lachte liefjes naar hem.

Kevin trok een dramatisch gezicht en deed alsof hij een pijl uit zijn hart trok.

‘Word jij nooit moe van jezelf?’ zei ik.

‘Op een dag word je wakker en besef je dat je heel veel van me houdt,’ zei hij.

‘Op die dag kun je nog heel lang wachten.’

Jelle zat met zijn hoofd in zijn handen lusteloos wat yoghurt naar binnen te werken. Itty was niet in staat om haar bed uit te komen. Ze was wakker geworden met een knallende hoofdpijn en had vanochtend alweer een paar keer overgegeven. Kennelijk had ze naast de joint ook behoorlijk wat gedronken, al kon ze zich het niet goed meer herinneren. Ik had beloofd om haar later een kopje thee te brengen.

Monica en Almar kwamen tegelijkertijd binnen en het contrast tussen twee mensen kon niet groter zijn. Zij zag er frisgewassen en chic uit in een beige jumpsuit. Haar haar strak naar achteren. Perfect aangebrachte oogmake-up. Alsof ze zo uit een catalogus kwam gewandeld. Almar leek helemaal niet geslapen te hebben. Alles in zijn gezicht hing naar beneden en ik vroeg me af of hij zich wel gedoucht had. Voor het eerst sinds ik hem kende, vond ik hem niet meer zo aantrekkelijk. Even schoot door me heen dat ze misschien wel samen hadden geslapen, maar die gedachte drukte ik snel weg. Bovendien: dan had Monica er toch ook wat vermoeider uit moeten zien?

De sfeer was meteen anders. Iedereen zat rechtop en luisterde aandachtig naar Monica die uitgebreid verslag deed van de avond ervoor.

‘En jij kunt er ook wat van, zeg,’ zei Monica tegen mij. ‘Eerst zeggen dat je niet wilt en dan maar blijven pakken.’ Ze knipoogde overdreven. Het leek meer voor de anderen dan voor mij bedoeld.

'Als de remmen eindelijk losgaan bij Liliane, is er geen houden aan,' zei Kevin. 'Rrr, tijger.' Hij maakte een klauwend gebaar.

Ik glimlachte flauwtjes. 'Zo leuk was het ook weer niet.'

'Eerst onze hele joint oproken en dan gaan klagen,' zei Monica op een zogenaamd grappige toon. 'Jaja, zo ken ik er nog wel een paar.'

Jelle en Kevin grijnsden op zo'n joviale jongens-onder-elkaarmanier. Almar had inmiddels een voorzichtige slok van zijn koffie genomen en staarde met een gepijnigd gezicht uit het raam, Merel smeerde boter op haar croissant.

'Het was natuurlijk niet mijn eigen keuze...' zei ik voorzichtig.

'En jij dan, Jelle,' praatte Monica eroverheen. 'Je hebt de hele avond met die godslelijke beddensprei om je hoofd gezeten. Hoezo dan?' Ze schaterde het uit en Jelle keek verheugd alsof hij zojuist een sticker van de juffrouw had gekregen.

Ik voelde dat mijn gezicht in een bepaalde uitdrukking was blijven steken. Wenkbrauwen gefronst. Strakke, op elkaar geperste lippen. Een gespannen kaak. Starre ogen. Ik moest voor mezelf opkomen. Grenzen waren al overschreden en het gebied dat ik nog bezette werd steeds kleiner. Als ik ook dit over mijn kant zou laten gaan, zou ik in een gevaarlijk niemandsland terechtkomen.

Maar ik zat nog steeds als bevroren op de stoel en staarde wezenloos voor me uit.

'Ben je er nog, Lil?' vroeg Merel en ze knipte met haar vingers voor mijn gezicht.

'Ik ben hartstikke moe,' zei ik. Mijn stem klonk vaag en van heel ver weg. ‘Zie jullie later, ja?’ Mijn lichaam stond op en liep de eetzaal uit.

‘Later,’ zei Merel.

Verder zei niemand iets.

'HOE GAAT HET, MI VIDA?'

'Echt hartstikke goed. Alles is heel leuk.'

'Je stem klinkt anders een beetje mat.'

'Ja, sorry hoor, ik ben gewoon een beetje moe en heb niet zoveel te vertellen.'

'Oké... fijn om te horen dat alles goed gaat,' zei mijn moeder, maar ik hoorde de teleurstelling. Altijd nam ik me voor om meer te vertellen, om een leuke geanimeerde dochter voor haar te zijn, maar zodra ik haar stem hoorde was het of alle energie uit me werd gezogen. 'Eten jullie een beetje lekker?'

'Wel oké. Het verse fruit is al een tijdje op, dus alles komt nu uit blik of uit de diepvries.'

'Laat Paola je een beetje met rust?'

'Die belt bijna elke dag.'

Mijn moeder begon te lachen. 'Ze heeft mij ook al een paar keer gebeld.'

Ik lachte met haar mee. 'Ze maakt zich veel te druk.'

'Ik ken haar niet anders.' Daarna viel er een stilte. 'Goed dan,' zei mijn moeder. 'Fijn om je gehoord te hebben. Ik hou van je.'

'Ik ook van jou, mama,' zei ik obligaat.

Ze hing op en onverwacht sprongen de tranen me in de ogen. Waarom had mijn moeder het nooit door als het niet goed met me ging en ik haar nodig had? Ik snapte heus wel dat ik haar weinig ruimte gaf, maar was het niet haar taak om overal doorheen te prikken?

NU

BIJ EB ZOU IK ER BIJNA naartoe kunnen lopen. Toch ben ik nooit terug geweest op Ameland. We zeiden vroeger al tegen elkaar dat op de boot het eilandgevoel begon en ook nu is dat zo. Gezeten op het bovendek zie ik hoe de wal, en alles wat me daar verzwaart, langzaam uit het zicht verdwijnt. In het kleine uur varen naar Ameland voel ik me rustiger worden. Zachter.

Het huis van Itty's ouders ligt aan de rand van Nes, het eerste dorpje na de veerpont. Achter hun huis is een enorm weiland dat overloopt in een bos, waar Itty tegenwoordig in een joert woont.

Kennelijk hebben Harm en Froukje de scheepstoeter gehoord van de Oerd en zijn ze naar buiten gegaan om me te begroeten. Het is zacht voorjaarsweer en ze dragen beiden een bermuda met klompen eronder. Ze zijn flink grijs geworden; Harms haar is zelfs bijna helemaal wit. Maar los daarvan zou je niet zeggen dat ze de zeventig naderen. Hun huid heeft de tint van mensen die veel buiten zijn en hun benen ogen gespierd.

In mijn studietijd kwam ik vaak in de weekenden met Itty mee. Ik kan me geen diepe gesprekken herinneren; Harm en

Froukje hadden het altijd druk en anders waren ze zwijgzaam op een vriendelijke manier. Soms vroeg ik me af of ze zelfs wel doorhadden dat ik er was. Grappig genoeg vond ik dat juist prettig. Mijn moeder zat altijd boven op me als ik haar bezocht; at ik wel genoeg, sliep ik wel goed, hoe ging het met mijn studie? Vervolgens leek ze nooit echt geïnteresseerd in de antwoorden. Alsof ze zich na mijn vertrek had voorgenomen eindelijk een betere moeder te zijn.

Ik loop het pad op, een beetje onzeker over welke houding ik me moet geven, maar Froukje slaat haar armen om me heen en drukt me tegen zich aan. Als ze loslaat, zie ik dat ze geëmotioneerd is. Ook Harm geeft me een onhandige knuffel. Kennelijk betekent mijn bezoek iets wat ik me niet heb gerealiseerd. Kennelijk beteken ík iets voor hen.

'Ach, lieverd,' zegt Froukje met de kenmerkende dikke 'l' van alle Friezen. 'We zijn zo blij je weer te zien. En Itty *ek*.' Harm slaat zijn arm om haar heen. 'We vonden het allemaal *sa* erg. Ik weet gewoon niet wat ik tegen je moet *sizze*.'

'Het is oké,' zeg ik.

'Ga maar gauw *nei* Itty *ta*. Ze wacht op je,' zegt Harm. 'We zien je bij het avondeten.'

'Ik weet niet of ik zolang blijf,' zeg ik.

'Natuurlijk blijf je zolang,' zegt Froukje. 'Ik heb speciaal voor je gekookt en Itty's ouwe bed voor je *makke*.'

Nog voor ik kan protesteren zegt Harm streng: 'En waag het eens om nee te zeggen.'

Ik moet lachen en Froukje zegt: '*Sa* doen we dat op Ameland.'

Het pad naar de joert loopt dwars door een met een hek afgescheiden gebied. Halverwege komt het geluid van een handpan me al tegemoet. Ondanks de beladen aard van dit bezoek word ik er meteen een beetje melig van. Ik heb inmiddels niet alleen Itty's Instagram, maar ook haar website uitgebreid bestudeerd. Daarnaast hebben Merel en Jelle me gewaarschuwd dat ze 'nogal de kluts kwijt is'.

Net als vroeger houden de Piebenga's pony's en een paar schapen. Ik aai even een kleine Shetlander die me nieuwsgierig tegemoetkomt. Hij heeft vochtige bruine ogen en een warme snuit, en ik herinner me hoe fijn ik het hier altijd vond. 'Hallo kleine vriend,' zeg ik zachtjes tegen hem. Hij schuurt met zijn hoofd langs mijn lichaam en duwt me zelfs even uit balans. 'Wil je dat ik je kriebel?' vraag ik en ik krab hem over de rand van zijn manen. Tevreden laat hij het zich welgevallen. Daarna loopt hij helemaal tot aan het hek met me mee.

De deur van de joert staat open. Mijn ogen moeten even wennen aan het donker, maar dan zie ik Itty op een wollen kleed op de grond zitten.

Ze stopt met spelen en kijkt op. 'Ik dacht, ik doe even een welkomstmuziekje,' zegt ze. 'Dan kun je alvast een beetje in de sfeer komen.'

'Dat is lief, dank je wel.'

Ze gaat staan. Het wijde kaftanachtige gewaad dat ze draagt verbergt niet dat ze nog voller is geworden dan vroeger. 'Hoe begroeten we elkaar?' vraagt ze dan. 'Wat voelt goed voor jou?'

Net als bij Merel duurt het even voordat ik mijn oude vriendin herken in deze vrouw met dreadlocks, die kunstig op haar hoofd tot een soort knot zijn geknoopt. 'Wat dacht je van een namasté?' Ik weet niet of ik het kan maken om dit grapje te maken, maar het schiet er zomaar uit.

Geamuseerd zet ze haar handen tegen elkaar aan ter hoogte van haar hart. 'Namasté,' zegt ze dan.

Ik maak hetzelfde gebaar en antwoord plechtig, alsof ik meedoe aan een toneelstuk: 'Namasté.'

Haar ruimte bestaat uit een bed met daarboven een enorme dromenvanger, een kleine rode kast met een Mongoolse beschildering, een houtkacheltje, enkele kleden en schapenvachten op de grond en diverse instrumenten.

'We kunnen straks samen muziek maken als je dat leuk vindt,' zegt Itty als ze mijn blik volgt. Ze gebaart me om op het kleed te gaan zitten en doet dat zelf ook. 'Je had vroeger een heel serieuze kant, maar je kon ook heel spontaan zijn,' zegt Itty. 'Dat spontane voelt voor mij als wie je werkelijk bent. De rest lijkt aangeleerd.'

'Zou kunnen,' zeg ik.

'Dat speelse, daarin vonden wij elkaar. We waren soms net twee puppy's.' Ze pakt de handpan er weer bij en maakt zachtjes muziek, terwijl ze verder praat. 'Maar dat hebben we verloren daar in de Pyreneeën. Ik heb moeten stoppen met zoeken om het weer terug te vinden. En jij? Speel jij nog?'

Ik weet niet zo goed wat ik moet antwoorden.

'Ik zie het al,' gaat ze op zangerige toon verder, terwijl ze zichzelf nog steeds muzikaal begeleidt. Het is een van de bizarste gesprekken die ik ooit heb gevoerd, maar op de een of andere manier werkt het. 'Jij draagt het allemaal nog bij je. De schaamte. De pijn. De spijt. De wrok.' Ze laat het klinken als een gedicht en ik vraag me af of ze stoned is. 'Je hoeft dat niet meer te doen, je zou het zelfs allemaal van je af kunnen laten glijden. Als je er maar naar durft te kijken. Het grote geheel. Zonder oordeel. Dan zou je zien dat alles wat je draagt niet van jou is. Niet van mij. Van niemand. Durf je dat, Liliane?'

Even lijkt het of ze me heeft gehypnotiseerd, maar dan kom ik bij zinnen. 'Genoeg met de handpan,' zeg ik.

'Oké.' Ze legt hem opzij. 'Koffie? Thee?'

'Doe maar thee.'

Ze gaat staan en zet een pannetje water op de houtkachel. 'Wat wil je? Bright Mood? Maca Chai? Relax? Zeg het maar.'

'Eh... geen idee. Doe maar wat.'

Ze haalt de thee uit het zakje, kijkt op het labeltje en zegt: '*Compassion has no limit. Kindness has no enemy.*' Ze denkt even na. 'Zou kunnen.' Dan hangt ze het zakje in de theepot en wacht tot het water kookt.

'Woon je hier al lang?' vraag ik.

'Een jaar of tien. Eerst heb ik een aantal jaar door India gereisd en op verschillende ashrams gewoond. Daarna ging ik naar de Amazone om te leren over plantmedicijnen.'

'En ik maar denken dat jij altijd zo nuchter was.'

'Spiritualiteit is verbazingwekkend nuchter,' zegt Itty. Inmiddels kookt het water en ze schenkt het over in de theepot. 'Je gaat juist terug naar de basis. De kern van dingen. De rest is allemaal bullshit.' Ze zet de theepot op een laag houten tafeltje tussen ons in, samen met twee mokken waarvan ik niet uitsluit dat ze die zelf gekleid heeft. 'Almar,' zegt ze dan. 'Hij trok alles naar binnen, totdat het te groot werd om te dragen.'

Ik had niet verwacht dat ze meteen over hem zou beginnen. Het noemen van zijn naam voelt als een kaakslag.

Itty geeft me de handpan aan. 'Probeer maar.'

'Ik heb nog nooit zo'n ding bespeeld.'

'Dat is het mooie. Wat je ook doet, het klinkt altijd goed. Gebruik je fantasie.'

Om er maar vanaf te zijn geef ik twee tikjes op de zijkant.

'Zie je nou wel?' Itty pakt er een trommel bij waarop een nogal boos kijkende wolvenkop is geschilderd. 'Jij leidt. Ik volg je wel,' zegt ze.

Ik wil niet flauw doen. Bovendien vraag ik me af of er nog wel normaal te praten is met Itty; misschien is dit wel de enige manier. Ik sla een paar keer op de handpan en Itty heeft gelijk, het klinkt eigenlijk al best goed. Al snel ontstaat er een soort ritme, waarin Itty en ik als eb en vloed naar elkaar toe bewegen en van elkaar verwijderen. Behalve de verplichte blokfluitles op de lagere school in Leeuwarden heb ik nooit een instrument bespeeld, maar ik merk dat ik het leuk vind. Mijn handen bewegen steeds makkelijker en trefzekerder over de pan, zonder dat ik er ook maar een moment over na hoef te denken. De vibraties bezorgen me een warm gevoel in mijn buik en het voelt alsof ik steviger op de grond zit. Het voelt alsof ik dit uren zou kunnen doen.

Zonder het af te spreken beginnen we langzamer en zachter te spelen. Itty gebruikt op een gegeven moment alleen nog maar haar vingers, alsof ze de wolf zachtjes aan het kietelen is. Ook ik speel met vederlichte bewegingen.

'Almar,' begint Itty weer alsof ze een spokenwordoptreden doet, 'vertrouwde zichzelf niet meer. Zelfs niet bij zijn eigen kind. De droefheid, de grote droefheid... Te groot, te veel; de anderen konden niet meer bij hem komen, maar ook hijzelf raakte de weg kwijt in een groot donker bos met een wind die nare dingen fluisterde.' Dan knikt ze naar mij.

'Ehm...'

'Begin gewoon met praten,' zegt Itty. 'Toe maar.' Ze sluit haar ogen alsof ze helemaal opgaat in de muziek. 'Almar... Jij bent.'

Ik doe maar gewoon wat ze zegt. 'Hij heeft zijn excuses aangeboden,' zeg ik op zakelijke toon. Omdat dat niet samengaat met de muziek, doe ik een poging om het vloeiender te laten klinken: 'Hij wilde met me praten, maar ik niet met hem en... Dit is belachelijk.'

'Je doet het goed,' zegt Itty, nog steeds met gesloten ogen. 'Gewoon doorgaan.'

'Natuurlijk wil ik hem wel vergeven zodat alles weer is zoals het was, maar er is geen weg meer terug. Gebeurd is gebeurd en wat hebben excuses dan voor zin?'

'Ga door,' zegt Itty.

'Wat doe je als je het verleden niet kunt uitwissen, als je intens verlangt naar de persoon die je was van voor die tijd, al kun je je niet eens meer herinneren wie dat is? Wat doe je als je maar niet verder komt, als je hele leven een loopband is en je denkt dat je beweegt, maar je nog steeds op dezelfde plek bent terwijl alles om je heen maar doorgaat?'

Zonder te overleggen hebben we het tempo verhoogd, ik ram op de handpan, Itty vermoordt de wolf bijna en ik schreeuw: 'Ik wil iemand zijn, maar ik weet niet wie en al helemaal niet hoe en ik ben zo fokking eenzaam dat zelfs de maaltijdbezorger ervan moet huilen en ik wil eruit, ik wil eruit, ik wil eruit!'

Alsof we het hebben afgesproken, houden we op precies hetzelfde moment op met spelen.

‘*Moai dien,*’ zegt Itty. ‘Dát is nou de kracht van muziek. Kom, we gaan een stukje wandelen.’

We lopen door het bos. ‘Weet je nog dat we hier in het donker naartoe gingen om reeën te zoeken? Dan lagen we op onze buik te wachten tot er een zou komen,’ zegt Itty.

‘We hebben er maar één keer een gezien. Overdag op de fiets naar het strand.’

Itty begint te lachen. ‘Zo zie je maar, je vindt de meeste dingen door niet te zoeken.’

We schrikken allebei als er een vogel onverwacht uit het struikgewas opvliegt. Ik slaak zelfs een klein gilletje. Daarna beginnen we te giechelen alsof we weer twintig zijn.

‘Misschien een gekke vraag, hè It,’ zeg ik zo langs mijn neus weg. ‘Maar ben ik die nacht nog van mijn kamer af geweest?’

‘Hoe bedoel je?’ vraagt ze.

‘Hebben jullie al die tijd voor mijn kamerdeur gezeten? De hele nacht?’

‘We wilden je geen seconde alleen laten,’ zegt ze. ‘Hoezo?’

‘Almar dacht dat ik misschien iets met de dood van Monica te maken had.’

‘Wát?’ Itty kijkt me fel aan. ‘Wat een *ûnsin*! Hoe komt hij daarbij?’

‘Geen idee. Hij had een mindmap gemaakt en mijn naam was rood omcirkeld.’

‘Hoe bestaat het dat jij Almar nog steeds als een soort heilige blijft zien, terwijl hij de bron is van alle ellende?’

Opeens raak ik geïrriteerd. ‘Hoe zit het eigenlijk met jou? Heb jij weleens naar je eigen rol gekeken?’

'Jazeker,' zegt ze. 'Dat heb ik gedaan. Ik voelde me gekwetst en in de steek gelaten. Daarom was ik ook zo ontvankelijk voor Monica.'

Ik blijf staan. 'In de steek gelaten?' roep ik uit. 'Jíj bent niet in de steek gelaten.'

'Jawel,' zegt Itty, terwijl ze tegenover me gaat staan, zodat ik niet verder kan lopen, al zou ik het willen. Opeens krijgt ze iets agressiefs over zich. Weg is het handpanvrouwtje. 'Moet ik het voor je uitspellen?' En omdat ik haar nog steeds verbijsterd aankijk, zegt ze: 'Dacht je dat we het niet doorhadden in huis? Die heimelijke blikken tussen jullie, dat stiekeme gefoezel.'

Ik weet niet wat ik moet zeggen.

'Vaak als ik tegen je praatte hoorde je me niet eens, omdat je met zo'n wazige blik naar hem zat te staren. Zelfs als hij er niet was zat je in je hoofd naar hem te staren. Je had jezelf helemaal verloren. En waarvoor? Almar zag helemaal niets in jou. Hij vond het wel grappig, zo'n meisje dat verrukt om hem heen draalde en deed alsof elk woord dat uit zijn mond kwam een boodschap van God was.'

'Almar...' begin ik, maar ik kom er niet tussen.

'Maar toen kwam Monica, hè. Monica knipperde drie keer met haar ogen, draaide wat met dat magere *kontsje* van d'r, en weg was Almar. Op naar de volgende. Tja. Die had je even niet zien aankomen.' Ze kijkt me aan met felle ogen en opeens zie ik overeenkomsten tussen haar en de wolf op haar trommel.

'Jij bent echt helemaal gestoord.' Ik draai me om en begin te rennen. Ze doet niet eens een poging om achter me aan te komen. Pas als ik in het dorp ben aangekomen, ga ik langzamer lopen. In mijn hoofd ga ik de mogelijkheden na. Mijn tas met spullen staat nog in de joert, maar gelukkig heb ik mijn telefoon met het kaartje voor de veerpont op zak.

Het is rustig in de hoofdstraat. Een enkele toerist snuffelt wat in de rekken met mokken met zeehondjes erop, diverse sleutelhangers en schapenwollen pantoffels. Bij eetcafé De Herberg besluit ik op het terras te gaan zitten om iets te eten. Sinds de koffie met appeltaart op de boot vanochtend heb ik helemaal niets meer gegeten. Ook wat dat betreft is Itty een waardeloze gastvrouw.

De lunch wordt niet meer geserveerd en het is nog te vroeg voor het diner, dus ik ben wéér aangewezen op koffie met appeltaart. Je zou bijna denken dat ik jarig ben. Terwijl ik kijk naar jonge gezinnen die hun kinderen met een enorme hoeveelheid felgekleurd plastic in bolderkarren voorttrekken en zestigers op elektrische fietsen, probeer ik te begrijpen wat me in vredesnaam is overkomen. Eerst de hocus pocus in de joert en daarna de frontale aanval. Wat denkt Itty wel niet?

De zon is achter de wolken verdwenen en ik realiseer me dat ik ook mijn jas bij Itty heb laten liggen. Ik zal al mijn pasjes moeten laten blokkeren en nieuwe moeten aanvragen. Hopelijk kan ik hier op Ameland met mijn telefoon betalen.

'Lili?' Ik heb Harm niet aan zien komen lopen, dus ik kijk er nogal van op dat hij ineens voor me staat. 'Mag ik bij je komen zitten?'

Ik maak een vage hoofdbeweging die als een instemming opgevat zou kunnen worden.

'Itty kan wat... heftig zijn,' zegt Harm. 'Zo was ze vroeger niet, althans niet in die mate, maar sinds jullie ervaring in Spanje is ze minder goed in staat zichzelf te reguleren.' Hij gebruikt een toon die hij ongetwijfeld vaak heeft gebruikt toen hij nog dierenarts was. Helder, instructief. ‘Ze wilde heel graag haar kant van het verhaal kwijt, maar ze had het niet op deze manier moeten doen.’

‘Ze is bijna veertig, hè,’ zeg ik. ‘Is dat niet een beetje te oud om je vader te sturen?’

‘Jij wilde iets uit dit bezoek halen,’ gaat hij onverstoorbaar verder. ‘Heb je dat gekregen?’

‘Lijkt me niet,’ zeg ik als een bokkig kind.

‘Mag ik vragen wat je zocht? En dat kan alles zijn, hè. Vriendschap, wraak, antwoorden...’

‘Volgens Itty vind je alleen maar de antwoorden als je stopt met zoeken.’

‘Itty heeft háár manier om met de dingen om te gaan. Jij hebt de jouwe.’ Geduldig kijkt hij me aan. Even voel ik de irreële hoop dat Harm misschien mijn vader is. Het is kinderachtig, ik weet het, maar nog steeds overkomt het me weleens. Vroeger voelde ik het bij iedere man die me aardig leek. Ik heb zelfs ooit aan de vader van een vriendin van de middelbare school gevraagd of hij in zijn jonge jaren weleens in Malgrat de Mar was geweest.

‘Wat was voor jou een bevredigende uitkomst geweest?’ vraagt Harm, nog steeds met die geduldige intonatie.

‘Ik wil in het reine komen met het verleden. Maar geen flauw idee hoe. Misschien als ik beter begrijp wat er is gebeurd...’

Hij knikt begrijpend.

‘Wat heeft Itty je verteld over die nacht?’ vraag ik dan.

‘Dit zul je toch zelf met Itty moeten bespreken. Wanneer je eraan toe bent.’ Hij schudt me de hand. ‘Je bent altijd welkom hier. Dat weet je.’

‘Gebeft,’ zei ik toen maar. Mijn stem was nauwelijks hoorbaar.

‘Ik hoor je niet,’ zei Monica.

Ik wenste dat ik me niet zo schaamde en schraapte mijn keel. ‘Gebeft.’

‘Oké,’ zei Monica. ‘Horen jullie dat, jongens? Onthoud deze informatie. Nu mag jij iemand uitdagen. Wacht… eerst een shotje.’

‘Itty,’ zei ik, ‘truth or dare?’

‘Truth.’

Ik probeerde me te vermannen. Als dit de manier was waarop het spelletje gespeeld zou worden, dan kende ik er ook nog wel een paar. ‘Heb jij weleens met een meisje gezoend?’

Het bleef stil aan de overkant.

‘Ittieeeeeee,’ zei Kevin. ‘Vertel het nou maar…’

‘Ja,’ zei Itty toen. ‘Op de middelbare school. Met mijn beste vriendin die me daarna nooit meer heeft aangekeken en het aan het hele eiland heeft verteld, dus dat was meteen de laatste keer.’

‘Ben je lesbisch dan?’ vroeg Jelle.

‘Natuurlijk niet,’ zei Itty.

‘Dat zeg je net iets te snel, vind je niet?’ zei Kevin. ‘Weet je zeker dat daar toch niet een kleine geheime fantasie ligt?’

Meteen had ik spijt van mijn vraag. Waarom had ik me zo mee laten slepen?

‘Het spel wordt pas leuk als je een beetje over je grenzen gaat,’ zei Monica. ‘Dus vertel maar.’

Itty deed haar mond open. Haalde diep adem. Ik zag dat ze zichzelf aan het pijnigen was.

‘Het maakt niet uit,’ zei ik. ‘Volgende.’

Shotjes werden gedronken. En daar gingen we weer.

We kwamen erachter dat Kevin weleens midden in de kroeg

in zijn broek had gepist toen hij dronken was en dat Merel vroeger oogschaduw stal uit de HEMA. Monica moest Kevin op zijn mond kussen, Itty moest mij op mijn mond kussen, wat ze met zichtbaar ongemak deed, en Almar had weleens gemasturbeerd in de wc van een vliegtuig. De sfeer was inmiddels zo grillig als een kudde wilde paarden in een onweersbui.

'Almar,' zei Monica. 'Truth or dare?'

'Truth,' zei hij.

'Hebben jij en Liliane ooit iets met elkaar gedaan? Zoenen telt ook.'

Ik voelde mijn hart bonzen in mijn keel.

'Nee,' zei Almar snel en stellig. Als een volleerd leugenaar, schoot door me heen. Een gedachte waarvan ik schrok.

'Daar geloof ik helemaal niets van,' zei Monica.

'O, ik zou wel willen, daar niet van,' zei Almar. 'Beffen was de voorkeur, toch?' Het was verbazingwekkend hoe nonchalant het zijn mond uit kwam. Iedereen begon te lachen.

'Geef mij maar blond,' zei Jelle en hij wierp een dronken blik op Monica.

Op dat moment was ik er klaar mee. Waar sloeg dit spel op, wat voor doel had het behalve de anderen te vernederen? Mijn oog viel op de Kolonisten van Catan-doos die al die weken ongebruikt op tafel stond.

Als ik niet zoveel had gedronken, dan had ik me ingehouden. Dan had ik mijn boosheid niet de overhand laten nemen. Maar mijn remmen deden het niet meer en mijn gezond verstand evenmin. Ik ging rechtop zitten en maakte me klaar voor de aanval.

'Monica,' zei ik met een vertraging in mijn uitspraak die ik in nuchtere toestand niet had. 'Truth or dare.'

'Dare,' zei ze.

'Ga een volle minuut alleen in de vriescel staan.'

Monica huiverde. 'O nee, dat durf ik echt niet.'

'Je moet.' Ondanks het schaarse licht lukte het me om haar strak aan te kijken. Deze keer was ik niet van plan om toe te geven.

'Waarom zou je mij dat aan willen doen?' vroeg ze met een opvallend heldere stem voor iemand die net als de rest meer dan tien shotjes had gedronken. 'Je weet dat ik claustrofobie heb. Dat is toch gemeen?'

'Dat is het hele spel, toch?' zei ik liefjes.

'Lil...' zei Kevin.

'Je gaat een beetje ver, ouwe,' zei Jelle. Itty en Merel hingen lodderig tegen elkaar aan en zeiden niets, maar hadden allebei wel opeens een soort alertheid over zich.

Ook Almar keek mij van opzij aan. Hij fronste even zijn wenkbrauwen alsof hij wilde zeggen: 'Niet doen.'

Pas toen lukte het om mezelf terug te brengen. 'Oké, dat was flauw. Doe dan maar twee adjes.'

Monica keek me strak aan. 'Nee, gezegd is gezegd. Ik ga in die cel staan.'

'Laat maar,' zei ik, terwijl ik me er meer dan ooit van bewust was dat ik de sympathie van mijn huisgenoten aan het verliezen was.

'Jij wilt per se dat ik in die vriescel ga staan, dus dan gá ik in die vriescel staan.' Ze stond op van de bank. 'Kom.'

Toen ik ook ging staan, realiseerde ik me pas hoe dronken ik was. Ik moest me zelfs aan Almar vastgrijpen om niet terug op de bank te vallen. 'Sjezus, Lil,' zei hij, maar ik merkte dat ook hij onvast op zijn benen stond. Itty en Merel moesten zich zelfs aan elkaar vasthouden om vooruit te komen. 'Ik geloof niet dat ik ooit zoveel heb gedronken,' bracht Itty uit.

We waggelden achter elkaar aan naar de keuken. De felle verlichting maakte onze gezichten bleek en ons oogwit troebel. Nog steeds leek Monica nergens last van te hebben. Ze liep fier door de ruimte, alsof ze op weg was naar haar kroning.

'Open de vriescel,' beval ze toen we voor de roestvrijstalen deur stonden.

'Het was maar een grapje,' zei ik.

Monica opende zelf de deur en stapte naar binnen. Koude lucht sloeg ons in het gezicht. 'Ik ga wel met je mee,' stelde ik voor. 'Dan hoef je er niet in je eentje te staan en dan is de tijd zo om.'

'Alleen was de opdracht, toch?' Ze sloeg de deur achter zich dicht.

Mijn huisgenoten en ik keken elkaar vertwijfeld aan. 'Fuck,' zei Kevin. 'Ik hoop maar dat ze oké is.'

'Dit vraag je toch niet aan iemand die een fobie heeft?' zei Jelle bozig tegen mij. 'Ik vind het echt niet kunnen.'

Ik wilde mezelf verdedigen, maar wist niet waar ik moest beginnen.

'Dit is wel genoeg zo. Straks is ze helemaal overstuur,' zei Kevin en hij rukte de deur open. 'Ben je oké?'

Monica stapte naar buiten met een wolkje vrieslucht om zich heen. Haar tepels prikten prominent door haar dunne bloesje. 'Dat was heel koud,' zei ze. Meteen sloeg Jelle zijn armen beschermend om haar heen.

‘Gaat het?’ vroeg Merel bezorgd. ‘Je lijkt zo... kalm.’

‘Ik vond het doodeng. Maar als ik eenmaal ga, dan ga ik. Zo ben ik gewoon.’

Mijn huisgenoten keken alsof ze met Jeanne d’Arc zelf te maken hadden.

‘Ik vind het heel dapper,’ zei ik. Mijn stem klonk slijmerig en onoprecht.

‘Liegbeest,’ zei Jelle.

‘Liliane...’ zei Monica. ‘Jouw beurt. Truth or dare?’

‘Zullen we stoppen?’ vroeg ik. ‘De hele keuken draait en ik ben kapot moe.’

‘Niet flauw doen nu,’ zei Jelle. ‘Als Monica voor jou in de vriescel stapt, dan kun jij heus nog wel een rondje doen.’

‘Kom op,’ zei Merel.

‘Dit is je volgende opdracht: laat je borsten zien,’ zei Monica en ze keek me triomfantelijk aan. ‘Ik heb begrepen dat je behoorlijk wat verbergt onder die wijde truien van je.’

‘Kijk, nu wordt het leuk,’ zei Kevin.

‘Ik ga naar bed,’ antwoordde ik.

‘Je kunt niet eerst mij mijn ergste nachtmerrie laten beleven en daarna zelf afhaken. Dus omhoog met die trui,’ zei Monica.

‘Kom op, Lil,’ zei Itty.

‘Itty is lesbisch, dus die wil wel,’ zei Jelle.

Ik zag Itty naar de grond kijken en wilde al voor haar opkomen, maar Merel was me voor en zei: ‘Ik wil die tieten ook wel zien.’ Ze sprak met dubbele tong en was nauwelijks verstaanbaar. Ik wilde haar door elkaar schudden. Waar was ze mee bezig? Wiens vriendin was ze?

‘Schiet op,’ zei Monica. ‘Anders komt er nog een opdracht bij.

En geloof me dat die nog een stapje verder zal gaan.'

Ik overwoog om gewoon weg te lopen, maar ik vreesde dat dat verkeerd opgevat zou worden. Zoals alles wat ik deed of zei de laatste tijd. Snel trok ik de onderkant van mijn trui omhoog tot voor mijn gezicht zodat iedereen mijn borsten kon zien en deed hem weer naar beneden.

'We willen je tieten zien,' zei Monica. 'Dus nu opnieuw en dan graag zonder beha.'

Er viel een gespannen stilte. Ik vroeg me af waarom niemand voor mij opkwam. De vogel begon nerveus te fladderen, diep vanbinnen, hoog tussen mijn ribben.

'Dat hoeft toch niet?' zei Almar toen. 'Ik bedoel... dat gaat wat ver.'

Ik haalde opgelucht adem en wilde hem bedanken, maar hij keek niet eens mijn kant op.

Monica barstte in lachen uit. 'Ik zat je maar te dollen. Natuurlijk hoeft het niet.'

WAS IEDEREEN ANDERS GEWORDEN of was ik anders? In de kelder had ik een paar sneeuwschoenen in mijn maat gevonden, van die dingen met tennisrackets eronder. Ik besloot om naar buiten te gaan om mijn hoofd leeg te maken. Tussen de met sneeuw bedekte bomen en het riviertje in het dal waar nog steeds water dapper doorheen stroomde – de vraag was voor hoelang nog – probeerde ik tot rust te komen. Het wit deed pijn aan mijn ogen en de kleinste geluiden leken intenser tot mijn hersenen door te dringen.

Ik stak de brug over en wandelde verder, over waar het wandelpad zou moeten zijn. Bij elke stap moest ik mijn voet hoog optillen, wat het heel vermoeiend maakte.

De zon verdween achter de wolken en onmiddellijk was het te koud om nog buiten te zijn. Opeens verlangde ik heel erg naar huis. Niet naar het Zwolse huis, maar naar de hoekwoning aan het Fioringras, waar het altijd naar knoflook en uien rook. Om die reden nam ik liever geen vriendinnen mee, maar speelde ik buiten onder het viaduct bij het Van Harinxmakanaal. Hier werden illegale crosswedstrijden gehouden, eerste sigaretten gerookt en werd heimelijk gekust. Het was een rauwe omgeving waarin je je alleen staande kon houden door de grootste bek te hebben en de hardste vuisten. Ook al was je een meisje. Wat had ik daar gezocht? Waarom had ik zo mijn best gedaan om bij mensen te horen bij wie ik niet hoorde?

Maar dit waren mijn huisgenoten. Mijn vrienden. De mensen bij wie ik me tot voor kort veilig en geliefd voelde. Aan de kleine kuiltjes die in de sneeuw verschenen, merkte ik dat ik was gaan huilen.

Plotseling werd mijn aandacht getrokken door iets vaalroods. Een afwijkende kleur te midden van een witte wereld. Een paar meter verderop kwam een vos nietsvermoedend uit het besneeuwde struikgewas lopen om te drinken. Ik wist dat ze veel voorkwamen in dit gebied en had hun kreten weleens gehoord: een lelijk schel gekrijs. Alsof er iemand werd vermoord. Nog nooit had ik er een in het echt gezien.

De vos zag mij nu ook. Hij was werkelijk prachtig met zijn glanzende vacht en dikke pluizige staart. Een paar seconden lang bleef hij me met zijn amberkleurige ogen roerloos aankijken, alsof hij net zo verbaasd was als ik. Kleine wolkjes kwamen uit zijn spitse snuit.

Ik durfde bijna niet te ademen, bang om de betovering te verbreken.

Nog steeds liet het dier zijn ogen vol verwondering op mij rusten. Alsof hij óók dacht: ik wist dat ze hier voorkwamen, mensen, maar nu zie ik er dan eindelijk een in het echt.

De gedachte deed me glimlachen. De vos boog voorover, nam een paar slokken ijskoud water, volgde nog een paar meter het riviertje en verdween toen op een drafje tussen de bosjes. Heel even had ik me niet zo alleen gevoeld. Alsof de natuur me had willen vertellen: geen zorgen, er is meer dan wat zich binnen de muren van El Refugio afspeelt.

NU

'JE WAS VROEGER ZO MOOI,' zegt Jelle. 'Je maakte je altijd zo druk over je huid en je lengte en als ik een foto van je probeerde te maken, keek je meteen weg. Of je trok een raar gezicht. Daarom maakte ik ze maar wanneer je het niet doorhad.'

Ik vind het moeilijk om naar mijn foto's van die winter te kijken, omdat ik er allerlei dingen in zie die ik toen nog niet kon weten. Maar als ik ze wat verder van me afhoud en vergeet dat ik het ben, zie ik gewoon een jonge vrouw, een beetje dromerig, een beetje puisterig, met een wat voller gezicht dan ik nu heb. Ze heeft de schoonheid die bijna alle jonge vrouwen hebben; een mengeling van onschuld, nieuwsgierigheid en tegelijkertijd iets ongelofelijk zinnelijks.

Dan merk ik dat Jelle mij zit te bestuderen. Hij heeft me gebeld om te vragen of ik de foto's wil zien. Beter als Merel dit niet weet, zei hij er nog bij. Hij heeft voorgesteld om bij mij thuis af te spreken, maar voor geen goud geef ik mijn adres. Wat als het een valstrik is? Nu zit ik tegenover hem in het café van boekhandel Van der Velde in Zwolle dat gevestigd is in een vijftiendeeeuwse kerk. De combinatie van de boeken en een zweempje godsdienst geeft me een veilig gevoel.

'Wat vind je ervan?' vraagt hij bijna verlegen. Misschien heeft hij nog steeds de hoop om door te breken als fotograaf, al zit hij nu toch zeker al vijftien jaar in de verzekeringswereld. Weg is de glans die hij vroeger had. Tegenover me zit een doorsneeman in een poloshirt.

'Geen idee dat je mij al die tijd stiekem zat te begluren. Ik dacht dat je alleen maar oog voor Monica had.'

'Had ik ook,' zegt Jelle. 'Ik was totaal verblind, hoteldebotel op haar. Maar ik zag jou ook nog wel staan.'

'Waarom haatte ze me zo?'

'Dat begrijp je toch wel?'

'Nee, natuurlijk niet.'

'Je geloofde haar niet. Na alles wat zij had meegemaakt. Dat stak haar enorm.'

'Zou kunnen. Toch voelde het alsof ze me van begin af aan al niet mocht.'

'Van begin af aan stelde je kritische vragen.'

'Dat valt wel mee, toch?'

'Nou, nee. Toen was je al een soort journalist. Wij waren dat wel van je gewend, maar ik denk dat zij zich bedreigd voelde.'

'Ik denk dat ze zich vooral bedreigd voelde omdat ik haar als enige doorzag.'

Jelle lacht schamper. Het bevalt me maar matig. 'Jij bent zo overtuigd van je gelijk. Merel en ik hadden het er nog over. Hoe je absoluut niet wilt luisteren naar de andere kant van het verhaal.'

Ik overweeg om woedend weg te lopen, maar wat schiet ik daarmee op? 'Heb jij wat te maken met de dood van Monica?'

Ik kijk Jelle strak aan. Soms werkt het om onverwachts een heel directe vraag stellen. De tactiek van de overval.

'Natuurlijk niet,' zegt hij. 'Ik heb de hele nacht op mijn kamer zitten janken als een klein kind.'

'Weet je het zeker? Je had alle gelegenheid...'

'Doe even normaal, Lil.'

Het is moeilijk om in te schatten of hij de waarheid spreekt.

'Als je het mij écht vraagt,' gaat hij verder, 'dan denk ik dat het een ongeluk was. Misschien wilde ze even afkoelen en had ze door de drank niet door dat het zo koud was. Het zal niet de eerste keer zijn dat een dronken persoon in slaap valt in de sneeuw en niet meer wakker wordt.' Hij haalt diep adem. 'Het spijt me, Lili,' zegt hij dan. 'Ik hoop dat je weet dat ik alles zou geven om het verleden te veranderen.'

'Niet doen,' zeg ik.

'Jawel,' zegt hij. 'Ik wil ook dat je weet dat ik oprecht mijn best heb gedaan om een beter mens te worden. Ik ben in therapie gegaan en heb veel over mezelf geleerd. Daar heb jij niets aan, behalve dan dat je weet dat ik hier niet zomaar overheen ben gestapt.'

'Nu is het klaar, oké?' Maar mijn toon is zacht, affectief bijna.

'Hou de foto's maar. Of gooi ze weg. Jouw keuze.' Voordat ik iets terug kan zeggen, staat hij op en loopt met grote stappen weg. Terwijl hij vlak voor de uitgang even stilstaat om een moeder met een kinderwagen te laten passeren, realiseer ik me dat ik hem zowaar geloof.

Ik bestel nog een cappuccino en blader door de stapel. De meeste foto's zijn van Monica. Ze is jonger dan ik me herinner. Alsof je de grote boze wolf in je hoofd hebt die achteraf een puppy blijkt te zijn. Ze poseert op een overdreven manier waarin ik nu onzekerheid zie. Ook is ze mooier dan ik me herinner, met haar bijna transparante huid en bleekblauwe ogen.

Ik merk dat ik ben gestopt met ademen en dwing mezelf om lang uit te blazen. Ik kan dit aan. Ik ben niet meer dat meisje van toen. Ik ben sterk, verweerd door de elementen en gehard door eenzaamheid.

TOEN

‘WE ZOUDEN ELKAAR HELPEN als er iets was, hè,’ zei ik tegen Almar. Het was onze beurt om samen de kamers te doen, terwijl de anderen allemaal nog hun roes lagen uit te slapen. Zelf had ik een onrustige nacht gehad. Mijn brein had overuren gemaakt in een poging om een oplossing te vinden voor de steeds onveiligere sfeer.

Almar stopte onmiddellijk met het draaien aan de verwarmingsknop en kwam overeind. Hij droeg een verwassen zwarte hoody waar ooit CHICAGO op had gestaan, maar dat was al bijna niet meer leesbaar. ‘Ja, natuurlijk,’ zei hij.

‘Denk jij dat Monica mij mag? Soms lijkt het namelijk niet zo.’

Hij begon te lachen.

‘Dat was gister toch een heel rare situatie?’

‘Ik geef toe dat het allemaal wat ver ging. Maar je moet natuurlijk niet vergeten dat jij eerst Monica in de vriezer hebt gezet.’

‘Los daarvan. Het lijkt of iedereen een geweldige band met haar heeft opgebouwd, behalve ik.’

‘Ben jij nou onzeker, Lili? Dat ben ik niet van je gewend.’ Hij keek me vertederd aan, zoals je naar een kitten zou kijken of in elk geval naar iets wat je niet al te serieus neemt.

‘Misschien wel,’ zei ik.

‘Als het al zo is, dan heb ik er helemaal niets van gemerkt. Ze heeft er in elk geval tegen mij niets over gezegd.’

Ik wist zo langzamerhand niet meer wat ik moest denken. Kon ik op mijn eigen waarnemingen vertrouwen? Of zat ik mezelf gek te maken? ‘Maar ze praat niet tegen mij. Nooit. Is jou dat niet opgevallen?’

‘En wat dan nog? Dan heb je daar toch gewoon een beetje schijt aan?’ Omdat ik niet reageerde, legde hij zijn hand op mijn schouder, keek me heel lief aan en zei zachtjes: ‘Hé… Wees gewoon je eigen geweldige zelf. Maak je niet zo druk om wat anderen denken.’

‘Mag ik een knuffel van je?’ vroeg ik.

Hij sloeg zijn armen om me heen. Het deed me goed om zijn geborgenheid te voelen. Een persoon die een thuis voor je is. Een paar seconden genoot ik van het moment, maar al snel kwam het verlangen opzetten. Ik drukte mijn lichaam steviger tegen hem aan. Streelde zijn rug. Ik hoorde heel duidelijk zijn hart kloppen, vlak bij mijn oor, en mijn eigen hart dat terug klopte. Een van de dingen die ik fijn vond was dat hij zoveel langer was dan ik. Een lichaam waarin je kon verdwijnen. Wijs me alsjeblieft niet af, dacht ik.

‘Lili?’ Hij schraapte zijn keel. ‘Ik merk dat ik, eh… een beetje opgewonden van je raak.’

‘Wat verschrikkelijk.’ Ik hief mijn gezicht naar hem op en hoopte dat hij me zou kussen. Hij ging sneller ademen, bracht zijn gezicht dichterbij. Ik voelde dat zijn kruis aan het opzwellen was. Ook mijn lichaam reageerde steeds meer. Zijn lippen raakten de mijne. We kusten elkaar. Eerst langzaam, daarna steeds intenser en sneller.

'We zouden het niet meer doen. Dat heb je zelf gezegd, weet je nog?' zei hij onder het zoenen, terwijl zijn handen een weg vonden onder mijn trui. Zijn koude vingertoppen op mijn blote rug. Een aangename rilling ging door me heen.

'We zullen toch iets moeten doen om deze sneeuwstorm door te komen,' zei ik en ik duwde mijn onderlichaam tegen zijn kruis aan. We waren nog maar enkele seconden verwijderd van het moment waarop we elkaars kleren uit zouden rukken. Ik voelde me ziek van verlangen, nooit had ik hem meer nodig dan nu.

Opeens stopte hij met zoenen. 'Ik wil je geen pijn doen. Straks krijgen we spijt.' Hij keek me ernstig aan. 'Laten we dingen niet ingewikkeld maken.'

'Wat is hier ingewikkeld aan?' vroeg ik. 'Ik wil jou, jij wilt mij.' Ik ging door met waar we gebleven waren, maar ik voelde dat hij er niet meer met zijn gedachten bij was.

'We moeten onszelf echt beter leren beheersen.'

Ik moest me inhouden om niet aan te dringen, om niet door mijn knieën te zakken en liggend aan zijn voeten 'maar ik ben toch je tijgerlelie?' te snikken, maar dat zou het alleen maar heel pathetisch maken. Ik vermande me. 'Je hebt helemaal gelijk,' zei ik en ik zette een stap naar achter. 'Al is het soms wel moeilijk om van je af te blijven.'

'We weten allebei dat het niet handig is. Straks verpesten we onze vriendschap of komen onze huisgenoten hierachter. En dan zitten we ook nog eens vast in de bergen.'

'Je hebt gelijk,' zei ik weer. 'Ik zal me voortaan beter gedragen.'

'"Mag ik een knuffel van je?"' imiteerde hij me. 'Dat ik daar nog in trap.'

'Het was echt niet met voorbedachten rade.'

Hij grijnsde. 'Moet ik dat geloven?'

'Ik had gewoon even behoefte aan wat warmte. Vriendscháppelijke warmte.'

Hij keek me lief aan. 'Ik vind je heel mooi en supersexy. Dat weet je, toch?'

'Dat weet ik,' zei ik.

'Maar je weet ook dat ik niet verliefd op je ben,' zei hij.

'En ik niet op jou,' zei ik, ongetwijfeld iets te snel.

'Ook niet een klein beetje?' vroeg hij plagerig.

'Zo leuk ben je nou ook weer niet. Zullen we het werk afmaken?' De toon waarop ik het zei had niets te maken met mijn gekneusde hart.

NU

ALS IK IN DE LIFT STA, onderweg naar mijn laatste interview-afspraak, belt Ankie me. 'Sergio Rob moet helaas jullie afspraak afzeggen. Sorry dat het zo last minute is.'

'Is hij ziek?' vraag ik, terwijl ik weer op het knopje van de begane grond druk.

'Zoiets,' zegt Ankie.

'Oké, kunnen we meteen een nieuwe afspraak maken? Ik wil het boek zo snel mogelijk afronden.' De lift stopt weer in de hal met de enorme raampartijen en plantenbakken met metershoge palmbomen.

'Ik heb niet het overzicht nu. We bellen morgen, goed?' Het is de allereerste keer dat ik stress in haar stem hoor. Maar voordat ik kan vragen wat er nou echt aan de hand is, heeft ze alweer opgehangen.

Het is mooi weer en ik besluit om de metro te nemen naar de stad. Het is al een tijd geleden dat ik in het centrum van Amsterdam was en ik geniet zowaar van de drukte. De terrassen zitten vol, toeristen maken selfies op met bloemen versierde bruggen en aangestoken door de vrolijke stemming koop ik een felgekleurde jurk met een diep decolleté.

In een opwelling app ik Aron of hij tijd heeft voor een drankje. Terwijl ik op zijn antwoord wacht, merk ik dat ik zenuwachtig ben. We komen steeds dichter bij elkaar, het gaat niet meer alleen om seks en voor het eerst ben ik echt bang om een minnaar te verliezen.

We blijken meer met elkaar gemeen te hebben dan je in eerste instantie zou denken. Ook hij is opgegroeid zonder vader. Nadat zijn ouders in zijn derde levensjaar scheidden, heeft hij nooit meer iets van hem gehoord. Onlangs heeft hij hem opgespoord, maar het contact verliep stroef, alsof zijn vader niet echt geïnteresseerd was en hij de ontmoeting als een verplicht nummertje beschouwde. 'Ik weet niet wat ik erger vind,' zei Aron daarover. 'De afwijzing of het niet-weten.'

Ik heb hem op mijn beurt verteld over míjn jeugd en over de dood van mijn moeder. Hoe ik dagenlang verbijsterd naast haar bed heb gezeten en het soms nog steeds moeilijk vind te geloven dat ze er niet meer is. Ik heb zelfs kleine stukjes over Spanje laten vallen, al ben ik niet van plan om het hele verhaal uit de doeken te doen. Het is nog steeds te pijnlijk en ik wil niet dat hij zich anders gaat gedragen, voorzichtiger, zoals je dat doet met beschadigde waar.

Vijf minuten nadat ik hem heb geappt en nog geen antwoord heb, krijg ik alweer spijt. Ik moet mezelf beter in bescherming nemen. Misschien kan ik beter maar helemaal een einde aan onze relatie maken. Het zal toch een keer klaar moeten zijn. Maar dan appt hij terug dat hij toevallig in de buurt is en ik laat al mijn bezwaren varen.

'Hoi!' Aron staat voor me en kust me op mijn mond. Hij ziet er belachelijk knap uit in zijn mosgroene shirt en vaalgrijze spijkerbroek. 'In Amsterdam mag dat wel, toch?'

'In Amsterdam wel,' zeg ik lachend.

'Dat is een verrassing.' Hij gaat zitten en kijkt me zo blij aan dat ik me afvraag of hij wel de juiste persoon voor zich heeft. 'Ik zou denken dat je nu wel andere dingen aan je hoofd hebt.'

'Hoe bedoel je?' vraag ik.

Hij haalt zijn telefoon uit zijn zak en laat me het scherm zien. POSITIVITEITSGOEROE SERGIO ROB BESCHULDIGD VAN SEKSUEEL GRENSOVERSCHRIJDEND GEDRAG staat er. Ik neem zijn telefoon over en lees snel het artikel door. Een oud-medewerkster heeft een boekje opengedaan over ongewenste avances, tot aanranding aan toe. Ze overweegt om aangifte te doen.

Meteen springt er iets aan in mijn hoofd. Ik herken het gevoel van toen de spelshowpresentator me in een opwelling vertelde over zijn cokeprobleem. Dit is precies wat het boek nodig heeft. Tot nu toe bleef alles zo vlak. Sergio Robs faillissement blijkt netjes te zijn afgerond en het enige wat ik loskreeg van zijn ex-echtgenote is dat alles keurig is geregeld, maar dat ze verder geen behoefte heeft aan contact. Zijn dochters zijn nog minderjarig, dus ik vond het ongepast om hen te benaderen. Het enige wat ik heb gevonden zijn lovende verhalen, en daar verkoop je geen boeken mee.

'Fuck,' zeg ik.

'Wist je dit nog niet?'

'Ik heb kennelijk enorm zitten slapen. Normaal gesproken rúík ik dit soort dingen van een kilometer afstand.'

'Misschien ben je een beetje afgeleid de laatste tijd.' Hij kijkt me broeierig aan.

‘Dat zal het zijn.’ Ik wilde dat ik bij hem kon blijven, maar dat zou dom zijn. ‘Sorry, maar…’

‘Je moet ernaartoe.’

‘Ik ben bang van wel.’

‘Ik snap het.’

‘Als ik het eerder had geweten, had ik je natuurlijk niet geappt. Nu ben je voor niets gekomen.’

‘Het voordeel van eigen baas zijn,’ zegt hij. ‘Al had ik je graag wat langer gezien.’

Hij geeft me een lift achter op zijn fiets naar het metrostation aan het Rokin. Met mijn armen om zijn middel en mijn wang tegen zijn rug gedrukt, lijkt het gevaarlijk echt alsof we bij elkaar horen.

Even later sta ik weer in de lift naar de zevende verdieping, door Sergio Rob ook wel gekscherend ‘de zevende hemel’ genoemd, maar of hij daar nu nog hetzelfde over denkt, betwijfel ik.

Terwijl ik uit de lift stap, houd ik mijn telefoon aan mijn oor en doe ik of ik aan het bellen ben. De receptionist, een jongen van halverwege de twintig die tot over zijn oren verliefd is op Sergio Rob, kijkt verschrikt op vanachter de balie. ‘Weten ze dat je komt?’

‘Ik heb Ankie nu aan de telefoon. Komt goed,’ zeg ik, terwijl ik doorloop naar het achtergelegen kantoor.

‘Hoi,’ zeg ik als ik in de deuropening sta.

‘Lieverd…’ begint Ankie. ‘Dit is geen goed moment.’

Vraag me niet om op verjaardagsvisite te komen en als een kassamedewerker in de supermarkt gezellig begint te kletsen, zweet ik peentjes. Maar op dít soort momenten ben ik op mijn best. Ik blijf staan en voel me opvallend zelfverzekerd. Dan zie ik dat ook Sergio Rob in de kamer aanwezig is. Hij zit op de tweezitsbank tegenover Ankies bureau en ziet eruit als een ballon waaruit alle lucht is verdwenen. Zijn schouders zijn krom. Zijn haar, dat normaal het volume heeft van leeuwenmanen, hangt slap naar beneden.

'Nu niet,' zegt ook hij tegen mij.

Ik ga in een fauteuil zitten. 'Ik begrijp dat jullie nu niet op mij zitten te wachten, maar dit zijn precies de momenten die het boek nodig heeft. Anders wordt het één grote reclamefolder. En dat wil jij ook niet.' Ik kijk hem rustig aan en voel zelfs mijn ogen even vertrouwelijk samenknijpen, zoals Almar dat altijd deed.

Hij aarzelt. Kijkt naar Ankie. 'Wat vind jij?' vraagt hij.

'Het maakt je wel menselijk,' zegt ze.

'Je hebt me *full disclosure* beloofd,' zeg ik. 'En dit is het moment waarop je je afspraak nakomt.'

Sergio Rob zucht diep. 'Rat,' zegt hij tegen me.

'Ik begrijp dat het lijkt alsof alles instort,' zeg ik. 'Maar dit is óók een kans om jouw kant van het verhaal te vertellen. Uiteindelijk willen je fans de waarheid, ook al is die niet altijd even fraai.'

Ankie kijkt op haar horloge. 'We moeten gaan, Robbie. Het is bijna drie uur.' Tegen mij: 'We hebben nu een afspraak bij de advocaat.'

'Prima,' zeg ik en ik loop achter hen aan alsof we dat zo hebben afgesproken.

'Jerney West is gewoon een aandachtshoer,' zegt Sergio Rob met veel emotie in zijn stem. 'Sorry dat ik het zo lomp zeg, maar ik kan er niets anders van maken.'

Ik vermoed dat hij is vergeten dat de recorder loopt en ga hem daar zeker niet aan herinneren.

Zijn advocaat, zelf ook bekend uit de media, knikt begrippvol. Zijn kantoor is twee verdiepingen lager gevestigd en heeft eenzelfde soort inrichting van designmeubilair en hedendaagse kunst.

'Ze heeft zich wel honderd keer aan mij proberen op te dringen. Probeerde er altijd voor te zorgen dat zij en ik ergens alleen waren. Was altijd net iets te koud gekleed voor de tijd van het jaar, als je begrijpt wat ik bedoel. Dat ik het uiteindelijk een keer met haar heb gedaan, was enkel en alleen om ervanaf te zijn.'

'Ik ben bang dat mevrouw West niet de enige is, meneer Van der Kan.'

'Noem me alsjeblieft Sergio Rob. Bij meneer Van der Kan moet ik denken aan mijn vader.'

'Wat ik heb begrepen van de advocaat van de tegenpartij is dat er nog een oud-medewerkster naar voren wil komen. Dat en...' De advocaat bladert tussen zijn papieren. '... twee vrouwen die zeggen dat ze na afloop van een seminar met je naar bed zijn geweest.'

Ik heb écht zitten slapen. Vóór de dood van Almar, vóór de antidepressiva, vóór Aron, had ik dit al lang ontdekt. Waar is mijn scherpte gebleven?

'Het lijkt wel de fucking mode.' Sergio Rob staat op en begint te ijsberen. 'Iedereen doet het toch weleens met iemand van zijn werk?' Hij kijkt Ankie aan. 'Behalve jij dan.'

'Nou...' zegt Ankie droog. 'Soms zijn er leuke cliënten bij hoor.'

Ik onderdruk een lach, maar het laatste wat ik nu wil is de aandacht naar me toe trekken. Niet voor niets ben ik in een hoek van de kamer buiten zijn gezichtsveld gaan zitten.

'Mag je als man nog seks hebben?' vraagt Sergio Rob met overslaande stem. 'Moet iedere man die een beetje succesvol is dan maar als een kluizenaar gaan leven?'

'De tijdsgeest zit je niet mee,' zegt zijn advocaat. 'Maar aan de andere kant zal het voor de tegenpartij moeilijk worden om te bewijzen dat er sprake was van dwang.'

'Natuurlijk was er geen sprake van drang!' roept Sergio Rob uit. Ik denk niet dat hij zich bewust is van zijn verspreking. 'Je wilt niet weten hoeveel vrouwen zich aan mij aanbieden. Als ik overal op in zou gaan, zaten er te weinig dagen in het jaar, geloof me.'

'Volgens deze vrouwen zijn ze door een van jouw medewerkers na afloop van het seminar uitgenodigd om backstage te komen. In opdracht van jou.'

'Wat een onzin!'

'Ik lees alleen maar wat hier staat, hè,' zegt zijn advocaat. 'Hoe dan ook. Het lijkt me het beste om de tegenaanval in te zetten. Ik stel voor dat we mevrouw West aanklagen wegens laster.'

'Wat het ook is,' zegt Sergio Rob. 'Je reinste laster van een wanhopige vrouw.' Hij kijkt Ankie aan. 'Wat vind jij?'

'Eens,' zegt Ankie op berustende toon.

En dan ziet hij de voicerecorder op tafel liggen. 'Verdomme,' zegt hij en hij drukt hem uit. 'Je moet weg, Liliane.'

Ik zie aan zijn gezicht dat het geen zin heeft om er iets tegen in te brengen.

Ankie pakt de voicerecorder van tafel en brengt hem naar me toe. 'We bellen, ja?' zegt ze zachtjes. 'Geef het even de tijd.'

Ik doe de recorder in mijn tas en ga staan. Ankie pakt me bij mijn arm en leidt me de kamer uit. De deur gaat dicht en ik zeg hardop: 'Mooi is dat.'

TOEN

HET WEER WERD GRIMMIG. Zodra je ook maar één voet buiten de deur zette, sloegen de elementen je woedend in het gezicht. Moedeloos keken we door de ramen waar niets meer door te zien was dan een grijze lucht en een eindeloze stroom dwarrelende witte vlokjes. Alsof je naar een defecte televisie zat te kijken. Weer begon de verveling behoorlijk toe te slaan.

'Het is net alsof we astronauten zijn,' zei Almar. 'En dat er helemaal niets is buiten. Alleen maar *outer space.*'

'En dat zodra je buiten komt, alle lucht uit je gezogen wordt,' zei Kevin.

'Hoe doen ze dat eigenlijk?' vroeg Itty. 'Ik heb nu al het gevoel dat ik een beetje koekoek word.'

'Astronauten worden jarenlang getraind, wat dacht je daarvan?' zei Monica. Ze was de laatste dagen in een bijzonder slecht humeur. Iedereen liep op zijn tenen en deed pogingen om haar op te vrolijken, maar het was nooit genoeg. Het leek wel of hoe bokkiger zij reageerde, hoe meer de anderen hun best deden.

Zelf was ik steeds stiller geworden. Het verbaasde me dat geen van mijn huisgenoten daar iets over zei. Dat niemand had opgemerkt dat de oude Lili was vervangen door een nieuwe, onzekere versie. Of ze hadden het wel opgemerkt en vonden het prima zo. Ik vroeg me af of ze altijd al onbewust een weerstand tegen me hadden gehad en dat ze die nu pas, onder aanvoering van Monica, de ruimte gaven. Had ik me vergist en was onze vriendschap minder hecht geweest dan ik dacht?

Een andere bron van irritatie was de wifi. De enige plek waar je fatsoenlijk kon internetten was achter de receptie. Maar ook daar hield het niet over. Een film downloaden was bijvoorbeeld onmogelijk en het duurde eindeloos lang om zwaardere pagina's zoals Hyves te laden. Het werkte het beste als één persoon tegelijkertijd online was. Daarom was er ook voor het internetgebruik een rooster ingesteld.

Het was mijn beurt om beneden bij de wifi te zitten. Mijn moeder stuurde me elke dag trouw een e-mail en ik had haar al minstens vier dagen niet geantwoord. Behalve dat ik haar werkelijk niets te melden had, wilde ik haar misschien ook wel een beetje straffen.

Ook was ik voorzichtig aan het solliciteren. Tijdens mijn stage bij een krant was ik erachter gekomen dat de frontlinie van de journalistiek niet bij me paste. Het maakte me nerveus om in allerijl stukken in elkaar te draaien die een paar uur later al naar de drukker moesten. Van deadlines ging ik niet beter, maar juist slechter presteren. Ik vond het leuker om iets tot op de bodem uit te pluizen. Tijdens mijn studie had ik al enkele proefopdrachten gedaan. Ik had zelfs een interview met politica Mei Li Vos weten te regelen die het jaar ervoor Alternatief Voor Vakbond had opgericht. Het interview was later geplaatst in *De*

Stentor. Volgens mijn mentor had ik talent en heel soms durfde ik daar voorzichtig in te geloven.

Toen het mijn beurt was om achter de computer te zitten, zag ik dat Monica haar laptop had laten staan. Ze had een gloednieuwe iBook waar ik een beetje jaloers op was, aangezien ik zelf op een gare tweedehandslaptop werkte. De iBook stond opengeklapt op de balie, met het scherm nog aan. Het was niet mijn bedoeling om erop te kijken – nadat ik haar koffer had doorzocht, had ik mijn lesje wel geleerd – maar het was onmogelijk om het niet te zien.

Een e-mail vulde haar scherm. 'Re:Re:Re:Laissez-moi!' was het onderwerp. En Jean-Pierre de afzender.

Snel keek ik om me heen of Monica in de buurt was, maar dat leek niet het geval te zijn. Gejaagd gleden mijn ogen over de tekst. De e-mail was in het Frans, een taal die ik een paar jaar op de havo had gehad maar niet heel goed beheerste. 'Waarom doe je zo?' meende ik te lezen. Misschien is *zíj* juist de stalker, dacht ik. Koortsachtig las ik verder. 'Ik heb je alles gegeven wat je wilde...'

Ik schrok omdat de laptop met een klap werd dichtgeslagen. Monica was vóór de balie komen staan zonder dat ik daar erg in had gehad en keek me nu met samengeknepen ogen aan. 'Vind je het normaal om op iemand anders' computer te kijken?' Haar stem klonk ijzig kalm.

'Ik snap dat het zo lijkt, maar ik heb echt niets gezien.' De woorden rolden sneller dan ik wilde mijn mond uit en ik had het gevoel dat ik mezelf daarmee nog minder geloofwaardig maakte.

Nog steeds keek ze me strak aan en ik voelde mijn hele gezicht warm worden. ‘Geef maar toe, wat heb je gelezen?’

‘Niets,’ zei ik. ‘Ja, er stond iets in het Frans, maar daar begrijp ik dus geen woord van.’

‘Heb je geen Frans gehad op school dan?’

‘Ik heb voor Duits gekozen,’ loog ik. ‘Als je Spaans spreekt, is Frans heel verwarrend.’

‘O,’ zei ze. ‘Grappig, ik zou denken dat dat juist helpt.’

‘Nee dus,’ zei ik. ‘Vraag maar aan Kevin. Die spreekt redelijk goed Frans en is de hele tijd aan het kutten met zijn Spaans.’

Monica liep om de balie heen en pakte haar iBook op. ‘Hoe dan ook, ik zou het waarderen als je mijn privacy voortaan respecteert.’

‘Ja,’ zei ik. ‘Natuurlijk.’

Ze wierp me een dodelijke blik toe en verdween naar de bar.

‘Sorry,’ zei ik nog, maar ik wist niet of ze dat hoorde.

NU

HET BOEK KOMT HELEMAAL stil te liggen. Zowel de oudmedewerksters als de twee seminardeelneemsters mogen van hun advocaten niet met mij praten. De rest van de interviews heb ik al helemaal uitgewerkt, maar ik vraag me af wat ze nog waard zijn. Niemand zal die suikerzoete verhalen meer geloven. Dus ga ik verder met mijn onderzoek naar de dood van Monica, al ben ik ook daarin behoorlijk vastgelopen.

Inmiddels heb ik de weerberichten van die nacht opgevraagd. Het blijkt dat het om een uur of drie is opgehouden met sneeuwen. Als de verklaring van Jelle klopt en er waren geen sporen te zien, betekent dat dat ze voor die tijd naar buiten is gegaan. Het lijkt me sterk dat Jean-Pierre in het holst van de nacht op een sneeuwscooter is komen aanzetten, maar ik kan het ook niet uitsluiten.

Met tegenzin googel ik hem. Mijn scherm vult zich met zoekresultaten, allemaal over een van zijn voorouderlijke familieleden: Pierre de Polignac, die in 1920 huwde met Charlotte van Monaco. Onder 'Afbeeldingen' vind ik wél wat ik zoek. Jean-Pierre en Ghislaine de Polignac tijdens een galadiner voor een goed doel. De foto is genomen in 2005, zo rond de tijd dat Monica hun au pair geweest moet zijn. Ik had me bij Jean-Pierre een vieze oude man voorgesteld, maar hij is zowaar knap met zijn donkerbruine haar en klassieke gelaatstrekken. Ook zijn vrouw Ghislaine is onmiskenbaar elegant en aantrekkelijk. De foto stemt me hoopvol, maar na allerlei andere zoekopdrachten geprobeerd te hebben, moet ik toch opgeven.

Ik had kunnen weten dat adellijke Fransen van halverwege de vijftig geen social media hebben of op een andere manier te vinden zijn op het internet. Maar hun kinderen, die nu in de twintig moeten zijn, waarschijnlijk wel. Als ik me maar kon herinneren hoe ze heetten. Een jongen en een meisje. Ik probeer me het moment voor de geest te halen dat Monica over hen vertelde, maar het is allemaal zo lang geleden. Bovendien leek het destijds van geen enkele betekenis.

'Lili.' Jelle neemt de telefoon op alsof alles weer helemaal in orde is tussen ons.

'Ik heb je nodig,' zeg ik.

'Je moet bij Kevin zijn,' zegt Jelle nadat ik heb verteld dat ik in contact probeer te komen met Jean-Pierre. 'Die heeft dit helemaal uitgezocht. Ik heb vooral biertjes gedronken en zijn verhalen aangehoord.'

'Ik hoef alleen maar de namen van zijn kinderen te weten,' zeg ik. 'Dan vind ik ze wel.'

'Ik ben al blij als ik de namen van mijn eigen kinderen onthoud,' zegt Jelle lachend.

'Kun jij het niet aan hem vragen?'

'Bel hem nou maar. Hij wil echt heel graag met je praten.'

Kevin. Een rilling loopt over mijn rug. Nog steeds wil ik hem nooit meer zien, maar het lijkt erop dat ik moet. Mijn oog valt op de trui die ik op het bankje in mijn kantoor heb gegooid.

Fuck trauma's.

TOEN

MONICA EN IK WAREN aan de beurt om de kamers te controleren. De vorige keer dat we samen waren ingedeeld, had ze verstek laten gaan. Ik had haar er niet op durven aanspreken. Ook deze keer rekende ik erop dat ik de ronde in mijn eentje zou moeten doen, maar tot mijn verbazing klopte ze na het ontbijt bij me aan en zei: *'Let's go.'*

Ik was te verbaasd om iets terug te zeggen.

'Had je niet gedacht dat ik zou komen?' vroeg ze.

'Jawel,' zei ik.

Ze keek me laatdunkend aan, of misschien dacht ik dat alleen maar. 'Laten we maar beginnen dan.'

We spraken af dat zij de kranen in de badkamer en de verwarming zou controleren, en ik de muizenvallen, aangezien zij doodsbang was voor knaagdieren. Een paar dagen ervoor was er een muis door de eetzaal gerend en was ze tot ieders hilariteit gillend bij Jelle op schoot gesprongen.

'Waarom geloof jij mij niet?' vroeg ze, terwijl we de eerste kamer binnenliepen.

'Hoe bedoel je?' vroeg ik zo nonchalant mogelijk, terwijl ik het licht aandeed.

'Je stelt de hele tijd rare vragen, je leest mijn e-mails... Waarom doe je dat?'

'Ik lees je e-mails niet,' zei ik, maar het klonk weinig overtuigend. Ik besloot het erop te wagen. 'Het is niet dat ik je niet geloof, maar ik vraag me af... Waarom blijft Jean-Pierre zo lang volhouden? Je zou denken dat hij betere dingen te doen heeft.'

Opeens was Monica erg druk bezig in de badkamer. Ze opende de kranen van de wastafel, het bad en de aparte douche en leek niet van plan om het gesprek voort te zetten. Weer voelde ik die vervelende vibratie in mijn borst. Ik bukte me om de muizenval te bekijken die onder de kledingkast stond. Hij was gelukkig leeg en het aas was onaangetast.

'Dat is toch een heel rare vraag?' vroeg Monica toen ze uit de badkamer kwam. Ze keek me met haar fletsblauwe ogen onderzoekend aan. Het viel me op hoe gaaf haar huid was. Geen vlekje of sproetje te zien. Zelf zat ik inmiddels onder de puisten van de stress. Het was nog nooit zo erg geweest.

'Vind je? Ik probeer gewoon te begrijpen hoe het zit.'

We liepen de volgende kamer binnen. 'Het begint wel een beetje muf te ruiken hier.' Ze trok een vies gezicht. 'Maar dat heb je natuurlijk al gauw in zo'n oud gebouw.'

Ik was opgelucht dat ze kennelijk had besloten het onderwerp te laten rusten. 'Klachten kunnen in tweevoud ingediend worden bij het management,' zei ik. Omdat ze niet reageerde, voegde ik eraan toe: 'Dat was een grap.'

Weer liep Monica door naar de badkamer om de kranen te openen en moest ik de vallen controleren. Toen ze de badkamer uit kwam, ging ze opeens heel dicht naast me staan. Haar parfum drong mijn neusvleugels binnen, een geur die ik inmiddels was gaan haten. 'Het lijkt wel of je me niet vertrouwt.'

'Jawel,' zei ik.

'Waarom lieg je?'

Ik voelde dat ik rood werd. Snel bukte ik om de volgende lege muizenval weer onder de kast te zetten, terwijl ik maar hoopte dat het haar niet was opgevallen.

'Wat heb je op mijn laptop gelezen?' vroeg ze, terwijl we doorliepen naar de volgende kamer.

'Alleen het onderwerp. In het Frans. Geen idee wat het betekende.' Toen ik de deur van de volgende kamer opende, klonk er een huiveringwekkend gepiep.

'Wat is dat?'

'Ik, eh... Ik ben bang dat het een muis is,' zei ik.

'Oké, ik ben weg,' zei Monica, maar ze bleef staan.

'Fuck,' zei ik en ik keek onder de kast waar het geluid vandaan kwam. 'Wat nu?' Ik haalde diep adem. Het paniekerige gegil van het beestje was hartverscheurend. 'We kunnen hem moeilijk laten zitten.'

'Haal hem eronderuit,' zei Monica.

'Hoe dan?'

Monica keek om zich heen en haalde toen de stok waarmee je de gordijnen open en dicht kon trekken van de roede. 'Hiermee.' Ze gaf de stok aan mij.

Haar daadkracht en vindingrijkheid verrasten me. Ik ging op mijn knieën zitten, schoof de stok onder de kast en hengelde de muis met muizenval en al onder de kast vandaan. Het arme beestje zat met zijn staart vast, terwijl het uit alle macht weg probeerde te rennen. Zijn nageltjes maakten een naar krassend geluid, dat boven het gepiep uit kwam.

Mijn maag trok samen. 'Ik word misselijk,' zei ik.

'Ik weet het,' zei Monica, verdacht kalm voor iemand die eerder geen gelegenheid onbenut had gelaten om te vertellen dat ze doodsbang was voor muizen.

Ik had de afgelopen weken al een paar keer dode muizen moeten opruimen. Al moest ik ook dáárvoor een behoorlijke drempel over, het lukte me met een plastic handschoen aan om het diertje uit de val te halen en het zonder ernaar te kijken in een vuilniszak te gooien. Maar deze voor zijn leven vechtende muis, piepend en krassend, was een heel ander verhaal. 'We moeten hem uit zijn lijden verlossen,' zei ik. 'Maar hoe? Misschien kunnen we hem het beste maar verdrinken. Of buiten zetten. Dan vriest hij vast snel dood.' Ik begon te kokhalzen. 'Zal ik anders een van de jongens roepen?'

'Ik doe het wel,' zei Monica. Er klonk iets gretigs in haar stem.

Ik keek haar vol verbazing aan.

'Ja, dit is toch zielig?' Ze keek om zich heen, pakte de schemerlamp van het bureau en haalde de stekker uit het stopcontact. De lamp had een crèmekleurige kanten kap en een zware stenen voet. Nog voor ik kon bedenken wat ze daarmee wilde, ramde ze zonder aarzeling de onderkant van de voet op de muis. Het gepiep stopte.

'Holy fuck,' wist ik uit te brengen.

'Je kunt alles van mij zeggen,' zei ze. 'Maar ik ben geen dierenbeul.'

Ik stond op en deed een paar stappen achteruit. Ik kreeg een zure smaak in mijn mond. 'Ik geloof dat ik moet overgeven.'

'Doe wat je niet laten kunt.' Monica pakte de vuilniszak die ik op de grond had gelegd, peuterde hem open en gooide de onfortuinlijke muis er aan zijn staart in. 'Soms moet je hard zijn,' zei ze. Ze keek me strak aan zonder ook maar één keer te knipperen. Het leek of ze me een boodschap wilde overbrengen. Daarna liep ze naar de badkamer, haalde een prop toiletpapier en veegde de plek waar de muis op brute wijze zijn leven had verloren schoon. 'Zo, niets meer van te zien.'

Ik was nog steeds te perplex om iets te zeggen.

'Ik zou ook een mens kunnen doden,' zei ze. 'Jij niet?'

Ik dacht aan het pistool in haar koffer en geloofde haar meteen. Hoe kon ik dit gesprek naar een veiliger terrein leiden? 'Ik denk het niet,' zei ik.

'Jij komt ook niet uit de goot, zoals ik. Kijk nou, je tío heeft zelfs een enorm hotel.'

'Zoals je zelf al een paar keer hebt opgemerkt is het hier niet bepaald een vijfsterrentent.'

Ze haalde haar schouders op. 'Het zal heus wel wat waard zijn, denk je niet? Weet je wat jouw probleem is? Jij hebt geen idee hoe het is om te moeten overleven.'

'Mijn verhaal is niet zo heftig als het jouwe, maar het is echt niet zo dat alles me altijd meezat in het leven,' zei ik.

Ze duwde me de vuilniszak met de dode muis in mijn handen. 'Jij doet alsof je zo sterk en zelfstandig bent, maar het is allemaal maar een pose. Ik ruik je zwakheid dwars door alles heen.'

'Is dat zo?' zei ik zo kalmpjes mogelijk.

'Ja.' Ze zette een stap dichterbij.

Ik voelde me nog korter, puisteriger en molliger dan ik al was.

'Ben je bang voor me?'

Ik dwong mezelf om te blijven staan en terug te kijken, terwijl de vogel in mijn borst woest tegen de wanden beukte. 'Nee, hoezo?'

Ze barstte uit in een onaangenaam gelach. 'Ik denk dat je de rest van de kamers maar alleen moet doen.'

Nadat ze de kamer uit was geschreden, hing haar parfum nog steeds in de lucht. Ik voelde dat mijn lip begon te trillen, maar ik raapte mezelf bij elkaar. 'Goed,' zei ik tegen mezelf. 'Nog tweeëndertig kamers te gaan.' Terwijl ik verderging met het controleren van de kranen en muizenvallen, klonk in mijn hoofd telkens een regel uit een liedje van Wham.

My daddy thinks the devil looks a lot like you.

NU

'HET IS NIET ANDERS.' Marieke, mijn uitgever, kijkt me empathisch aan.

'Dit maken we toch elke keer mee?' zeg ik. 'Eerst schreeuwen ze moord en brand, daarna zijn ze blij met de verkoopcijfers.'

'Sergio Rob was er vrij stellig over. Hij wil absoluut niet dat het boek wordt uitgebracht. Het helpt ook niet dat hij er een goede jurist op heeft gezet.' Ze neemt een slok van haar koffie. Die is behoorlijk smerig hier op de uitgeverij. Het is mij een raadsel waarom ze geen goed espressoapparaat aanschaffen in plaats van deze leasemachine. 'Natuurlijk kun je je voorschot gewoon houden,' gaat ze verder. 'We kijken nog of we er op de een of andere manier een schadevergoeding uit kunnen slepen, maar die kans lijkt me klein. Het spijt me. Het staat natuurlijk allemaal in je contract. Tenzij...'

Ik weet al wat er gaat komen. En ik weet ook al wat mijn antwoord gaat zijn.

'Tenzij je het boek onder je eigen naam uitbrengt. Dat lijkt ook het meest logisch. Je hoeft immers alleen nog maar een hoofdstuk over de aanklachten toe te voegen en je bent klaar.

En je kunt je eigen ervaringen erin verwerken.'

'Welke eigen ervaringen?' Mijn oog valt op de enorme boekenkast achter haar. De boeken die ik heb geschreven liggen op een mooi stapeltje op een centrale plek. Ik vraag me af of ze ze expres zo heeft neergelegd voor mijn komst.

'Hoe je zelf het contact met onze goeroe hebt ervaren.'

'Absoluut niet,' zeg ik.

Ze leunt naar voren. 'Ik weet dat je heel erg op je privacy bent gesteld. En ik beloof je dat je geen pers hoeft te doen of iets dergelijks. Ik zou het gewoon ontzettend zonde vinden als al jouw werk voor niets is geweest.'

'Ik praat nog wel met hem,' zeg ik. 'Moet jij eens opletten.'

'Hij wil niet, dat heb ik je toch al verteld?' Ankie is zoals altijd gekleed in haar donkerblauwe colbertje. De receptionist doet geen enkele moeite om te verhullen dat hij meeluistert. Aan sensatie is hier de afgelopen tijd geen gebrek, denk ik.

'Laat me dan in elk geval afscheid nemen,' zeg ik. 'We hebben zoveel tijd met elkaar doorgebracht, ik zit met een project dat niet doorgaat... Hij kan me toch zeker wel vijf minuten geven?'

'Oké.' De stem van de grote baas zelf. Sergio Rob staat in de gang. Hij lijkt kleiner dan ik me hem herinner. 'Vijf minuten.'

'Robbie,' zegt Ankie, 'dit hoef je niet te doen. Je hebt al genoeg ellende aan je hoofd.' Ik negeer maar dat ze mij kennelijk onder deze noemer vindt vallen.

'Het komt wel goed,' zegt Sergio Rob.

Ik loop achter hem aan zijn kantoor in. Daar gaat hij voor het raam staan en kijkt naar buiten. Ik ga naast hem staan en kijk met hem mee. Het uitzicht over Amsterdam is weergaloos. 'Hoe gaat het?' vraag ik dan.

‘Kut,’ zegt hij. ‘Wat denk je zelf? Alles wat ik heb opgebouwd is naar de kloten.’

‘Is dat echt zo?’ vraag ik. ‘Het is nog maar de vraag of het een rechtszaak wordt, toch?’

‘Loopt je bandrecorder?’ vraagt hij.

‘Nee, natuurlijk niet. Dan had ik het je verteld, dat weet je.’

‘Ik heb hier een slecht gevoel over. En mijn gevoel laat me nooit in de steek.’ Hij staart weer voor zich uit. Boven het IJ hangt een regenwolk.

‘Ik vind niet dat je op moet geven omdat het even tegenzit. Dat is toch helemaal niets voor jou?’

‘Even tegenzit? Sinds de aanklacht wil Camilla niet meer met me praten én de verkoop van mijn onlineproducten ligt stil. Ik durf niet eens meer een seminar te plannen, omdat ik straks met een lege zaal zit. En wat denk je dat dít kost? Dit kantoor. Deze mensen. Mijn huis hier. Mijn huis op Ibiza. En dat terwijl ik onschuldig ben. Ik zweer het je. Ik zou nooit een vrouw iets tegen haar zin laten doen. Ik ben toch geen verkrachter, of wat dan ook.’

‘Dat weet ik,’ zeg ik sussend. ‘Je gaat hier weer uit komen en dat weet je zelf ook wel. Geef het gewoon tijd. En dat boek stellen we uit. Niet af. Uit.’

Hij kijkt me aan. ‘Echt jammer dit. Ik dacht dat je mij wilde steunen.’

‘Dat doe ik toch ook?’

Hij zucht. ‘Je wilt dat je wérk niet voor niets is geweest. Hoe het voor mij afloopt, kan je geen reet schelen. Wanneer ben je nou een keer eerlijk?’

‘Natuurlijk kan het me wel schelen,’ zeg ik. Maar ik weet dat hij gelijk heeft. Ik kom hier voor mijn boek. Niet voor hem.

'Verdwijn uit mijn ogen,' zegt hij dan met stemverheffing. 'Ik kan dat gedraai van jou niet meer aan.'

Ik open mijn mond om iets te zeggen. Maar ik weet niet wat.

'Tijd om te gaan,' zegt ook Ankie die kennelijk de kamer is binnengelopen zonder dat ik dat doorhad. Mocht ik eerder gedacht hebben dat we een soort band hadden, dat gevoel is nu volledig weg. Terwijl ik langs haar heen de gang op loop, brandt haar veroordelende blik zowat een gat in mijn rug.

TOEN

NA HET VOORVAL MET DE MUIS was ik er nog meer van overtuigd dat er helemaal niets klopte van het Jean-Pierre-verhaal. Waarom had Monica zich anders zo bedreigd gevoeld door mij? Ik dacht aan de mail die ik had gezien. Het onderwerp was 'Re: Re: Re: Laissez-moi'. Ik was ervan uitgegaan dat dit een e-mail van Monica was, maar wat als híj degene was die met rust gelaten wilde worden? Wat als hij niet háár had lastiggevallen, maar zij hem? Wat als ze hem doelbewust had verleid en daarna afgeperst? Het zou een hoop duidelijk maken: de dure kleding, het feit dat ze een tijdje onder de radar wilde zijn, haar verhalen die niet leken te kloppen...

Wat moest ik met dit inzicht? Ik had met eigen ogen moeten aanzien hoe de anderen door haar verblind waren, alsof er een superster in ons midden was neergestreken. Monica leek precies door te hebben wie waarvoor ontvankelijk was, hoe ze iedereen voor zich kon winnen. Ze moest wel zeer intelligent zijn. Intelligent en levensgevaarlijk.

'Ik moet iets met jullie bespreken.' Ik had mijn huisgenoten gevraagd mij te ontmoeten in de jachtkamer. Ze waren allemaal braaf gekomen en keken me wantrouwig aan. 'Ik denk dat Monica liegt.'

'Hoezo?' vroeg Jelle op een gekrenkte toon alsof ik hém had beschuldigd van een leugen.

'Dat verhaal van die Jean-Pierre, dat klopt niet.'

'Heb je het over mij?' In vol ornaat stond Monica ineens in de jachtkamer. Ze droeg een wollen jurk die strak om haar lichaam zat en haar perfecte vormen toonde. Onder de jurk droeg ze de laarsjes met hoge hakken die ze ook op de heenreis had gedragen. In haar oren hingen lange kristallen hangers en ze had haar haar in golven geföhnd.

'Het leek me dat Monica er ook bij moest zijn als je iets wilde bespreken,' zei Kevin.

Koeltjes keek Monica me aan. 'Waarom zeg je het niet gewoon recht in mijn gezicht?'

Ik voelde hoe mijn wangen warm werden onder de beschuldigende blikken van mijn huisgenoten. Kennelijk waren ze het allemaal met haar eens, nog voor ze hadden gehoord wat ik te zeggen had.

'Vertel maar, Liliane,' zei Monica, terwijl ze ging zitten op de stoel die Jelle als een goed afgericht hondje naar achteren had geschoven. 'Ik ben heel erg benieuwd naar je verhaal.'

Opeens had ik moeite om de juiste woorden te vinden. 'Je dóét alsof Jean-Pierre zich aan jou heeft opgedrongen, maar klopt dat wel? Waren jullie niet gewoon geliefden?'

'Wat probeer je te zeggen?' vroeg Monica geïrriteerd.

'Dat het niet klopt. Waarom pak je anders een lampenvoet en

sla je een muis dood? Wat wilde je me daarmee vertellen?'

Mijn huisgenoten keken mij verbijsterd aan. Het was duidelijk dat ze geen touw aan dit verhaal konden vastknopen.

'Wat?' zei Monica alsof ze werkelijk niet wist wat ze hoorde. 'Wát heb ik gedaan?'

'Er zat een nog levende muis in de val, te vechten voor zijn leven. Monica pakt zo de voet van een lamp en verbrijzelt hem,' legde ik aan de anderen uit.

'Jullie weten hoe panisch ik voor die beesten ben,' zei Monica. 'Ik durf niet eens in een straal van honderd meter bij ze in de buurt te komen. Alsof ik zoiets lijps zou doen!'

'Je weet het allemaal mooi te brengen,' zei ik. 'En je weet iedereen mooi om je vinger te winden. Maar ik trap er niet in.'

'En wij wel?' vroeg Merel. 'Omdat wij een stelletje domme idioten zijn?'

Ik rechtte mijn rug en probeerde mijn stem helder en zelfverzekerd te laten klinken: 'Hoelang kennen wij elkaar? Jullie weten toch dat ik zoiets niet zou verzinnen?'

Op de een of andere manier lukte het Monica om tranen in haar ogen te produceren. Er liep zelfs een over haar wang. 'Dat je zover gaat om mij te intimideren, Liliane. Dat je mij van zoiets walgelijks durft te beschuldigen.'

'Je verdraait de hele boel!' riep ik uit.

'Wat heb ik jou misdaan?' vroeg Monica. 'Behalve dan proberen het beste te maken van deze kutsituatie?'

'Weet je wat jij moet doen?' zei ik. 'Solliciteren bij de plaatselijke toneelvereniging. Wat een show. Applaus.' Ik wendde me tot mijn huisgenoten. 'Waarom zou ik hierover liegen?'

'We weten allemaal dat je een rijke fantasie hebt,' zei Jelle.

Ik sloeg zo hard met mijn vuist op tafel dat de borden een sprongetje maakten. 'Zij liegt dat ze barst en het ergste is dat jullie het allemaal niet doorhebben, omdat jullie alleen maar zien wat jullie willen zien!' Ik hoorde mijn eigen snuivende ademhaling.

Monica keek me triomfantelijk aan met haar grote poppenogen. Dat was het laatste zetje dat ik nodig had om de controle te verliezen. Ik stond op en ramde mijn stoel met kracht tegen de grond. Als een bokser die klaar is voor de volgende ronde bleef ik staan. Rood voor de ogen. Zo woedend dat ik wel een boom kon doorbijten.

Monica dook in elkaar en klampte zich aan Jelles arm vast. 'Ik kan er zó niet tegen als mensen agressief worden,' zei ze. 'Ik ben hier niet gekomen om in de armen van een andere agressor terecht te komen.'

Jelle sloeg zijn arm om haar heen en keek me woedend aan. 'What the fuck, Liliane?'

Ook de anderen keken geschokt.

'Wow,' zei Itty. 'Dit had ik echt nooit van jou gedacht.'

'Omdat zij mij tot het uiterste drijft!' schreeuwde ik terwijl ik bij woeste armbewegingen maakte om mijn woorden te benadrukken. 'Ik werd helemaal misselijk van ellende van die muis. Zoals zij hem vermoordde, alsof het niets was. Jullie hebben het gewoon niet door.'

'Jij bent echt een beetje doorgedraaid,' zei Almar.

Ik keek hem een paar seconden sprakeloos aan. Zoekend naar het laatste spoortje van onze vriendschap, maar het enige wat ik vond was afkeuring. Ik realiseerde me dat ik definitief had verloren. Schaakmat.

'Kutwijf!' schreeuwde ik tegen Monica. 'Was lekker in Parijs gebleven en had ons met rust gelaten!'

Jelle sloeg zijn arm nog steviger om haar heen. Als een klein meisje drukte ze zich tegen zijn borst aan.

Kevin ging staan. 'Ik accepteer dit gedrag niet,' zei hij op een volwassen toon die ik niet van hem kende en die hij ongetwijfeld van zijn vader had gekopieerd.

Ik keek naar de gezichten van de mensen die zogenaamd mijn beste vrienden waren, in de hoop dat een van hen voor me in de bres zou springen. Dat íémand zou zeggen: 'Laten we eerst allemaal rustig worden en kijken wat er nou echt aan de hand is.' Maar alle blikken waren ijskoud.

'Het is je helemaal in de bol geslagen,' zei Kevin. 'Jij denkt dat je alles kunt bepalen voor iedereen, en als we niet precies doen wat jij zegt word je boos.'

'Van het begin af aan heb jij de pik op me,' zei Monica. 'Je kunt gewoon niet accepteren dat de wereld niet meer alleen om jou draait.'

Ik probeerde mezelf bij elkaar te rapen en zei zo kalm mogelijk: 'Dat is niet waar. En dat weet jij best.'

'Je hoeft hier niet naar te luisteren, Mo,' zei Jelle.

'Jullie hebben geen idee wie Monica is,' zei ik. 'En waartoe zij allemaal in staat is.'

'Blablabla,' zei Itty.

'Waarom heeft ze dan een pistool bij zich?' vroeg ik.

Ik zag dat Monica schrok. 'Bullshit,' zei ze toen.

'Hoorde jij iets?' vroeg Kevin luidkeels aan de anderen. 'Ik niet.'

'Ik ook niet,' zei Jelle.

Ik had de neiging om de opgezette roodpootfazant die op de commode stond door de kamer te gooien, maar ik kon me nog net beheersen. Ik zette twee stappen naar de deur, draaide me om en deed het alsnog.

'Dierenbeul,' hoorde ik Itty nog zeggen.

NU

HET LIEFST WAS IK nooit meer in een TGV gestapt, maar nu zit ik hier weer. Het enige verschil is dat ik nu in de eerste klas zit. Kevin stelde voor om samen naar Parijs te gaan en stond erop om de kaartjes te kopen. In eerste instantie zei ik nee, maar later ben ik toch overstag gegaan. Nu ik uitkijk over het inmiddels lege perron van Amsterdam Centraal – alle passagiers zijn al ingestapt – vraag ik me af of ik daar goed aan heb gedaan. Maar daar is Kevin al.

'Ik dacht er nog even aan om de trein te missen *for old times' sake*.' Hij draagt een jasje en een overhemd alsof dit een zakelijk uitstapje is. Als ik hem niet zou kennen, zou ik hem misschien wel aantrekkelijk vinden, maar die kans is nu uitgesloten. Bovendien heb ik niets met mannen die opzichtige dure horloges denken te moeten dragen. Nadat hij zijn rolkoffertje in het rek heeft gelegd, gaat hij tegenover me zitten. 'Goed je te zien. Dat meen ik. Je ziet er goed uit. Mooi vestje.'

'Ja, stop maar,' zeg ik.

Hij lijkt oprecht gekwetst en staart uit het raam. De trein is gaan rijden en de stad trekt in toenemende snelheid aan ons voorbij.

'Laten we opnieuw beginnen,' zeg ik na een lange stilte. 'Ik vind het nog steeds heel moeilijk om te doen alsof er niets is gebeurd. Maar ik ga het proberen.'

'Je hoeft je niet anders voor te doen dan hoe je je echt voelt.'

'Dat was ik ook niet van plan.'

'Zullen we maar ter zake komen dan?' Kevin haalt een map tevoorschijn. 'Hierin zit alles wat ik weet.'

Ik neem het dossier aan en blader erdoorheen. Het onderzoek van Kevin komt in grote lijnen overeen met het mijne. Ook hij heeft het Spaanse autopsierapport weten te bemachtigen en heeft van ons allemaal de tijdslijnen uitgewerkt. 'Knap werk,' zeg ik als ik alles heb bekeken.

'Als je in een Spaanse cel hebt gezeten, dan raak je wel gemotiveerd. Geen verwarming, ratten, en mannen zonder tanden die naar je staren terwijl je probeert te slapen.'

Voor Kevin geldt hetzelfde als voor Almar: als hij Monica had vermoord, waarom zou hij dan zoveel moeite steken in een onderzoek? Monica is al zeventien jaar dood en geen haan die nog naar haar kraait. Maar toch vertrouw ik hem niet.

'Wat is er gebeurd, denk je?' vraag ik.

'Ik heb alle mogelijkheden bekeken. Itty, Merel en Almar hebben de hele nacht bij jou voor de deur gezeten. Jelle was zo overstuur dat ik niet denk dat hij ergens toe in staat was. Degene met het sterkste motief ben jij.' Hij kijkt me onderzoekend aan. Ik kijk strak terug en vertel hem maar niet dat Almar dezelfde gedachte had. 'Maar ik kan óók nog steeds niet uitsluiten dat het een ongeluk was,' gaat Kevin verder. 'Of de Jean-Pierre-optie. Daarom is het goed dat we naar Parijs gaan.'

'Jean-Pierre is inderdaad een los eindje,' beaam ik. 'Al is het absurd dat hij helemaal naar de Pyreneeën af zou reizen om Monica een lesje te leren... En dat uitgerekend op die nacht... Als hij al in Spanje was, dan is dat omdat zij hem had uitgenodigd.'

'Dat zou ze nooit doen. Ze was als de dood voor hem,' zegt Kevin.

'Dat zei ze, ja.'

'Ze was echt heel bang.'

'Zo bang dat ze gaat feesten in Parijs, haar vrienden daar doodleuk vertelt waar we naartoe gaan, totaal niet in paniek raakt als er uit het niets een sneeuwscooter aan komt rijden, tegenstrijdige dingen verklaart over zijn vrouw...'

'Ze kreeg toch die dreigmails? Hoe verklaar je die dan?'

'Wie zegt dat ze die niet zelf heeft gefabriceerd?'

'Lili...' Even vraag ik me af of Kevin botox heeft gehad. Zijn voorhoofd lijkt iets te strak te staan. 'Stel dát zij hem heeft gebeld... Dan lost dat nog steeds niet het vraagstuk op waarom Monica zonder jas en schoenen naar buiten is gegaan en waarom ze dood bij de rivier lag.'

'Misschien was ze in paniek,' zeg ik. 'Ze belt Jean-Pierre vanaf haar kamer, vraagt hem haar te komen halen en gaat alvast naar buiten om hem op te wachten.'

'Dat is een aardige theorie. Maar hoe kon Jean-Pierre zo snel vanuit Parijs naar het zuiden komen? En, terug naar een van de kernvragen: waarom had ze geen jas en schoenen aan?'

'Dat zei ik net. Hij zát al in Bielsa op haar te wachten. Ze zou immers de dag erna het hotel al verlaten.'

Kevin denkt na. 'Geen onlogische gedachte. Ware het niet dat ze doodsbang voor hem was.'

'Zo deed ze het voorkomen. Een geweldige manier om jullie sympathie te wekken.'

Kevin reageert niet, maar ik zie dat hij zijn lippen op elkaar perst.

'Of was ze alleen in het begin bang, heeft ze het tijdens ons verblijf per mail goedgemaakt en toen afgesproken dat hij haar zou komen halen,' zeg ik om hem tegemoet te komen.

'Vrouwen kunnen raar zijn wat dat betreft,' beaamt Kevin.

'Niet alle vrouwen.'

'De meeste wel.' Hij trekt een grimas en even herken ik mijn oude huisgenoot, maar ik laat het wel uit mijn hoofd om hem 'clowntje Kevin' te noemen.

Ghislaine de Polignac moet minstens halverwege de vijftig zijn, maar daar is niets van te zien. Haar donkere golvende haar valt net op de schoudervullingen van haar Chanel-jasje. Ook opvallend: ze kan verbazingwekkend snel op hoge hakken lopen.

'Ga jij haar aanspreken?' vraagt Kevin aan mij. We hebben net zolang gewacht tot ze haar huis, een gebouw dat eerder op een museum lijkt dan op een woning heeft verlaten. We volgen haar langs de Arc de Triomphe over de Champs-Élysées waar ze bij een winkel met een groene serre ervoor naar binnen gaat.

'Ladurée,' zeg ik tegen Kevin. 'What the fuck!'

Een gezette vrouw met donkerroodgestifte lippen en een strenge uitstraling begroet Ghislaine de Polignac met alle egards en laat haar doorlopen naar de salon, tot ergernis van een rij wachtende toeristen. Ik sluit achteraan, maar de tafels komen zo langzaam vrij dat ik me afvraag of het gaat lukken om haar nog te treffen.

Ik stap naar voren. 'Ik kom voor madame De Polignac,' zeg ik tegen de gastvrouw. 'Als het goed is, zit ze er al.'

De gastvrouw laat haar ogen keurend over me heen gaan. Expres heb ik me voor de gelegenheid gekleed; ik draag een zijden jurkje en heb mijn haar opgestoken zodat ik er hopelijk klassiek-elegant uitzie. Ze aarzelt. Dan gebaart ze dat ik door mag lopen.

De salon van Ladurée is een ouderwetse ruimte waar je thee kunt drinken met je pink omhoog en – uiteraard – macarons of verfijnde patisserie kunt eten. Ghislaine zit ergens achterin bij het raam, waarschijnlijk aan haar vaste tafel. Voor haar staat een kopje koffie en een schoteltje met een eigele macaron die ik herken als passievrucht-ylangylang. Ondertussen leest ze de krant.

'Madame De Polignac?'

Ze kijkt op, met een niet-onvriendelijke uitdrukking op haar gezicht. Van dichtbij zijn de sporen van de tijd beter te zien, maar nog steeds is ze ontegenzeggelijk knap.

Ik heb in het Frans geoefend op wat ik tegen haar wil zeggen en ik hoop maar dat ik het er goed uit krijg. 'Het spijt me heel erg dat ik u stoor, maar ik zou graag even met u praten.'

'Ken ik u?' vraagt ze.

'Nog niet. Het gaat over uw man.'

Haar gezicht verandert in een masker. 'Ik heb geen commentaar.'

Ik had erop gerekend dat ze niet bepaald positief zou reageren. Uit ervaring weet ik dat je op dit soort momenten gewoon moet doorzetten. Onuitgenodigd ga ik bij haar aan tafel zitten. 'Ik heb Monica gekend, uw oude au pair.'

'Ook daar wil ik niet over praten, mevrouw...' Ze kijkt me vragend aan.

'Torres. Liliane Torres. Ik was een van de studenten met wie ze haar laatste winter doorbracht.'

'Mevrouw Torres, u overvalt me nogal.'

'Dat begrijp ik en ik vind het vervelend dat ik u zo laat schrikken. Vindt u het goed als ik u twee vragen stel? Daarna laat ik u met rust.' Een gesprekstechniek die ik vaker toepas, omdat je daarmee de persoon tegenover je het gevoel geeft dat er een snelle uitweg is.

Ze zegt geen nee, dus ik ga verder. 'Wat is er precies gebeurd tussen uw man en Monica?'

Ze fronst haar perfect geëpileerde wenkbrauwen. 'Hoe bedoelt u?'

'Ik denk dat u heel goed weet wat ik bedoel.'

'Monica was mijn au pair en van de ene op de andere dag wilde ze ermee stoppen om zich aan haar modellencarrière te wijden. Meer kan ik je niet vertellen.'

'Dat is niet wat ze ons destijds heeft verteld.' Ik blijf haar strak aankijken.

Ghislaine de Polignac zucht diep. 'Wat voor zin heeft het om dit verhaal op te rakelen?'

Ik herinner me hoe ze geroutineerd 'geen commentaar' antwoordde op mijn eerste vraag, alsof ze met een journalist te maken had. 'Zijn er meer voorvallen geweest?' vraag ik dan. 'Voorvallen met andere meisjes?'

'Ik laat het enige moment van de dag dat ik voor mezelf heb niet door u vergallen.' Ze wenkt de ober. 'Zou u mevrouw Torres uitgeleide kunnen doen? Ze stond net op het punt om te vertrekken.'

'Alles in orde, mevrouw?' vraagt de ober ongerust. Het is duidelijk aan wiens kant hij staat.

Ik gooi een visitekaartje met mijn naam en telefoonnummer

op tafel. 'Bel me alstublieft als u van gedachten verandert,' zeg ik.

'Die kans lijkt me klein,' antwoordt ze pinnig en ze concentreert zich weer op *Le Monde*. De ober pakt mijn arm stevig vast en begeleidt me naar buiten. Kennelijk denken de voorste mensen in de rij dat er met mijn vertrek een tafeltje is vrijgekomen. Terwijl ik een pleintje oversteek naar Kevin, hoor ik hen luid discussiëren met de gastvrouw.

'Het was ook een longshot,' zegt Kevin troostend. We lopen Avenue George V uit en slaan af bij de Seine. Het is een bewolkte dag, maar het is nog steeds warm. Mensen lopen in korte broeken rond en de bovendekken van de rondvaartboten zijn goed gevuld. 'Je kunt niet verwachten dat ze meteen alles gaat vertellen. Misschien belt ze later nog wel. Jij hebt mij uiteindelijk ook gebeld.'

'Ik had weinig keuze.'

'Je hebt altijd een keuze.'

Kevin heeft erop gestaan om óók de hotelkosten te betalen. 'Het minste wat ik kan doen,' zei hij. Ik voel me er ongemakkelijk door. Alsof vergeving en vriendschap te koop zijn. Maar als ik de kamerprijzen zie, laat ik het maar zo. Negenhonderd euro per nacht is een krankzinnig bedrag en als hij zo gek is om dat te betalen, dan moet hij het zelf maar weten.

Kevin beweert dat hij dit hotel heeft gekozen omdat het dicht bij Avenue Foch is, maar ik denk dat hij vooral indruk probeert te maken. Het is een prachtig hotel, daar niet van; gevestigd in een mooi art-decopand met hoge plafonds, marmeren vloeren en een hoge kroonluchterdichtheid.

Het gesprek met Ghislaine de Polignac en de wandeling met Kevin hebben me uitgeput. Ik kan niet wachten om alleen te zijn. Misschien doe ik zelfs wel even een dutje.

Terwijl de deuren al sluiten, stapt op het allerlaatste moment een man de lift in. Ik moet twee keer met mijn ogen knipperen omdat ik het niet kan geloven, maar het is Aron. Hij lijkt net zo verbaasd te zijn als ik. Wat is de kans dat we elkaar hier in Parijs, in hetzelfde hotel tegenkomen? 'Bonjour,' zegt hij.

'Bonjour,' zegt Kevin terug.

Hij werpt een onderzoekende blik op Kevin. Hij denkt nu vast dat Kevin de echtgenoot is die ik al maandenlang bedrieg. Ik probeer te kijken zoals iedere vrouw zou doen als ze samen met haar man haar geheime minnaar in de lift tegenkomt, al heb ik geen idee hoe dat eruitziet. Aron heeft zich inmiddels omgedraaid naar de liftdeuren. Ik ruik hem, een geur die zich niet in woorden laat omschrijven maar die me doet denken aan een zomernacht. Ik stel me voor hoe het zou zijn om met hém door Parijs te lopen in plaats van met Kevin. Tegelijkertijd moet ik me niets in het hoofd halen. Deze affaire is al veel te ver gegaan. Dit kan alleen maar uitlopen op hartenpijn. Ik weet het en toch kan ik niet stoppen.

Als we op onze etage zijn aangekomen, gaan de liftdeuren open. Aron stapt galant opzij en laat ons eruit. Onze ogen ontmoeten elkaar kort.

'Wat zat die kerel jou raar aan te kijken,' zegt Kevin zodra we de gang in lopen.

'Echt?' vraag ik.

'Ja. Ik weet niet wat het was, maar ik kreeg er geen goed gevoel bij.'

‘Ik zal mijn deur extra goed op slot doen,’ zeg ik gekscherend.

‘Ik meen het,’ zegt Kevin. ‘Doe alsjeblieft voorzichtig.’

‘Jij bent de laatste persoon die het recht heeft om ongerust over mij te zijn.’ Inmiddels zijn we bij mijn deur aangekomen. ‘Tot later.’

Nog geen kwartier later zit ik met mijn benen wijd en met mijn bovenkleding nog aan op de rand van het bed in Arons kamer. Hij zit op zijn knieën voor me en likt me gulzig. Het duurt niet lang voordat ik een hoogtepunt bereik.

‘Ik moet snel terug,’ zeg ik daarna. ‘Leuk je te zien. Wat doe je eigenlijk hier?’

‘Het hoofdkantoor van mijn grootste klant zit hier om de hoek. Morgen gaan we een nieuw contract tekenen,’ zegt hij. ‘En jij? Waarom ben jij zo opgedoft?’

‘Met mijn man mee. Voor zaken.’

‘Denk je dat hij iets doorheeft?’ vraagt hij ongerust.

‘Waarom zou hij?’ zeg ik. ‘Zogenaamd ben ik nu naar de drogist om paracetamol te halen.’ Ik trek ondertussen alweer mijn schoenen aan.

Hij plant een kus op mijn mond. ‘Ga maar gauw.’

Kon ik maar bij hem blijven. Had ik hem maar nooit al deze leugens verteld.

Hij pakt mijn hand vast voordat ik wegga en kust die. Ik verwacht dat hij hem weer los zal laten, maar dat doet hij niet. Ik moet me zelfs van hem lostrekken.

‘Dag, *mi amor.*’ Zonder zijn antwoord af te wachten, ben ik de kamer al uit.

TOEN

IK HAD VERWACHT DAT IK mijn verhaal redelijk en rustig uiteen zou kunnen zetten en dat de anderen me zouden geloven. Niet dat iedereen zich tegen mij zou keren. Niet dat iedereen bij voorbaat al op Monica's hand zou zijn.

Ik nam een bad om te kalmeren. Terwijl ik in het warme water lag, sloot ik mijn ogen en zuchtte een paar keer diep. Misschien was dit waar tío Manuel het over had gehad: de momenten waarop je jezelf keihard tegenkomt. De momenten waarop je op je bek gaat, maar ook weer opstaat en er sterker uit komt. Misschien was deze botsing wel nodig om het toxische groepsproces dat al weken aan de gang was transparant en bespreekbaar te maken.

Echt ontspannen lukte niet. Na tien minuten liet ik het water weglopen en kleedde ik me weer aan. Ik twijfelde of ik terug naar beneden zou lopen, maar besloot het niet te doen. Het was nog te vroeg. Ik probeerde wat te lezen in een Spaanse vertaling van John Grisham die ik in de bar had gevonden – al mijn andere boeken had ik al uit – maar mijn gedachten haalden me uit mijn concentratie.

Ik schrok op van de telefoon, een ouderwets toestel dat op het bureautje in het zitgedeelte van mijn kamer stond. Ik nam aan dat het tía Paola zou zijn, die belde op de gekste momenten, maar het was mijn moeder die voor de zoveelste zinloze keer belde om te vragen hoe het met me ging.

'Hoe gaat het, *mi vida?*' vroeg ze.

Toen ik haar stem hoorde, moest ik bijna huilen. Ik realiseerde me hoe onaardig ik tegen haar had gedaan, hoe ik op haar had neergekeken omdat ik vond dat ze onzeker was en lui. Nu vroeg ik me af of ze al die tijd niet doodsbang was geweest.

Ik slikte een keer. 'Het gaat goed,' zei ik. 'We hebben het heel erg leuk met zijn allen.'

'Wat fijn!'

'Het weer is niet al te best, maar we vermaken ons prima,' loog ik. 'Hoe gaat het met jullie?' Ik kon het verlangen en de eenzaamheid in mijn stem horen, maar mijn moeder pikte het niet op.

'Prima. Je krijgt de groeten van Sietze.'

'Groeten terug,' zei ik.

'We gaan weer hangen. Want de kosten...'

Ik haalde heel diep adem. Misschien moest ik haar een kans geven. Ze was per slot van rekening de enige die ik had. '... mama?'

'Ja?' vroeg ze.

'Alles is verpest.' Ik begon te huilen met grote uithalen. Alle opgekropte spanning kwam naar buiten.

'Cariña,' zei ze toen ik was uitgeraasd. 'Schatje toch... Wat is er allemaal aan de hand?'

Ik vertelde haar het hele verhaal.

'Wat erg,' zei ze toen ik klaar was met vertellen. 'Liefje...'

'Wat moet ik doen, mama?' Het was waarschijnlijk de eerste keer dat ik haar om advies vroeg.

'Wat je nu doet. Je terugtrekken. Een bad nemen. Straks iets lekkers voor jezelf klaarmaken en vroeg gaan slapen. Morgen kijkt iedereen er vast weer anders tegen aan.'

'Waarom...' Ik probeerde de juiste woorden te vinden. '... waarom lukt het me niet meer om erbij te horen?'

Ze zuchtte diep. 'Ik weet hoe het is om de *estranjera* te zijn.'

'Maar ik ben geen vreemdeling!' Ik had er alweer spijt van dat ik haar in vertrouwen had genomen. 'Dit waren mijn vrienden!'

'*Yo sé*,' zei ze.

'*No sabes nada*,' zeg ik fel. 'Het enige wat jij ooit hebt gedaan als het spannend werd, was je verschuilen achter mij.'

IN DE LOOP VAN DE AVOND voelde ik me kalmer worden. Hopelijk gold dat ook voor de anderen. Ik liep naar beneden om op de bewakingsbeelden te kijken waar iedereen uithing, maar toen ik in de lobby aankwam, hoorde ik hun stemmen al uit de bar komen. Aarzelend zette ik een paar stappen dichterbij. Ik overwoog om naar binnen te gaan, maar vroeg me af of dat al handig was. Ik plaats daarvan bleef ik om de hoek staan luisteren.

Kevin vertelde over zijn vakantie op Kreta, toen hij op het strand in slaap gevallen was; een verhaal dat hij al minstens honderd keer had verteld. Hij was vervolgens om twee uur ’s nachts wakker geworden door een zwerver die zijn portemonnee uit zijn zwembroek probeerde te trekken.

Ook de anderen kenden dit verhaal al, maar evengoed lachten ze hard. Het was een vreemde gewaarwording dat zij alweer zoveel plezier hadden. Alsof ik nooit had bestaan.

Ik zette nog een stap in de richting van de deuropening, maar ik durfde niet verder. Ik besloot om in het kantoor te wachten tot ze allemaal naar bed zouden gaan. Misschien lukte het me dan om Almar apart te spreken. Of Merel.

Na een hele tijd naar de lege hal gestaard te hebben, zag ik eindelijk beweging. Mijn huisgenoten waggelden de trap op. Itty moest zich zelfs een paar keer vastgrijpen aan de leuning. De enige die ik niet zag was Almar. Misschien was hij de bar nog aan het opruimen of was hij om een andere reden achtergebleven. Nadat de stemmen waren verstomd en ik mijn huisgenoten op de bewakingsbeelden op de gang van de vierde verdieping zag verschijnen, besloot ik om naar de bar te gaan.

Almar zat op een van de chesterfields. Zijn voeten op tafel, zijn handen achter zijn hoofd gevouwen. Hij droeg een zwarte spijkerbroek en een zwarte wollen trui, een outfit die ik altijd zijn 'Steve Jobs-look' noemde.

'Lili.' Hij ging snel rechtop zitten, alsof hij schrok.

'Kunnen we alsjeblieft praten?' Ik ging naast hem op de bank zitten en wilde zijn hand pakken, maar hij trok hem terug. Daarna schraapte hij nadrukkelijk zijn keel. Pas toen zag ik dat Monica achter de bar drankjes aan het inschenken was. 'Jij durft,' zei ze.

Ik wist niet wat ik moest zeggen.

'Dit lijkt me niet het goede moment,' zei Almar. Hij zei het niet onvriendelijk. Maar hij zei het wel.

Monica liep met de drankjes naar de bank en zette ze voor haar en Almar neer. Daarna keek ze me vol verachting aan.

Ik stond op en liep weg. Misschien was afdruipen een beter woord.

NU

KEVIN DRINKT. IK BESLUIT er niets van te zeggen, maar het is wel gek om hem in hoog tempo rode wijn achterover te zien slaan met zijn tien-jaar-nuchtermunt nog om zijn nek. Het restaurant is gelegen in de orangerie van het hotel en het is bekroond met een Michelinster. Elke keer als ik naar de wc ga, haast een ober zich om een schoon servet neer te leggen, mijn handtas heeft een eigen poefje gekregen en we kunnen kiezen uit acht soorten tafelzout. Het hotel huisvest nog een ander restaurant, dat drie sterren heeft, maar Kevin zei dat hij dit gezelliger vindt, alsof hij alle sterrenrestaurants in Parijs al heeft uitgeprobeerd. Misschien is dat ook wel zo.

Ik begin me steeds meer af te vragen waarom ik erin heb toegestemd om met hem mee te gaan. Het gesprek met Ghislaine was een fiasco en vrienden gaan wij nooit worden, hoezeer hij ook zijn best doet. Het is zelfs pijnlijk om te zien hoe hij zich uitslooft. 'Lili, wil je nog dit? Lili, wil je nog dat?' Ik had hem en mezelf dit niet aan mogen doen.

'Ben jij eigenlijk wel geïnteresseerd in mijn kant van het verhaal?' vraagt Kevin, inmiddels met dubbele tong.

'Natuurlijk wel,' zeg ik.

'Het valt me op dat je er nog geen enkele keer over bent begonnen. "Hé Kevin, hoe was het om als tweeëntwintigjarige in een Spaanse gevangenis gesmeten te worden?"'

De ober zet de desserts voor ons neer. We hebben allebei de cheesecake-crème brûlée besteld. De borden zijn opgemaakt als schilderijtjes, bijna te mooi om op te eten.

'Kan het je ook maar iets schelen?'

Ik kijk hem aan, haal diep adem en besluit om eerlijk te zijn: 'Misschien had je het verdiend.'

Hij neemt nog maar een grote slok van zijn rode wijn. De fles is inmiddels leeg terwijl ik maar een half glaasje heb gedronken. 'Je wilt het echt niet zien, hè?'

'Wat moet ik zien?' zeg ik.

'Dat je zelf ook een rol hebt in dit verhaal.'

'O ja,' zeg ik met stemverheffing. 'Vertel. Vertel mij maar eens hoe het allemaal mijn eigen schuld is.'

Mensen kijken nieuwsgierig onze kant op. Het kan me opeens allemaal niets meer schelen. Zelfs als er Nederlanders zitten, kan het me niets schelen. Ik heb lang genoeg mijn mond gehouden.

'Praat niet zo hard,' zegt Kevin.

'Ik praat zo hard als ik zelf wil,' zeg ik op nog luidere toon dan daarnet.

'Wat jij wilt,' zegt Kevin. 'Schreeuw het hele restaurant maar bij elkaar. Maar dan ga ik me ook niet meer inhouden. Hoe komt het, geachte mevrouw Torres, dat ik als enige ben opgepakt? Leg dat maar eens uit.'

'Wat moet ik uitleggen?' vraag ik.

‘Toen we aankwamen in Bielsa werd ik meteen apart genomen voor verhoor. Meteen. De anderen zijn ook verhoord, daar niet van, maar het was duidelijk dat ze het op mij gemunt hadden.’

Ik haal mijn schouders op. ‘Ik was er niet bij, dus hoe verwacht je dat ik het antwoord weet? Misschien stond je kop hun niet aan.’

‘Fok jou, Liliane!’ Kevin gaat staan en smijt zijn servet boven op het dessert waarvan hij geen hap heeft gegeten. ‘Ik heb echt mijn best gedaan om je te vergeven. Ik heb echt mijn best gedaan om toenadering te zoeken en het verleden achter me te laten. Maar het zou enorm helpen als jij zelf ook een paar centimeters opschuift!’

Woedend loopt hij de orangerie uit. Zeker de helft van de eters kijkt nu van hem naar mij met een mengeling van afkeuring en nieuwsgierigheid. Van de zenuwen begin ik te lachen.

TOEN

DE VOLGENDE OCHTEND klopte ik bij Merel aan, daarna bij Itty en toen bij Almar. Geen van drieën deed open. Toen ik even later de ontbijtruimte binnenliep, keek Kevin op en zei: 'Je kunt maar beter gaan, Liliane. Wij zijn er nog niet aan toe om met jou te praten.'

'Maar wanneer dan wel?' vroeg ik. Mijn stem klonk ijl.

'Misschien wel nooit,' zei hij kil.

In de daaropvolgende dagen schreef ik brieven en schoof die onder deuren door. Ik probeerde ook op andere manieren contact te maken, maar zodra mijn huisgenoten mij zagen, begonnen ze te piepen alsof ze muizen waren. De enige die dat niet deed, was Almar. Hij keek me alleen maar aan alsof ik een meelijwekkend figuur was. Ik wist niet wat ik erger vond.

Nadat de grap eraf was, begon het negeren. Mijn huisgenoten bleven met elkaar doorpraten alsof ik er niet was. Als ik iets zei, deden ze allemaal of ze het niet hoorden. Soms begon ik eraan te twijfelen of ik nog wel bestond. Of ik niet langzaam aan het oplossen was in de ether.

Op de bewakingsmonitoren bleef ik hen in de gaten houden.

Het maakte me ziek van verlangen om toe te kijken hoe ze door de gangen liepen. Alleen, samen, onderweg naar elkaar, kletsend, lachend, intieme gesprekken voerend, alsof ik nooit had bestaan. Was er werkelijk niemand die zich afvroeg hoe het met mij ging? Niemand die de behoefte voelde om met mij te praten, om uit te vinden wat mijn kant van het verhaal was? Dachten ze überhaupt nog wel aan mij?

'Je hebt gelijk,' zei mijn moeder aan de telefoon. Ze sprak zowaar Nederlands, wat ze anders nooit deed.

'Waarover?' vroeg ik korzelig.

'Dat ik me altijd achter jou en Sietze heb verstopt.' Ze was inmiddels weer overgegaan op het Spaans. 'Ik heb je verantwoordelijk gemaakt voor dingen waar je niet verantwoordelijk voor was. Ik heb jou de moeder laten zijn in plaats van het kind. En dat spijt me.'

Ik was te perplex om iets terug te zeggen.

'Hoor je me?' vroeg ze.

'Ja,' zei ik zachtjes.

'Gaat het al beter daar? Heb je het uit kunnen praten?'

'Nee,' zei ik.

'*Imbéciles*,' zei ze. 'Ik wist het, zodra je over dat meisje begon. Ik voelde het gewoon in *mis ovarios*.'

'Mam,' zei ik. 'Hou er maar over op, oké? Je maakt het alleen maar erger zo.'

'Ik wou dat er iets was wat ik voor je kon doen,' zei ze.

'Dat is er denk ik niet,' zei ik. 'Ik zal het deze laatste twee weken op de een of andere manier moeten uithouden.'

'Ik kom je halen,' zegt ze. 'Zodra de weg open is, sta ik in Bielsa op je te wachten, oké? En maak je geen zorgen over tía en tío. Ik zal alles met hen afhandelen en je hoeft hun helemaal niets uit te leggen. Ik weet dat ik er niet altijd voor je ben geweest, maar deze keer laat ik je niet in de steek.'

Na het gesprek met mijn moeder voelde ik me rustiger. Ik besloot mezelf niet langer te pijnigen, mezelf niet langer bloot te stellen aan nog meer afwijzing en de tactiek toe te passen die mijn moeder altijd had toegepast: ik trok me terug.

Ik verhuisde naar een kamer op de tweede verdieping, gebruikte alleen de keuken als ik zeker wist dat de anderen er niet waren en was verder de hele dag bezig met het uitvoeren van de taken. Niemand hield zich meer aan het rooster. De keuken was één grote puinhoop: open verpakkingen, een vet fornuis, overal etensresten. De eerste paar keren dat ik de ruimtes zo aantrof had ik ze zo gelaten, maar na enkele dagen verschenen de muizen en werd duidelijk dat niemand van plan was er iets aan te doen. Dit was naast het negeren kennelijk een extra straf: al het werk was voor mij. Alsof tía Paola het róók belde ze vaker dan ooit en ik bleef haar maar vertellen dat alles werkelijk op rolletjes liep, terwijl ik ondertussen steeds meer moeite had om alles bij te benen. Ik fantaseerde over manieren om te ontsnappen uit het hotel, om af te reizen naar een ver oord en nooit meer terug te keren.

Op een ochtend kwam ik Itty tegen in het trappenhuis. Ik was net onderweg naar de derde etage om daar een ronde te doen toen zij naar beneden kwam lopen. Het was pas negen uur 's ochtends en ik vroeg me af waarom ze in haar eentje al zo vroeg op was, aangezien de anderen nooit voor het middaguur ontbeten. Even dacht ik dat ze misschien wel op weg was naar mij. Itty, nuchtere Itty; als iemand de redelijkheid in deze situatie zou opzoeken, was zij het. Ik voelde mijn borst een beetje opveren, het bange vogeltje stond al klaar om uit te vliegen, maar ze keek me strak aan en zei: 'Nee. Niet eens proberen. Nee.'

'Maar Itty...' begon ik.

'Dit is echt je eigen schuld.' En daar moest ik het mee doen.

ELKE AVOND NAM IK ME VOOR om niet meer naar de bewakingsbeelden te kijken, maar ik leek wel verslaafd aan de pijn. Ik móést zien hoe gelukkig de anderen zonder mij waren. Hoe ze zelfs hechter leken nu ze een gezamenlijke vijand hadden gecreëerd.

Op een avond was ik weggedommeld achter de monitor. Ik werd wakker met mijn hoofd op mijn armen op het bureau. Mijn speeksel liet een spoor achter over het eikenhout. Ik knipperde een paar keer met mijn ogen. Het was drie uur 's nachts. Op de monitor zag ik dat alle gangen inmiddels donker waren. Ook het licht in de bar was uit. Het zag ernaar uit dat mijn huisgenoten naar bed waren gegaan en dat de voorstelling van die avond afgelopen was. Ik wilde mijn hand uitstrekken naar de aan- en uitknop van de monitor, toen het licht van de gang op de vierde verdieping opeens aansprong. Ik tuurde ingespannen naar het onscherpe zwart-witscherm. Op de een of andere manier durfde ik bijna niet meer te ademen. Mijn hele lichaam voelde geladen, alsof iemand een stekker in het stopcontact had gestoken. Toen zag ik Almar.

Hij kwam uit zijn kamer, keek behoedzaam om zich heen en stak vervolgens op zijn tenen lopend de gang over. Hij droeg zijn grijze joggingbroek die ik hem zo sexy vond staan en een strak wit T-shirt. Zelfs op het korrelige, schokkerige beeld van de stokoude bewakingscamera's had hij iets liefs, iets knuffelbaars. Voor de deur van Monica bleef hij staan. Weer keek hij om zich heen.

Ik wilde niet verder kijken, maar mijn ogen leken wel vastgeplakt aan het scherm. De deur ging open, en hij liep Monica's kamer binnen.

Ik was inmiddels behoorlijk aan het zweten en probeerde rustig te blijven ademen, maar in plaats daarvan ademde ik steeds sneller. Gevoelsmatig kreeg ik steeds minder zuurstof binnen. Niet in paniek raken, zei ik tegen mezelf, maar het was al te laat. Steken in mijn borst, een gierende ademhaling. Dit ging helemaal mis.

Ik pakte de interne telefoon en belde met trillende vingers naar Merels kamer.

Het duurde lang voordat ze slaperig opnam.

'Je moet komen,' wist ik hijgend uit te brengen. 'Mijn hart...'

'Jézus, Lil,' zei ze.

'Kom alsjeblieft,' jankte ik door de hoorn. 'Het kantoor achter de receptie.'

Zonder iets te zeggen hing ze op. Het lukte me niet meer om mezelf overeind te houden. Ik ging op de grond liggen, opgerold als een bal, mijn handen voor mijn borst. Kermend als een dier. De pijn in mijn borstkas was inmiddels ondragelijk. Mijn ademhaling als een schip in een storm. Dit was het, dacht ik. Niemand gaat me helpen.

Opeens voelde ik Merels handen op mijn schouders. Ze hurkte naast me neer. 'Ik ben er. Kun je me horen?'

Ik klemde me aan haar vast vanuit een dierlijke impuls. 'Ik denk dat ik een hartaanval heb.' Ik begon te huilen met grote ongecontroleerde uithalen.

Ze liet me een tijdje uithuilen. Haar pyjama werd nat van mijn tranen. Daarna zei ze: 'Je hebt een paniekaanval. Kijk me aan.'

Ik had moeite met scherpstellen.

'Doe wat ik zeg,' zei ze streng. 'Adem in door je neus... Adem uit door je mond...'

Ik probeerde haar bij te houden, maar mijn lichaam was hevig aan het schokken en mijn ademhaling ging alle kanten uit.

'Kom op, Lil,' zei ze. 'In en uit. Kijk me aan. Kijk me aan.'

Beverig deed ik wat ze zei. Het duurde lang, maar uiteindelijk werd ik rustig.

'Jezus, Lil,' zei Merel toen de storm was gaan liggen en ik tegen de muur gezeten wezenloos voor me uit staarde. Mijn rug was kleddernat geworden van het zweet en ik zat te rillen van de kou. Maar de pijn in mijn borst was verdwenen en ik kon weer ademen.

'Wat was je zo laat ook aan het doen?' Haar oog viel op de monitor die nog steeds aanstond. 'Aha,' zei ze.

Ik ademde beverig uit. 'Het is niet wat je denkt,' zei ik.

'Waarom maak je alles telkens erger?' vroeg ze. 'Je bent helemaal niet meer de Liliane die ik ken. Als je nou gewoon...'

'Wat?' vroeg ik. 'Wat moet ik doen? Wat moet ik doen om weer bij jullie te mogen zijn?' Ik haatte mezelf erom dat ik aan het smeken was.

Ze zuchtte. 'Ik ben bang dat je het goed hebt verprutst in de groep.'

'Kun je alsjeblieft een goed woordje voor me doen?' Ik voelde me kleiner dan klein. Als iets wat je zo door een afvoerputje zou kunnen spoelen.

'Lili...' Merel zuchtte diep. 'Ik zal kijken wat ik voor je kan doen, oké? Maar pin me er niet op vast.' Ze ging staan en stak haar hand naar me uit. 'Kom, ik breng je naar je kamer. Het is hier ijskoud en je bent helemaal doorweekt.'

Alsof ik een oud vrouwtje was ondersteunde ze me naar het trappenhuis en naar de tweede verdieping. Daar liep ze met me mee tot aan mijn kamer.

Met trillende handen opende ik de deur. 'Ga je met hen praten?' vroeg ik nog een keer.

'Ik kan je niets beloven,' zei ze. 'Ze hebben het behoorlijk met je gehad.'

'Maar het kan toch niet langer zo?'

Ze zuchtte. 'Ik ga hier niet met je over discussiëren, Lil. Ik heb je nu geholpen, maar dat betekent niet dat we weer vriendinnen zijn.'

'Oké,' zei ik gelaten.

'Misschien moet je even gaan douchen.' En met die woorden liet ze me achter.

Terwijl ze de gang uitliep en links afsloeg om de trap op te lopen, bleef ik haar als verdoofd nakijken. Daarna trok ik de deur achter me dicht en ging met mijn kleren aan in bed liggen. Het duurde lang voordat ik eindelijk warm werd en op een gegeven moment viel ik in slaap.

De dagen erna wachtte ik op een teken van Merel. Ik liet het wel uit mijn hoofd om nog op de bewakingsmonitor te kijken, bang als ik was dat ze het zou ontdekken en daarin een reden zou zien om mij niet te helpen. Ik wachtte om de hoek van het trappenhuis of in de buurt van de keuken in de hoop dat Merel een keer zou koken of afruimen, maar ze was geen moment alleen. Altijd was ze met anderen. Alsof ze het erom deed.

Overdag maakte ik lange wandelingen door de sneeuw. Vooral wanneer het slecht weer was, want dan wist ik zeker dat ik de anderen niet tegen zou komen. Het deed me helemaal niets meer: de koude wind die in mijn gezicht blies, de sneeuw die ongenadig op me bleef vallen. Ik had de extreme elementen nodig om te voelen dat ik er nog was.

Altijd liep ik richting Bielsa, in het spoor dat ik de dag ervoor had gemaakt. Als het een paar dagen achter elkaar droog zou blijven, zou ik misschien de bewoonde wereld kunnen bereiken. Maar Bielsa lag vijftien kilometer verderop, mijn tempo was zeer laag en de sneeuw bleef maar vallen. Ik kwam nooit verder dan vier kilometer van het hotel, waar een kapelletje aan de weg lag. En dat zat op slot.

NU

'IS THIS LILIANE TORRES?' Het meisje aan de andere kant van de lijn heeft een Frans accent. 'Ik ben Annique de Polignac.'

Ik sta in de vrouwenkleedkamer beneden naast het zwembad. Na een slapeloze nacht ben ik vroeg opgestaan om baantjes te trekken. Behalve een badjuffrouw die mij al bronwater uit Fiji, een schaaltje fruit en een nieuwe handdoek heeft aangeboden, is er nog helemaal niemand.

Het mobiele bereik is matig. Ik hoop maar dat ze niet wegvalt. '*Bonjour*,' zeg ik. 'Dat had ik niet verwacht.'

'Mijn moeder komt uit een andere eeuw,' zegt ze. 'Hebt u tijd voor een kopje koffie? Of bent u al vertrokken?'

Ze valt even weg. Ik klem de telefoon tussen mijn oor en mijn schouder en schiet ondertussen mijn ondergoed aan. Omdat ik me niet goed heb afgedroogd, gaat het stroef. 'Wanneer?' vraag ik.

'Over een halfuur?'

'Dat is goed.'

Annique ziet er totaal anders uit dan je van iemand van adel zou verwachten. Ze draagt een gescheurde zwarte spijkerbroek en een verwassen T-shirt en heeft een neuspiercing. Op haar hoofd prijkt een klassieke baret die er door de rest van haar outfit funky uitziet. Ze omhelst me alsof we beste vrienden zijn die elkaar lange tijd niet hebben gezien.

'Cappuccino?' vraagt ze en ze wenkt de ober van café Romeo, gelegen aan een zijstraatje van Avenue Foch.

'Toen *maman* op hoge poten thuiskwam met het verhaal dat ze was lastiggevallen door een vriendin van Monica, wist ik meteen dat ik je moest spreken. Mijn vader denkt namelijk nog steeds dat hij de koning van Frankrijk is. Maar het patriarchaat is dood, *you know.*' Annique steekt een dunne sigaret op en heel even krijg ik zin om mee te roken, gewoon omdat het er zo cool uitziet. 'Mijn moeder doet zoals ze altijd doet: alsof ze gek is.'

'Kun je je Monica nog herinneren?' vraag ik. 'Je was denk ik nog klein.'

'Oud genoeg om door te hebben dat au pairs erdoorheen gingen als *chicklets.*'

'Is er iets gebeurd tussen Monica en je vader?'

Annique blaast lang uit en begint dan te lachen. 'Natuurlijk! Wat dacht je? Mijn vader wist heel goed hoe hij de meisjes moest inpakken. Vroeger of later kwam mijn moeder erachter en dan waren ze ineens weer weg en begon het met de nieuwe van voren af aan. Al is het met Monica natuurlijk anders gelopen.'

Ik kan niet vertellen hoe blij ik ben om dit te horen. Om na al die jaren mijn theorie bevestigd te zien. 'Ik heb altijd geweten dat Monica je vader chanteerde. Het lag er gewoon te dik bovenop.'

Annique kijkt me een ogenblik perplex aan, gooit dan haar kin in de lucht en begint heel hard te lachen.

Het duurt zo lang dat ik me afvraag of ze geestelijk wel in orde is. Ik neem ondertussen een paar slokken van mijn koffie die de ober geruisloos heeft neergezet .

'Gechanteerd met wat?' zegt ze als ze uitgelachen is. '*Maman* wist het allang. En denk je dat het verder ook maar iemand iets kon schelen? Nee, Monica en *papa* hebben het een lange tijd heel gezellig gehad. Hij verwende haar met het ene cadeau na het andere, uitstapjes naar dure hotels, wat zij maar wilde. Totdat zíj er een punt achter zette. Ze was ervan overtuigd dat ze zou doorbreken als model en daar kon ze *papa* niet meer bij gebruiken. En dát trok mijn vader niet.'

Het voelt alsof ik een klap in mijn gezicht krijg. 'Weet je het zeker?' vraag ik dan.

'Zij heeft zelfs moeten vluchten uit Parijs en *papa* is haar nog gevolgd naar dat vreselijke gehucht in Nederland waar ze vandaan kwam. Stond hij daar opeens voor het raam. Midden in de nacht. De politie is erbij gekomen en alles. Toen was de maat vol voor *maman*. Voor de eerste en enige keer heeft ze gedreigd om van hem te scheiden. Daarna heeft hij zich gedragen. Voor een tijdje.'

'Maar...' Ik kan het nog steeds niet bevatten.

'Ik zei het je toch? Mijn vader is een *pig*.'

'Kan hij naar Spanje afgereisd zijn om haar daar te zoeken?'

'Ik denk het niet,' zegt Annique. Ze drukt haar peuk uit. 'Toen hij hoorde dat het meisje dood was, waren we allemaal op vakantie op Guadeloupe. Hij zat te janken aan het ontbijtbuffet.'

We gaan staan en weer geeft ze me een hartstochtelijke omhelzing. 'Laat het me weten als ik nog iets voor je kan doen,' zegt ze. En ze is weg.

Ik blijf verbijsterd achter. Voor een deel had ik gelijk: Monica heeft ons niet helemaal de waarheid verteld, ze heeft wel degelijk een relatie gehad met Jean-Pierre en daar zelfs van geprofiteerd. Niet vreemd dat ze het vervelend vond dat ik vragen bleef stellen.

Maar voor de rest had ik het helemaal mis.

KEVIN ZIT AL IN DE TGV. Zijn huid is grauw, zijn jasje gekreukt en hij kijkt stuurs uit het raam. Ik stap de coupé binnen en zet de bekers koffie die ik zojuist op het station heb gekocht voor hem neer. Uit mijn tas haal ik een doos macarons van Ladurée, die ik ook op het kleine tafeltje tussen ons in zet.

'Praten?'

'Ik had niet verwacht dat je zou komen opdagen,' zegt hij nors.

Ik haal diep adem terwijl ik terugdenk aan de laatste momenten in de Pyreneeën. Iemand moest met het lichaam van Monica mee in de helikopter en omdat ik als enige goed Spaans sprak, kozen ze mij. Terwijl we opstegen in het laatste avondrood en El Refugio kleiner en kleiner werd, had ik me verrassend helder gevoeld. We vlogen over de besneeuwde bergtoppen naar Huesca, mijn geboorteplaats. Hier zou het lichaam van Monica in afwachting van het onderzoek worden bewaard in het mortuarium.

Ze stelden me vragen. Wat waren haar volledige naam (wist ik niet), geboortedatum (wist ik niet) en de contactgegevens van haar familie (wist ik niet)? Toen volgden andere vragen. Waarom was Monica naar buiten gegaan, wie had haar voor het laatst gezien en hoe laat? Ik beantwoordde alles zo goed als ik kon. En sommige vragen beantwoordde ik bewust verkeerd.

'Ik wil je mijn excuses aanbieden,' zeg ik tegen Kevin. 'Het klopt dat ik jou als verdachte heb genoemd bij de Spaanse politie en dat ze jou daarom hebben opgepakt.'

Hij kijkt me aan met bloeddoorlopen ogen. 'Waarom?' vraagt hij.

'Ik walgde van je. Ik walgde van iedereen natuurlijk, maar het allermeeste walgde ik van jou.'

Dan begint hij te janken. Echt te janken als een kind. 'Ik wilde dat ik alles opnieuw kon doen,' brengt hij met moeite uit. 'Hoe krijgen we dit ooit nog goed?'

Omdat ik niet weet wat ik anders moet doen, pak ik een macaron uit de doos. 'Neem,' zeg ik.

Door de tranen heen pakt hij het eigele ding aan en steekt het in één keer in zijn mond. Huilend eet hij het op. 'Best lekker,' zegt hij dan.

'Fucking kutdingen,' zeg ik en ik neem er ook een.

TOEN

NATUURLIJK KEERDE IK TOCH terug naar de bewakingsbeelden. Wat moest ik anders? Op een avond zag ik Monica alleen de gang van de derde verdieping op lopen. Het verbaasde me, aangezien niemand meer de hotelkamers controleerde en zij al helemaal niet. Wat moest ze daar? Haar ogen waren op het plafond gericht, alsof ze iets aan het zoeken was. Vlak onder de eerste bewakingscamera bleef ze staan en ze keek om zich heen. Ze haalde haar hand vanachter haar rug tevoorschijn. Toen zag ik dat het niet alleen haar hand was. Ze had het pistool vast en richtte het recht op de lens. Zo bleef ze even staan, met een strak gezicht.

Monica blies koket tegen de loop van het pistool als om hem na een schot af te koelen en lachte uitdagend naar de camera. Vervolgens heupwiegde ze naar het trappenhuis. De zelfingenomenheid spatte ervanaf.

Terwijl ik naar haar keek, verwachtte ik een emotionele reactie. Maar tot mijn verbazing deed het me helemaal niets. Ik keek toe zoals ik naar een niet al te beste film zou kijken. Iets in mij was veranderd, dat voelde ik nu heel duidelijk. Ik had er genoeg van om als een bange hond rond te lopen, bereid alles te doen om maar weer in de smaak van de groep te vallen. Ik had er genoeg van om me te verstoppen. Ik was niet mijn moeder, die haar hoofd liet hangen. Ik was Liliane Torres, de vechter.

Het werd tijd dat ik de controle terugpakte.

De keuken was een complete chaos, zoals altijd. De pannen met aangekoekte etensresten stonden nog op het fornuis en er zaten tomatenspetters op de muren. Dit zou de laatste keer zijn, dacht ik tevreden en ik maakte een uitgebreid ontbijt klaar en draaide daarna zowel de koel- als de vriescel op slot, evenals de kasten waarin de droge etenswaren werden bewaard. Voor het eerst in dagen moest ik glimlachen.

Mijn huisgenoten zouden ongetwijfeld boos zijn en me nog meer haten dan daarvoor. Het kon me niets meer schelen wat ze van mij vonden, erger dan dit kon het toch niet worden. Een bevrijding.

De afgelopen twee weken had ik als een bang diertje rondgescharreld, elk contact met de anderen vermijdend. Nu ging ik pontificaal aan onze vaste tafel aan het raam zitten met versgebakken croissants en yoghurt met diepvriesframbozen.

Als eerste kwam Merel de zaal binnen. Het viel me op dat ze volledig opgemaakt was en haar haar in een soort hoge knot had gedaan. Ik herkende haar bijna niet. Zodra ze me zag, deinsde ze achteruit.

'Goedemorgen, Merel,' zei ik. 'Lekker geslapen?'

Ze zei niets terug, maar bleef in de deuropening staan dralen, zich duidelijk geen raad wetend met de situatie en wachtend op de anderen. Dus dit was er van mijn huisgenoten geworden:

mensen die volledig afhankelijk waren van de goedkeuring van de groep, mensen die zelf geen enkele beslissing meer durfden te nemen.

Al snel voegde Kevin zich bij Merel. Ik hoorde ze fluisterend met elkaar overleggen. Vervolgens liep Kevin naar me toe. Het viel me op dat hij zich extra breed maakte, alsof hij de uitsmijter was van een nachtclub. 'Het lijkt me beter dat je weggaat, Liliane,' zei hij op kalme toon. 'Wij willen straks met elkaar ontbijten en daarbij ben jij niet welkom.'

Dat hij werkelijk dacht dat ik op zou staan en af zou druipen – wat ik tot voor kort zeker had gedaan – gaf me alleen maar meer energie om door te zetten. 'Ik zit hier prima,' zei ik en ik nam een hap van mijn croissant. 'Mocht je het vergeten zijn: dit is het hotel van mijn familie, dus als iemand het recht heeft om hier te zijn ben ik het.'

'Hoe zouden we dat kunnen vergeten,' zei Kevin. 'Je hebt ons daar vaak genoeg aan herinnerd. Maar misschien ben je zélf vergeten dat we niets meer met jou te maken willen hebben. En aangezien we niet weg kunnen uit deze shithole, zul jij moeten inschikken.'

'Ik schik helemaal niet in.' Ik schonk nog een kopje koffie voor mezelf in en nam een slok. 'Heerlijk weer vandaag, trouwens. Ik denk dat ik zo maar eens op het terras een boek ga lezen.'

Kevin draaide zich om en beende weg.

'Waar is je gevoel voor humor gebleven, clowntje Kevin?' riep ik hem achterna. Ik nam aan dat Merel inmiddels in de keuken had ontdekt dat de etensvoorraad achter slot en grendel zat. Het wachten was op de volgende persoon die uitgezonden zou worden.

Dat was Almar. Hoe voorspelbaar. Hij liep quasinonchalant binnen, met zijn handen in zijn zakken. In zijn voorhoofd zat een diepe fronsrimpel. Hij ging tegenover me zitten en keek me alleen maar aan met zijn rokerige ogen.

Ik kon niet ontkennen dat het me pijn deed om hem te zien, dat iets in mij nog steeds naar hem verlangde en hem nog steeds wilde vertrouwen.

'Het is niet helemaal goed gegaan,' zei hij.

'Dat kun je wel zeggen,' zei ik.

Ik zag hem naar woorden zoeken. De fronsrimpel werd nog dieper. Hij streek een lok haar uit zijn gezicht. 'Hoe gaan we weer tot elkaar komen?' vroeg hij. 'Wat is daarvoor nodig?'

'Bedoel je te zeggen dat je honger hebt?'

Hij glimlachte. 'Als ik eerlijk ben, heb ik best wel zin in ontbijt. Maar los daarvan. Ik mis je, Lil.' Hij strekte zijn hand naar me uit over de tafel in de hoop dat ik hem zou vastpakken, en hij kneep zijn ogen op de vertrouwde manier samen.

Ik keek naar zijn hand en wilde dat het kon. Dat de afstand tussen ons nog te overbruggen was.

'Hoe heeft het ooit zover kunnen komen?' ging hij verder. 'We waren vroeger de beste vrienden en zelfs meer dan dat.'

'Die vraag kan ik beter aan jou stellen,' zei ik.

Hij keek me gepijnigd aan. 'Weet je wat ik niet snap? Waarom je zo frontaal de confrontatie met Monica bent aangegaan. Ik begrijp dat jullie elkaar misschien niet zo liggen, maar omdat je zo het conflict hebt opgezocht dwong je ons wel een keuze te maken.'

Ik had me voorgenomen om niet emotioneel te worden, laat staan in discussie te gaan, maar ik deed het toch. 'Monica is een leugenachtige, manipulatieve psychopaat, maar jullie zijn allemaal te blind om dat te zien.'

Almar schudde zijn hoofd. 'Als zij echt zo in elkaar had gezeten, dan was het ons wel opgevallen, denk je niet?'

Ik schudde mijn hoofd en begon mijn ontbijtspullen op het dienblad te zetten. 'Dit is de deal,' zei ik. 'Degene die zich aan het rooster houdt, kan eten krijgen. Anders niet. Jullie hebben vast nog wel ergens een uitdraai liggen. En een van jullie neemt mijn taken over. Ik doe alleen nog de controle.'

'Lili...' zei Almar alsof hij het tegen een klein kind had. Hij kneep zijn ogen weer vertrouwelijk samen.

Ik had zin om iets naar zijn hoofd te gooien. 'Als alles af is, zal ik eten klaarzetten op het aanrecht.' Ik stond op. 'Ik stel voor dat jullie eerst de rotzooi van gisteravond opruimen. En de bar kan ook wel een uitgebreide beurt gebruiken.'

De situatie was nog steeds verre van prettig, maar wel beter dan daarvoor. De daaropvolgende dagen hield iedereen zich aan het rooster. De kamers werden gecontroleerd, de ruimtes werden weer schoongemaakt en het lijstje van de bar werd weer bijgehouden. Nog steeds ontweken mijn huisgenoten mij.

Eén keer kwam ik Jelle tegen op de gang met een emmer en een dweil. 'Heb je nu je zin?' beet hij me toe.

Het kon me niets meer schelen. Er was een hardheid over me heen gekomen die ik herkende uit mijn tijd in Leeuwarden. Ik nam me voor om nooit meer mijn schild te laten zakken.

Voor niemand niet.

NU

'WE MOETEN PRATEN.' Aron komt de hotelkamer binnen, maar kust me niet. Hij draagt een strak zwart T-shirt waarin je goed kunt zien hoe gespierd hij is.

Ik heb me al uitgebreid gedoucht, de hotelbadjas aangetrokken, lekkere hapjes in de minibar gezet en een goede fles wijn in een koeler op het nachtkastje geplaatst. We hebben elkaar sinds Parijs niet meer gezien en nauwelijks gesproken. Ik kreeg steeds meer het gevoel dat hij zich aan het terugtrekken was. Misschien vond hij het achteraf toch te confronterend om 'mijn man' tegen te komen. Ik had me van alles in mijn hoofd gehaald, tot hij gisteren appte dat hij wilde afspreken.

Ik loop naar hem toe en wil hem kussen, maar in plaats daarvan pakt hij mijn hand en kijkt naar de trouwring om mijn vinger. 'Jij bent niet echt getrouwd, of wel?'

Ik probeer mijn hand terug te trekken, maar hij laat het niet toe. Zijn grip is sterk en maakt me zelfs een beetje bang.

Ik had van alles verwacht, maar niet dit. 'Hoe kom je daarbij?'

'Ik had er al een tijdje een raar gevoel bij, maar opeens snapte ik wat er aan de hand was. In Parijs droeg je geen trouwring en...' Hij schuift de ring omhoog. '... je hebt geen wit streepje.' Zijn anders lachende, geile, serieuze, geïnteresseerde, lieve gezicht laat nu geen enkele emotie zien.

Ik voel mijn wangen warm worden, terwijl ik koortsachtig probeer na te denken.

'Ik moet zeggen dat ik het heel creatief vind. Meestal is het andersom. Dat mensen hun trouwring afdoen als ze vreemdgaan. En jij deed hem juist om als je... níét vreemdging?'

Het liefst wil ik opstaan, me aankleden en de kamer uit gaan. Het moest een keer voorbij zijn en dan maar liever nu meteen, maar hij blijft mijn hand vasthouden.

'Niet wegrennen,' zegt hij.

Ik slik. Haal nog een keer adem. Probeer een excuus te verzinnen. Maar ik kom niet verder dan: 'Je hebt gelijk. Ik ben niet getrouwd.'

'En die man in de lift?'

'Is niet mijn man. Ook niet mijn vriend. Het is iemand die ik ken van vroeger en we waren samen in Parijs om iets uit te zoeken. We sliepen in aparte kamers.'

'Waarom?' vraagt hij dan. 'Waarom zou je hierover tegen me liegen? We hadden toch afgesproken dat we geen geheimen voor elkaar zouden hebben?'

'Gewoon,' zeg ik alsof ik opeens weer een tiener ben.

'Is dat het beste wat je kunt verzinnen? "Gewoon"?'

'Ik, eh... Het is de beste manier om iemand in de buurt te houden zonder dat die persoon te dichtbij komt.'

Hij kijkt me met stomheid geslagen aan. 'Dit heb je eerder gedaan?'

Dit gaat helemaal de verkeerde kant op, maar er is niets wat ik kan verzinnen om de situatie beter te maken.

'Ja, dus.' Hij laat nu mijn hand pas los en kijkt me afwachtend aan. 'Komt er nog een uitleg?'

Ik open mijn mond en sluit hem weer.

'Wie ben jij eigenlijk?' Als er geen antwoord komt, schudt hij zijn hoofd. Nog één keer kijkt hij me aan.

Ik kan dit nog ongedaan maken, als ik maar wist hoe.

Dan draait hij zich om en loopt de kamer uit.

Ik voel me belachelijk in mijn badjas met mijn dure wijn en mijn hapjes. En nog belachelijker wanneer ik me op het bed laat vallen en keihard begin te janken. En nog belachelijker omdat ik werkelijk niemand heb om te bellen. En misschien wel het allerbelachelijkst omdat ik dit allemaal aan mezelf te danken heb.

TOEN

EEN GELUID. IK WERD WAKKER en was me er vaag van bewust dat iemand in mijn kamer stond. 'Hallo?' vroeg ik slaperig. Ik kwam half overeind en zag dat mijn deur half openstond en dat het licht in de gang brandde. Er klonk gegiechel bij het voeteneinde.

'Dit kunnen we niet maken,' hoorde ik Itty zeggen.

'Natuurlijk wel,' zei Merel. 'Zij heeft toch ook Monica een keer wakker gemaakt?'

'Hoe zijn jullie binnengekomen?' vroeg ik verdwaasd.

'De loper, weet je nog?' zei Itty. Haar stem was lodderig, zoals ze altijd klonk als ze te veel had gedronken. 'We komen je halen.'

'Waarvoor?' zei ik.

'Er is een noodgeval in de bar.' Ook Merel klonk verre van helder.

Itty barstte in lachen uit. 'Een noodgeval,' praatte ze Merel na, alsof dat het grappigste was dat ze ooit had gehoord.

'Lul niet zo stom,' zei ik. 'Geef die sleutel hier en laat me met rust.'

Merel plofte neer op de rand van mijn bed. Ik rook nu ook een sterke alcoholwalm. 'Je moet meekomen, schatje. We hebben je nodig.'

'Rot op,' zei ik en ik draaide mijn rug naar haar toe. Ik hoopte maar dat ze weg zouden gaan.

'Komt ze?' hoorde ik Jelle vragen, die kennelijk ook mijn kamer was binnengekomen. 'We zitten allemaal te wachten.'

'Ze moet nog even overtuigd worden,' zei Merel.

'Kom, Lili,' zei Jelle. Hij ging aan de kant van het bed zitten waar ik mijn gezicht naartoe had gedraaid. 'We hebben je nodig in de bar.'

'Wat is er dan?' vroeg ik.

'Een heel groot probleem. Kom nou maar.'

Natuurlijk had ik niet mee moeten gaan. Als ik ook maar een beetje had nagedacht, had ik kunnen weten dat dit alleen maar een slechte afloop zou kunnen hebben.

'Aah, toe nou, Lil. Zonder jou is het niet leuk,' zei Jelle.

Ik kwam half overeind en wreef in mijn ogen. Nog steeds was ik slaperig.

'God, wat mis ik het om jou in je pyjama te zien,' zei Jelle. 'Weet je nog hoe we vroeger altijd spelletjes deden in onze pyjama's? En dat we altijd borrelnoten aten?'

'Die tijden zijn behoorlijk voorbij,' zei ik.

Hij strekte zijn hand naar me uit. 'Kom nou maar mee. Het wordt hartstikke leuk. Beloofd.' Hij glimlachte warm naar me. 'Jij wilt het verblijf toch ook niet op deze manier afsluiten? Overmorgen is dit allemaal voorbij. Laten we nog één leuke avond met elkaar hebben.'

Ik aarzelde, maar toch nam ik zijn hand aan. Ik trok een trui aan over mijn pyjama, deed mijn sloffen aan en liep met hen mee. In de bar zaten Kevin, Monica en Almar onderuitgezakt op de chesterfields. Monica droeg de lichtblauwe avondjurk van mijn tía, Almar had een ontbloot bovenlijf en Kevin had zich in de mosgroene fluwelen jurk geperst. Ik zag dat de rits was uitgescheurd. Op de salontafel stonden shotjesglazen met een bijna lege fles vermout.

'Ze is er!' zei Kevin opgetogen. Hij stond op, stapte op de zoom van de jurk – ik hoorde de stof scheuren – en ging achter de bar staan.

Meer dingen begonnen me op te vallen. Dat Itty geen broek aanhad. Dat Almars lippen waren gestift. Dat Monica enorm rode wangen had. Onder een van de barkrukken zag ik de felroze jurk met de pailletten verfrommeld liggen.

Jelle leidde me alsof ik een bejaarde was aan mijn arm mee naar de andere bank. Hij ging naast me zitten, zijn arm losjes op de leuning achter me. Itty plofte aan mijn andere kant neer. Er heerste een vreemde geladen sfeer.

'Welkom,' zei Monica met geveinsde warmte in haar stem. 'We zaten al op je te wachten. We hebben je gemist, Liliane.'

'Dat heb ik gemerkt,' zei ik, waarop Kevin in de lach schoot.

'Ja sorry, maar af en toe is Liliane nog steeds erg grappig,' zei hij snel tegen Monica.

'Nu jij er bent, kan Almar mooi zijn opdracht uitvoeren,' zei zij.

'Welke opdracht?' Ik snapte nog steeds niet waarin ik terecht was gekomen.

'Truth or dare,' zei Merel. 'Je weet wel.'

NU

NOOIT EERDER HEB IK ZONDER een project gezeten. Ik zorg er altijd voor dat ik het druk heb; deadlines houden mij in leven. Nu alles is weggevallen – het boek over Sergio Rob, Aron, Sietze die ik zélf niet meer heb teruggebeld sinds hij bij Marjan woont en mijn onderzoek naar de dood van Monica – ben ik in het gapende gat gevallen waarvoor ik altijd zo bang was. Ik zit op het bankje voor mijn kantoor. In de lucht houden twee meeuwen een schijngevecht. Ik zou een eindje over de dijk kunnen gaan wandelen. Ik zou de uitgeverij kunnen bellen voor een volgende klus. Ik zou zelf een nieuw project kunnen bedenken, een nieuwe minnaar kunnen vinden op Tinder, een nieuwe taal kunnen leren, een taart kunnen bakken. Maar in plaats daarvan lees ik de brief van Almar, opnieuw en opnieuw, alsof ik daarin dé oplossing ga vinden.

Ik wou dat ik alles over kon doen, maar dat kan nou eenmaal niet. Het enige wat ik nog kan is mijn excuses aanbieden en hopen dat jij verdergaat met je leven en gelukkig bent. Je verdient het.

Almar

Nog steeds begrijp ik niet hoe hij dit briefje heeft kunnen schrijven als hij mij verdacht. Het slaat nergens op. Zou hij dan niet iets gezegd hebben in de trant van: 'Ik weet wat je hebt gedaan en ik vergeef je?' Maar ik kán het niet eens gedaan hebben. Er waakten drie mensen voor mijn deur, en het lijkt me stug dat ik uit mijn raam ben geklommen, Monica op de een of andere manier naar buiten heb gelokt en weer naar binnen ben gegaan.

Wat zat Almar nog zo dwars dat hij mij op zijn laatste dag is komen opzoeken? Ik sta op, loop mijn kantoor binnen en werp nog één keer een blik op de mindmap. Er is vast iets wat ik over het hoofd heb gezien. Het kan niet anders.

Dan zie ik het. De A's. Die wijken af. Meer verschillen beginnen me op te vallen. Het handschrift op de mindmap is veel ronder dan dat in Almars brief. Ook de hoofdletters I, H en J zien er anders uit, alhoewel de verschillen hier kleiner zijn. Kevin, denk ik dan. Dit is het handschrift van Kevin.

Langzaam begint het tot me door te dringen: Almar heeft helemaal geen onderzoek gedaan naar de dood van Monica. Hoogstwaarschijnlijk heeft hij een keer het relaas van Kevin aangehoord, net zoals Jelle. Ik stel me voor dat Kevin bij hem langs is gekomen en deze mindmap heeft gemaakt. Zei Kevin niet dat hij mij in het begin als verdachte zag?

Het lijkt allemaal opeens heel logisch. Almar voelde zich verantwoordelijk. Hij was immers degene die Monica had meegenomen naar het hotel. Hij was degene die van ons concurrentes maakte. En vervolgens heeft hij niet kunnen voorkomen wat er die nacht met mij is gebeurd. Natuurlijk hebben Merel, Itty en Almar niet non-stop voor de deur gezeten. Gelegenheid genoeg.

Soms moeten mensen naar het toilet, gaan ze theezetten of halen ze een warme trui. Almar moet in een vlaag van schuldgevoel – en vergeet de drank ook vooral niet – Monica hebben buitengesloten.

Daarom kon hij niet meer met zichzelf leven.

Dat kwam hij me vertellen.

Ik pak een rode stift en zet een grote cirkel om zijn naam. Een cirkel die verdacht veel op een hart lijkt.

TOEN

'KOM,' ZEI MONICA en ze strekte haar hand naar Almar uit.

Almar stond op. Het viel me op dat hij nog geen enkele keer mijn kant op had gekeken. Alsof hij zich schaamde, en niet alleen voor de belachelijke lippenstift die hij droeg.

Monica gaf hem een speels tikje tegen zijn billen. 'Huppakee.'

Hij liep naar de bar waar Kevin een whiskyglas met ijs had klaargezet.

'Pak de duurste, Kev,' zei Monica. 'De whisky die het allerzeldzaamste is, die nooit vervangen kan worden.'

'Dan denk ik dat ik voor de Glenfarclas ga,' zei Kevin. 'Al spreekt de zesentwintig jaar oude Glenfiddich me ook aan. Maar het is natuurlijk leuker om iets te drinken van een kleiner, exclusiever huis...'

Itty, Merel en Jelle keken me nieuwsgierig aan. Waarschijnlijk verwachtten ze een reactie, maar ik zei niets. Ik dacht op dat moment nog dat het een grap was. Een manier om mij op de kast te krijgen. Al had ik kunnen weten dat niets meer te ver ging voor deze groep.

Kevin haalde de fles uit de speciale klimaatkast. '1980,' las hij voor. 'Een prachtig jaar. Hoelang zou je oom deze fles al hebben bewaard? Toch zeker wel een jaar of tien, vijftien, denk ik. En over tien jaar is-ie nog lekkerder. Jammer dat hij dat nooit zal meemaken.'

Nog steeds dacht ik dat hij hem niet echt open ging maken, maar helemaal zeker was ik er niet meer van. Ik overwoog om op te springen en de fles uit Kevins handen te rukken, ik hoorde tía Paola's geschreeuw al in mijn hoofd. Tío Manuel zou niet eens boos zijn, maar wel diep teleurgesteld, wat ik erger vond. Alsof Jelle mijn gedachten kon lezen klemde hij zijn hand om mijn schouder.

Itty begon zenuwachtig te giechelen. 'Hebben jullie dat ook? Dat je hart een beetje sneller klopt? Het doet me denken aan de keren dat ik vroeger stiekem mijn moeders sherryfles leegdronk.'

'Sherry?' zei Kevin. 'Gatverdamme.'

'Tja, dat dronk zij nou eenmaal. Ameland, hè?'

'Je zou je gezicht moeten zien, Lil,' zei Merel die op de plek van Kevin was gaan zitten. Ook zij begon stom te lachen. Het was een andere lach dan die ik van haar kende. Ze klonk als een hinnikend paard. 'Alsof iemand er met je favoriete speeltje vandoor gaat.'

'Oké jongens, leuke grap. Creatief bedacht,' zei ik. 'Mag ik nu weer naar bed?' Ik probeerde overdreven te geeuwen, al lukte dat niet vanwege de spanning in mijn kaken.

'Sorry, Liliane,' zei Monica. 'Je weet wat de regels zijn.'

Kevin opende de fles zonder al te veel ceremonie. Het was gebeurd voordat ik er erg in had. Daarna schonk hij de goudkleurige vloeistof in het whiskyglas.

‘O mijn god,’ zei Merel. ‘Ik had niet gedacht dat je het echt ging doen.’ Ze liet zich al hinnikend tegen Monica aan vallen die aanstellerig meelachte.

Ik wilde opstaan en weglopen, maar Jelle dwong me te blijven zitten. ‘Blijf!’ zei hij dreigend in mijn oor. Zijn adem stonk behoorlijk, alsof zijn maagklepje een beetje openstond. Ik keek de andere kant op om het niet meer te hoeven ruiken.

Kevin gaf het glas aan Almar, die inmiddels met zijn rug naar mij toe op een van de barkrukken zat. Ik vroeg me af wat er door hem heen ging. Ik kon me niet voorstellen dat hij deze gang van zaken goedkeurde, maar zonder tegen te sputteren zette hij het glas aan zijn lippen en nam een slok.

‘En nu terwijl je Liliane aankijkt,’ zei Monica. ‘Anders is het te makkelijk.’

Almar draaide zich om, waarbij hij even zijn evenwicht dreigde te verliezen. Ik zag nu pas hoe lodderig en bloeddoorlopen zijn ogen waren. Hij keek me aan, maar maakte geen oogcontact. Hij had net zo goed naar de open haard kunnen kijken of naar een vochtvlek in het behang. Ik vroeg me af in hoeverre hij er nog wel bij was. ‘Proost,’ bracht hij uit en hij nam nog een slok. Een rode mondafdruk bleef op het glas achter.

‘Lekker, ouwe!’ riep Kevin.

Monica begon te gillen van de lach. De anderen deden met haar mee.

Net als de keer dat Monica haar pistool op de bewakingscamera had gericht, voelde ik me nu ook verrassend kalm worden. Alsof alle emoties in mij waren bevroren.

‘Zo, wie is er nu?’ vroeg Monica. ‘Ik denk...’ Ze keek met venijnige ogen de ruimte rond. ‘... Merel. Maar eerst een shotje.’

De glazen werden bijgeschonken met de dure whisky van tío Manuel. Ook ik kreeg er een in mijn handen geduwd. 'Nee, dank je,' zei ik. 'Ik wens jullie veel plezier samen, maar ik ga naar bed.'

'O nee,' zei Monica. 'Je moet toch straks aan je oompie kunnen vertellen hoe lekker hij was, vinden jullie ook niet?'

Jelle verstevigde zijn greep rondom mijn schouders. De rest zat met benevelde gezichten toe te kijken. Als een muis een uil aan ziet komen, doet hij alsof hij dood is in een poging de aanval af te wenden. Tien procent van de muizen gaat dan ook daadwerkelijk dood, niet door de uil, maar door de stress. Dit stomme weetje, ooit gehoord tijdens een biologieles, schoot door mijn hoofd.

'Drink op,' zei Monica. En daarna tegen Jelle: 'Laat haar dat shotje drinken en als ze niet wil, dan help je haar maar.'

Jelle pakte hardhandig mijn kin beet. Met zijn andere hand greep hij mijn achterhoofd vast, zodat ik mijn hoofd bijna niet meer kon bewegen. Ik was me bewust van mijn snuivende ademhaling.

'Giet het spul naar binnen,' zei hij tegen Itty.

Itty hield het glaasje tegen mijn mond, maar ik perste mijn lippen op elkaar. Ze drukte de rand van het glas nog harder tegen me aan, zo hard dat ik bang was dat het glas zou breken. Ik wenste dat ze me aan zou kijken. Zodat ze kon zien dat ík het was, haar vriendin. Dat kon ze toch niet helemaal vergeten zijn?

'Knijp haar neus dicht,' zei Monica.

Ik probeerde nog steeds oogcontact met Itty te maken, maar haar ogen schoten wild alle kanten op. Haar mascara was uitgelopen en op haar oogleden zat een enorme hoeveelheid glimmende oogschaduw.

Ik probeerde mezelf los te wringen, maar Jelles grip was te sterk. Met mijn ellebogen ramde ik in zijn zij, waarna hij nog harder in mijn kin kneep. Ik schopte tegen de zware salontafel in de hoop dat iemand bij zinnen zou komen. Maar bij alles wat ik deed, begonnen ze alleen maar nog stommer te lachen.

Het moment waarop ik moest ademen kwam onvermijdelijk. Zodra ik mijn mond opende, goot Jelle de whisky naar binnen, waardoor het spul in het verkeerde keelgat terechtkwam. Ik proestte het uit. Tranen in mijn ogen. Drank die uit mijn neusgaten naar buiten kwam. Het gevoel dat ik stikte. Ik sloeg voorover en hapte naar adem. Niemand die op mijn rug klopte. Niemand die iets geruststellends zei. Ik was overgeleverd aan hyena's.

Uiteindelijk stond Itty op en bracht me een glas water. Dankbaar nam ik een paar slokken. Het is bijna afgelopen, dacht ik. Ze hadden hun lolletje gehad en nu mocht ik vast gaan. Maar de arm van Jelle die inmiddels weer dwingend om mijn schouders lag vertelde een ander verhaal.

'Zo,' zei Monica toen ik weer bij was gekomen. 'Had je maar niet ons eten af moeten pakken.'

Almar zat intussen met zijn hoofd in zijn handen aan de bar, alsof hij het allemaal niet meer aan kon zien. Merel zat naast Monica, als haar trouwe hofdame. Ze had inmiddels exact hetzelfde kapsel: losse golven die ongetwijfeld met Monica's krultang waren gemaakt. Ook zij was zorgvuldig opgemaakt.

'Merel,' zei Monica. 'Wat zullen we eens voor jou bedenken? Wat als jij Lilianes pyjamatop eens uittrekt?'

'Echt niet,' zei Merel giechelend en niet bepaald overtuigend.

'Je weet wat de regels zijn,' zei Monica. 'Nee is geen antwoord.'

'En nu al helemaal niet,' zei Kevin. Hij ging aan mijn andere kant zitten.

Merel stond met gespeelde tegenzin op. Ze sloeg even haar ogen ten hemel. 'Moet dit echt? Wat als ik Jelle uitkleed? Dan heb ik er zelf tenminste ook wat aan.' Ze hinnikte nog maar een keer.

'Opdracht is opdracht,' zei Monica.

Ik wist dat ik moest opstaan. Wegwezen. Halfslachtig probeerde ik overeind te komen, maar ik had alle kracht verloren. Alsof mijn lichaam het had opgegeven.

'Blijf zitten,' zei Jelle en hij duwde me naar beneden.

Op dat moment viel Almar met een enorme kletter van de kruk af. Even bleef hij doodstil liggen en daarna draaide hij zich kreunend op zijn zij.

Verbijsterd keken we ernaar.

'What the fuck,' zei Kevin en hij begon gillend te lachen. Iedereen lachte keihard mee.

Misschien is hij wel gewond, dacht ik.

Jelle stond op om hem te helpen. Kevin greep mij snel vast nog voordat ik kon bewegen.

Monica zei: 'Laat liggen. Die komt zo nog wel weer bij.'

Jelle ging weer zitten, maar nu op de bank tegenover mij.

'Als hij maar niet zijn neus heeft gebroken,' zei Merel. 'Hij is al zo... opvallend.'

'Niet zo gemeen doen, Merel,' zei Monica quasistreng. 'Niemand is perfect. Bovendien weet je wat ze zeggen: grote neus, grote... neus.'

Almar maakte een vaag geluid dat van alles kon betekenen. Ik hoopte dat de aandacht dusdanig was afgeleid dat ik weg kon glippen, maar Merel stond al voor me.

'Hoe moet ik dit aanpakken?' Ze giechelde. 'Ik kan niet zeggen dat ik hier veel ervaring mee heb.'

'Nee, dat is meer Itty's afdeling,' zei Kevin.

'Hou je bek, Kev,' zei Itty.

Nog steeds stond Merel voor me te dralen. Toen ze genoeg moed had verzameld pakte ze resoluut de boord van mijn trui en trok hem omhoog tot halverwege mijn borstkas.

'Wacht even,' zei Monica. 'We hebben de juiste sfeer nodig.' Ze deed het grootste deel van de lampen uit, stapte over Almar heen die nog steeds op de grond lag en doorzocht de cd's achter de bar voor de juiste muziek. 'Al die Spaanstalige shit,' mopperde ze. 'Aha, hier heb ik het.'

Even later schalde 'Senza Una Donna' van Paul Young en Zucchero door de ruimte. 'En... go!' zei Monica tegen Merel. Zelf kwam ze dansend op de maat van de muziek achter de bar vandaan.

Ik had me al die tijd niet bewogen. Het was alsof ik zelfs niet meer in mijn lichaam aanwezig was. Ik registreerde wat er gebeurde, maar als iets wat niets meer met mij te maken had.

Ook Merel begon te heupwiegen op de maat van de muziek, als een slechte kopie van Monica. 'Armen omhoog,' zei ze tegen me. Omdat ik niet deed wat ze vroeg, tilde Kevin een voor een mijn armen omhoog om haar te helpen. Daarna trok Merel de trui over mijn hoofd. Hij bleef even steken, de synthetische wol prikkelde in mijn neusgaten. Daarna trok Merel de trui in één ruk uit. Het materiaal maakte een knetterend geluid door de statische elektriciteit.

'Typisch iets voor haar om een pyjama uit de oertijd te dragen,' zei Monica en ze nam een slok whisky, rechtstreeks uit de fles.

Merel begon, nog steeds heupwiegend, de knoopjes van mijn pyjamabloesje een voor een los te maken. Het was de flanellen pyjama die mijn moeder speciaal voor dit verblijf voor me had gekocht. Hij had lichtroze streepjes en zag eruit als iets wat je zou kopen voor een geplande ziekenhuisopname.

Kevin hield mij nog steeds stevig bij mijn schouders vast. Ik voelde zijn schrale adem op mijn huid die steeds bloter en killer werd.

'Ze heeft er niets onder aan.' Even hield Merel op en ze keek Monica vragend aan.

'Komt dat even goed uit,' zei Monica. 'Laat maar eens zien dan.'

Inmiddels was mijn lichaam een opzichzelfstaande unit. Het leunde zelfs even naar voren om het uitkleden makkelijker te maken. Even later zat ik met een ontbloot bovenlichaam op de bank. Ik registreerde dat ik kippenvel kreeg, maar ik voelde het niet.

'Klaar!' zei Merel trots, zoals wanneer je vroeger een taakje had uitgevoerd voor de juffrouw.

'Shotje!' riep Monica uitgelaten. Ze pakte de whiskyfles en vulde de glaasjes ermee. Iedereen sloeg de drank achterover. Kevin zette een glaasje aan mijn mond en ik dronk het leeg. Deze keer liet ik het wel uit mijn hoofd om tegen te stribbelen.

'Dat viel mee,' zei Monica. 'Altijd interessant om te zien hoe makkelijk sommige mensen zich laten temmen. Even denken... Wie is er nu aan de beurt?'

'Ik,' zei Kevin.

‘Itty,’ zei Monica. ‘Itty, aangezien jij nog in de kast zit, wordt het tijd om eruit te komen. Als jij nou eens Lilianes pyjamabroek uittrekt. En haar slipje, als ze dat draagt.’

‘Dat ga ik echt niet doen,’ zei Itty.

‘Jawel,’ zei Monica. ‘Je kent het spel.’

Itty keek me voor het eerst aan. Ik registreerde haar angst, misschien hoopte ze zelfs op een verwrongen manier dat ik haar te hulp zou schieten. Maar ze stond er, net als ik al die tijd, alleen voor. ‘Til je billen op.’ Haar stem trilde.

Mijn lichaam boog wat naar voren, verplaatste het gewicht naar mijn benen en tilde mijn kont op.

Itty stroopte haastig mijn pyjamabroek en meteen ook maar mijn onderbroek naar beneden tot aan mijn enkels. Mijn blote billen ploften neer op het koude en gladde leer. Itty ging naast me zitten, maar wel zo ver mogelijk bij me vandaan.

De muziek stopte. Opeens werd het stil. Heel stil. Zelfs Kevin had kennelijk niets meer te zeggen. Misschien was dit dan eindelijk het moment waarop iedereen zich realiseerde dat ze veel te ver waren gegaan en dat het beter was om te gaan slapen en dit heel snel te vergeten.

Zelfs Monica zat ongemakkelijk te kijken. Totdat ze uitriep: ‘Shotje!’

Opgelucht werden de glazen bijgevuld en achterovergeslagen. Kevin dronk zelfs meteen een tweede glas en liet daarna een boer. ‘Sorry,’ zei hij er snel achteraan. ‘Ziet er goed uit, Lil.’

Monica liep naar de bar, waar Almar nog steeds op de grond lag en zette een Spaanstalige plaat op. Volksmuziek vulde de ruimte. ‘Hè, gezellig,’ zei Monica. Ze bukte zich om naar Almar te kijken. ‘Gaat het weer een beetje?’

Almar mompelde iets.

'Kom,' zei Monica. 'Je mist het hele feestje.' Ze pakte zijn arm en sjorde hem overeind. Met zijn rug tegen de bar aan bleef hij zitten.

'Nog effe,' bracht hij uit met halfgesloten ogen.

Monica schonk een glaasje water voor hem in. 'Drink maar op, schatje,' zei ze met een onverwacht tedere stem. Ze kuste hem zelfs even op zijn voorhoofd. Daarna ging ze op de bank zitten. 'Zo, waar waren we gebleven?'

'Ik kan niet meer,' mompelde Merel en ze liet zich opzijvallen op de bank. Ze sloot haar ogen en leek meteen te zijn vertrokken. Of deed ze alsof ze sliep, zodat ze alles wat erna zou plaatsvinden niet hoefde te zien?

Nog steeds zat ik daar naakt. Ik had me niet meer bewogen. Kevin verplaatste zijn hand van mijn schouder richting mijn rechterborst. Met zijn wijsvinger streelde hij mijn huid, over mijn sleutelbeen en lager. Niemand merkte het op, maar voor mij was het alsof er een vlieg over mijn huid liep. Subtiel, maar onmogelijk te negeren. Zijn adem versnelde. Monica loerde vanaf de overkant van de bank met smakkende lippen naar ons. Ik had al een hele tijd niet meer met mijn ogen geknipperd; ze voelden schraal aan.

'De volgende is... Jelle!' riep Monica uitgelaten. Zo levendig had haar stem nog nooit geklonken. Ook haar ogen straalden. Als bij een vampier na het drinken van de eerste druppels bloed. 'Applaus!' Merel leek dwars door alles heen te slapen, Itty reageerde niet, Kevin liet mij zelfs even los om mee te klappen en ook Almar klapte vanaf de grond flauwtjes mee.

'Jelle, aan jou de taak om aan... Lilianes tieten te zuigen!'

'Ik hou meer van blond, dat weet je toch?' Jelle knipoogde naar Monica.

'Ik doe het wel,' zei Kevin, terwijl zijn hand al naar mijn borst greep.

'Nee,' wilde ik zeggen, maar mijn keel zat dicht. Ik opende mijn mond, maar weer kwam er niets uit. Ik slikte en slikte nog een keer, maar mijn stem was nergens te bekennen.

'Kijk haar genieten, lieve mensen.' Monica had inmiddels rode wangen, alsof ze koorts had. Haar linkerbeen bewoog driftig op en neer. 'Nooit gedacht dat jij zo geil was, Liliane. Vind jij ook niet dat Liliane enorm sletterig is terwijl ze doet alsof ze zo braaf is, It?'

Itty schraapte haar keel. 'Ja,' zei ze met wankele stem.

'Precies,' zei Monica tevreden.

'Goed dan,' zei Kevin. 'Omdat jij het wilt, schatje.' Hij bracht zijn gezicht naar mijn borst. Ik rook de Andrélon-shampoo tegen vet haar die hij altijd gebruikte, vermengd met haargel en Davidoff Cool Water. Zijn natte lippen omvatten mijn tepel en hij zoog er zachtjes aan. Hij kreunde.

'Zo is het wel genoeg,' zei Monica.

Kevin bleef gulzig aan mijn borst zuigen, net zolang totdat Monica hem een tik op zijn achterhoofd gaf.

'Au!' zei hij.

'Shotje!' zei Monica.

Weer werd er een rondje whisky ingeschonken. De fles was al bijna leeg. Ik verwelkomde inmiddels het verdovende effect.

'En hoe gaat het met onze patiënt?' vroeg Monica, kijkend naar Almar die nog steeds tegen de bar aan zat. 'Ben je alweer helemaal wakker?'

'Soort van,' zei Almar.

'Mooi.' Monica stond op, schonk een glas water in en gooide dat zonder enige aarzeling in zijn gezicht. Het was verbazingwekkend hoe doeltreffend ze dat deed. Alsof ze dit van tevoren allemaal al had uitgedacht.

Almar begon te proesten. Zijn haar droop in sliertjes langs zijn wangen. 'Wat doe jij nou?' vroeg hij.

'Ik maak je klaar voor de volgende opdracht,' zei Monica.

'Wij zijn allemaal al geweest,' zei Kevin. 'Nu is het jouw beurt, vriendje.'

'Voor de volgende opdracht is het beter als je even geen shotje neemt,' zei Monica. 'Neuk Liliane.'

'Ha ha,' zei Almar.

'Het is niet alsof je dat nog niet eerder hebt gedaan.' Monica keek triomfantelijk rond. 'Dat wisten jullie niet, hè. Almar en Liliane, zogenaamd "beste vrienden", deden het met elkaar.'

Almar zei niets. Hij leek wat meer bij bewustzijn dan vóór het glas water, maar echt helder kon je hem niet noemen.

'Aan het werk,' zei Monica. 'Kom op.'

'Ik ga naar bed,' zei Almar. Hij moest zich aan de rand van de bar vasthouden om overeind te komen.

'Wij zijn allemaal al geweest terwijl jij ongezellig in coma lag,' zei Monica. 'Iedereen heeft iets moeten doen wat hij lastig vond, behalve Kevin dan.'

Kevin grijnsde even zijn tanden bloot, zoals een chimpansee doet als een vijandig mannetje nadert.

Almar zette wankele stappen richting de deur. Iets in mij werd wakker. Misschien was dit wel mijn kans om te ontsnappen. Ook Itty ging rechterop zitten.

‘Dat gaat zomaar niet,’ zei Monica. Haar stem klonk dreigend. ‘Of wel, Kevin?’

Kevin zei niets terug. Opeens lag zijn arm losjes tussen ons in, alsof hij volmaakt onschuldig was.

Ook Almar zei niets. Hij was er bijna. Ik was er bijna.

NU

TRAUMA'S ZIJN HARDNEKKIG. Ik heb zeventien jaar geen nacht kunnen doorslapen, totdat de antidepressiva begonnen te werken. Eindelijk word ik niet meer wakker van elk geluid, met het idee dat ik in gevaar ben. Dit is hoe het is om je veilig te voelen. In je eigen huis. In je eigen lichaam.

Maar vandaag ontwaak ik met een schok uit een variatie op mijn gebruikelijke nachtmerrie. Weer rende ik achter Monica aan in de sneeuw, maar deze keer hoorde ik wolven huilen. Het werd steeds moeilijker om haar bij te houden en ik raakte steeds meer buiten adem. Toen struikelde ik. Op het moment dat ik omhoogkrabbelde, stond ik oog in oog met een enorme wolf.

Het is drie uur 's nachts en mijn ruggengraat staat strak van de spanning. Het was maar een droom, houd ik mezelf voor. Toch heb ik ook het idee dat ik iets hoor. Een gescharrel in de tuin. Het knarsen van grind. Na een tijdje ingespannen luisteren word ik rustiger. Niets aan de hand, zeg ik tegen mezelf. Het is waarschijnlijk de wind die recht op de voordeur staat en hem doet rammelen. Een egeltje dat in de tuin scharrelt. Een verdwaalde automobilist. Vroeger hielden dit soort geluiden me hele nachten wakker. Nu laat ik ze voor wat ze zijn.

Toch zit het me niet lekker. Voor de zekerheid kom ik uit bed en kijk uit het raam. Het is een warme zomernacht en ik heb alleen maar een hemdje en een slipje aan. Ik zou het liefst naakt slapen, maar dat is nog steeds een brug te ver. Te kwetsbaar. Je kunt heel ver komen in je verwerking, maar denk niet dat je ooit helemaal heelt.

Door de nieuwe maan is de tuin nog donkerder dan normaal. Veel mensen komen naar dit gebied om sterren te kijken, omdat hier weinig luchtvervuiling is. Donkerte is een schaars goed in Nederland.

Achter in de tuin zie ik iets flikkeren. Een geeloranje gloed die over de muur van mijn tuinkantoor danst. Het duurt even voordat ik het kan plaatsen, totdat iets in mijn lichaam aanslaat. Brand?

Terwijl ik de trap af loop, voelt het huis anders. Misschien is het een geur. Een afwachtende spanning. Een tochtvlaag. Het liefste wil ik terugkeren naar mijn slaapkamer, een stoelleuning onder de deurkruk schuiven en wachten tot het ochtend wordt, iets wat ik vaak genoeg heb gedaan in het verleden. Maar als er inderdaad iets brandt in mijn werkkamer, moet ik nu handelen. Kom op, praat ik mezelf moed in.

Ik blijf staan en luister ingespannen naar mijn eigen ademhaling. Verder is het stil in het huis. Er is niemand hier. Echt niet. Behoedzaam kijk ik om de hoek van de woonkamer. Niets. Leeg. Donker. Stil.

Via de woonkamer loop ik naar de keuken waar de brandblusser hangt. De gedachte dat ik hiermee iemand op zijn hoofd kan slaan, geeft me een iets zekerder gevoel. Ik open de achterdeur.

Grind wordt aangeraden als inbraakpreventie, maar nu kan ik het wel vervloeken. Op mijn tenen loop ik eroverheen, maar nog steeds maakt elke stap een oorverdovend geluid dat zelfs boven het bonken van mijn hart uit komt.

Ik heb het goed gezien. Iets brandt in mijn kantoor, de oranje gloed is beter zichtbaar vanaf hier. Zodra ik bij het gras ben aangekomen, zet ik het op een rennen en ruk de deur open. In het midden van de kamer staat de prullenbak waar nu vlammen uit komen. Ik druk de hendel van de brandspuit in en al snel is de bak gevuld met stinkend wit schuim en de rest van de kamer met chemisch ruikende rook.

Hoestend doe ik het licht aan. Nu zie ik dat de mindmap van de muur is gescheurd. In plaats daarvan staat er met dikke rode letters op de muur geschreven:

DENK AAN MIJ.

TOEN

MONICA SPRONG OVEREIND. Ze pakte Almar hardhandig bij zijn beide schouders vast en voerde hem mee naar de chesterfields. Hij verzette zich niet. Ze dwong hem op de salontafel te gaan zitten. Voor mij. Ik voelde heel even zijn ogen op mij rusten. De vogel in mijn borst sloeg zijn vleugels uit en vloog weg.

'Dit is Liliane,' zei Monica. 'Je kent haar wel. En zoals je ziet vraagt ze – wat zeg ik, smeekt ze erom geneukt te worden.'

Van ergens boven in de ruimte, vlak onder de donkere eikenhouten balken die door arbeidskrachten ergens begin twintigste eeuw waren gelegd, keek ik toe. Ik besloot dat dit niets meer met mij te maken had.

Almar zei niets. Ik zag hem slikken. Ik zag paniek, voor zover dat mogelijk was in een beneveld brein.

Kevin schoof behoedzaam een stukje opzij.

'Doe normaal, Monica,' zei Almar weinig overtuigend.

Monica ging naast hem zitten en wreef met haar hand over zijn kruis. 'Je wilt wel,' zei ze. 'Het enige wat je nog moet doen is eraan toegeven.'

'Hou op.' Almar deed een halfslachtige poging om haar hand weg te duwen.

‘Niet zo zeuren,’ zei Monica. Haar stem klonk ijskoud. ‘Je gaat nu Liliane neuken en snel een beetje.’

Almar haalde uit met zijn elleboog. Hij raakte haar vol in de ribben. Als het al pijn deed, liet ze het niet merken.

‘Je vraagt erom,’ zei ze en ze haalde iets tevoorschijn.

Er ging een schokgolf door mijn huisgenoten heen.

‘What the fuck?’ zei Kevin geschokt. Itty slaakte een kreet. Merel bewoog even. Jelle sperde zijn ogen open.

Toen zag ik het ook. Glinsterend staal.

‘Neuk haar,’ zei Monica met de loop van het pistool op mij gericht.

Almar begon over zijn hele lichaam te trillen. ‘Doe effe normaal. Dit is niet grappig meer.’

‘Neuk haar,’ herhaalde ze.

Almar schudde langzaam zijn hoofd. ‘Monica…’ smeekte hij.

‘Dan doe ik het,’ zei Monica.

(Opeens was mijn moeder daar. Ze zweefde naast mij onder de balken en pakte me bij mijn kin. ‘Lieve Lili,’ zei ze. ‘Kijk naar me. Je kunt hier niets aan doen. Tegen dit soort gekte is niemand opgewassen.’)

De loop van het pistool gleed mijn vagina binnen.

‘Kijk hoe makkelijk dat gaat,’ zei Monica. ‘We hoeven echt geen medelijden te hebben hoor, ze is er helemaal klaar voor.’

(‘Niet op letten,’ zei mijn moeder. ‘*Mírame.*’ Ze keek me aan met haar lieve bruine ogen en ik wilde dat ik de tijd terug kon draaien. Dat ik haar liet zijn wie ze was. Dat ik gewoon bij haar was gebleven op het Fioringras. Dat ik niet had geprobeerd om iets of iemand te zijn die ik niet was.)

De loop van het pistool gleed in en uit me, in en uit me. Itty begon te huilen. Kevin keek toe met zijn hand voor zijn mond, Jelle draaide zich weg om niets te hoeven zien. Merel hield zichzelf nog steeds dood.

('Wees niet bang. Ik ben bij je,' zei mijn moeder.

'*Te amo, mami*,' wilde ik zeggen...)

Met een schok werd ik terug mijn lichaam in getrokken. Braaksel dat niet van mij was golfde over mijn ijskoude huid heen.

'Sorry, sorry.' Almar pakte mijn pyjamabloesje van de grond en probeerde me schoon te vegen. De geur van sterkedrank vermengd met maagzuur. Nog steeds was ik niet in staat om te bewegen.

Monica stond behoedzaam op en verdween, alsof ze in het niets was opgelost. Misschien had ze wel nooit bestaan.

Itty stond op, pakte de roze avondjurk van de grond en legde hem over me heen.

'Lili,' smeekte Almar. 'Zeg alsjeblieft iets.'

Merel kwam overeind en wreef in haar ogen. 'Wat is hier aan de hand?' vroeg ze.

Daarna keek ze naar mij en zei: 'Holy fuck.'

Opeens had ik weer toegang tot mijn motoriek, alsof er een schakelaar was omgezet. Ik klopte met mijn handen op mijn bovenbenen, ten teken dat de zitting voorbij was. 'Ik ga slapen,' zei ik. Mijn stem klonk normaler dan normaal. Ik stond op, waardoor de roze jurk op de grond gleed. Itty deed nog een poging om hem om me heen te slaan, maar ik liep naakt door, de kamer uit, de trap op, de gang in.

Itty, Merel en Almar kwamen achter me aan. 'Lili, Lili, ben je oké?' vroegen ze in koor.

Ik sloeg de deur achter me dicht en draaide het nachtslot erop.

Verstijfd lag ik in bed. Vreemde gedachten raasden door me heen. Misschien had ik koorts. Misschien was ik wel dood. Ik had geen besef meer van tijd. Af en toe werd ik gestoord door de stemmen van mijn huisgenoten. 'Lili,' riepen ze. 'Ben je oké?'

Ik werd me bewust van het geluid van een helikopter die landde op de parkeerplaats. Ik opende mijn ogen en zag aan het kiertje tussen de gordijnen dat het dag was. Daarna was het een hele tijd stil en vroeg ik me af of ik me had vergist.

Geklop op mijn deur. De stem van Merel. 'Lili?' Ze deed de deur open en liep behoedzaam naar binnen. 'Lili?' vroeg ze nogmaals. Ze ging op de rand van het bed zitten en legde voorzichtig een hand op mijn schouder. 'De helikopter is er.'

'Waarom hebben jullie die gebeld?' vroeg ik. 'Ik wil niet dat iemand dit weet... wat er is gebeurd. Zeg maar dat er niets aan de hand is en dat ze terug moeten gaan.'

Merel slikte hoorbaar. 'Ze komen niet voor jou. Monica is dood.'

NU

IK STAAR NAAR DE RODE letters op de muur en vraag me af wie dit heeft gedaan. Wie het ook is, ver kan hij niet zijn. Ik doe het licht uit, omklem de brandblusser met beide handen en loop weer de tuin in. In de verte hoor ik een uil. Weer ben ik me bewust van mijn schaarse kleding. Ik denk aan de joggingbroek die ik aan had kunnen trekken, aan mijn mobiele telefoon die nog op het nachtkastje ligt. Jarenlang heb ik geanticipeerd op gevaar en nu het er is, ben ik onvoorbereid.

Ik blijf staan en luister. De uil is inmiddels stil. Het enige wat ik hoor is het zachte ruisen van de zee. Als de indringer mij kwaad wilde doen, had hij dan niet in mijn slaapkamer gestaan?

Hij wilde me vooral bang maken, en dat is goed gelukt.

Ik zou naar de buren kunnen rennen om de politie te bellen. Ze wonen een paar honderd meter verderop in een huisje dat lijkt op het mijne. Een ouder echtpaar. We groeten elkaar altijd vriendelijk, maar net als ik zijn ze erg gesteld op hun privacy.

Weer moet ik over het grind lopen naar de achterdeur. Binnen is het stil. Te stil. Alsof het hele huis vacuüm is gezogen. Ik loop de trap op, naar mijn slaapkamer, naar mijn telefoon. Nog even en ik ben er. Hoelang zal het duren voordat de politie hier is? Vijftien minuten? Twintig? Op mijn slaapkamer doe ik snel de deur achter me dicht en ik wil de stoel onder de kruk schuiven.

Iets klopt hier niet.

Ik draai me om.

Iemand zit op de rand van mijn bed.

EEN JAAR LATER

JE MOET JE NIET TE VEEL voorstellen van signeersessies, heeft Marieke me verteld. Daarom valt het mee dat er een kleine rij wachtenden is wanneer ik de boekwinkel binnenloop. Bij de kassa hangt een poster met mijn levensgrote foto. Ik word er een beetje giechelig van.

'Wat een mooie vrouw hangt daar.' Aron is met me meegekomen. Nadat we elkaar een tijdje met rust hadden gelaten, heb ik besloten om hem alles te vertellen. Hij kent nu het hele verhaal, ook wat er is gebeurd in Spanje inclusief de dingen waar ik me het allermeest voor schaam.

Hij had altijd al gedacht dat ik iets traumatisch met me meedroeg, zei hij. Het zal nog wel even duren voordat hij me volledig vertrouwt en dat begrijp ik helemaal. We doen het rustig aan, maar inmiddels durven we het voorzichtig een relatie te noemen.

'Als je me maar niet voor haar inruilt,' zeg ik, nog steeds kijkend naar mijn poster.

'Ik heb liever de echte.' Hij knijpt me in mijn hand.

De grote stapels *Tijgerlelie* liggen al klaar op een tafeltje. Het boek heeft zichzelf geschreven. Ik ging zitten en mijn vingers begonnen als vanzelf te bewegen over het toetsenbord, alsof ik werd bestuurd door een hogere macht. Soms had ik moeite om te stoppen en werkte ik nachten door. Het verhaal had zo lang in mij gevangengezeten, het móést eruit. En nu ligt het hier met mijn naam in grote letters op de voorkant.

Ik heb het manuscript van Sergio Rob teruggegeven aan de uitgeverij. De aanklacht tegen hem heeft niet geleid tot een rechtszaak en alle gemoederen zijn inmiddels bedaard. Hij heeft een nieuwe seminarreeks aangekondigd en ook hoorde ik hem laatst op de radio een interview geven alsof er niets aan de hand was. Wat de waarheid is in die zaak weet ik niet. Het is niet meer aan mij. Misschien komt er nog een moment waarop Sergio Rob het boek alsnog uit wil brengen. Hij gaat zijn gang maar.

Ik ga zitten achter een tafeltje en haal een pen uit mijn tas.

'Deze is voor mijn moeder,' vertelt de jonge vrouw die als eerste aan de beurt is. Ze pakt een *Tijgerlelie* van de stapel en ik zie haar zelfs liefkozend over de cover strijken. Ze lijkt begin twintig, misschien wel dezelfde leeftijd als ik destijds. Volgens Marieke lezen opvallend veel jongeren het boek, omdat ze zichzelf erin herkennen. Thema's als erbij willen horen, groepsdruk en buitensluiten zijn kennelijk van alle tijden.

'Ik ben vroeger heel erg gepest en mijn moeder stond altijd voor me klaar. Kun je schrijven dat ik haar daarvoor wil bedanken?' gaat ze verder.

'Natuurlijk,' zeg ik en ik probeer de opdracht zo goed mogelijk te formuleren. 'Voor een dappere moeder van een dappere dochter,' schrijf ik en ik geef het boek terug.

De jonge vrouw bedankt me. 'Ik vond het zo cool dat de moeder het had gedaan,' gaat ze verder. 'Dat zag ik echt niet aankomen, maar eigenlijk is het heel logisch. Welke moeder zou niet moorden voor haar kind?'

Ik glimlach naar haar. 'Precies dat.'

'Ik had het ook echt niet aan zien komen. Maar toen ik het wist, vielen alle puzzelstukjes in elkaar. Dat ze al eerder in Bielsa was aangekomen om haar dochter op te vangen. Dat ze niet heeft gewacht tot de officiële weg openging. Dat dit haar manier was om het verleden goed te maken.' De jonge vrouw heeft niet in de gaten dat de mensen in de rij achter haar ongedurig worden en dat ze bovendien keihard de plot aan het verraden is.

'Dank je wel,' zeg ik en ik kijk nadrukkelijk naar de volgende in de rij.

'O, sorry,' zegt ze snel.

Lachend begin ik een gesprekje met de volgende persoon. Deze mevrouw is korter van stof en vraagt of ik iets leuks in het boek wil schrijven voor haar buurvrouw.

'Fuck trauma's,' zet ik erin.

Ze trekt even haar wenkbrauwen op en dan zegt ze: 'Goed punt.'

TOEN

MIJN HANDEN KLEMDEN ZICH om de brandblusser heen. Klaar om uit te halen.

'Sla mij maar neer als het je niet bevalt,' zei Itty. 'We weten allemaal dat je daar goed in bent.' Ze maakte het geluid van een piepende muis, wat de situatie nog angstaanjagender maakte.

'Wat doe je hier?' vroeg ik. 'Hoe heb je mij gevonden?' Mijn blik viel op mijn telefoon die nog steeds op het nachtkastje lag. In vier passen zou ik hem kunnen grijpen. Maar dan?

'Je bent niet de enige die weet hoe ze detective moet spelen,' zei ze. 'Misschien niet zo handig om je bv Tijgerlelie te noemen. Zo heeft Almar je ook gevonden, denk ik.'

Ik voelde me betrapt op iets heel intiems. 'Hoe weet je dat?'

'De muren waren dun, dat wist je toch?'

Ik probeerde de situatie in te schatten. Zolang ik stond en Itty zat, was ik in het voordeel. Aan de andere kant had ik geen idee wat ze van plan was en wat ze in haar tas had.

'Ik wil dat je de waarheid weet,' zei ze.

'Welke waarheid?'

'Over de dood van Monica.' Ze ging verzitten, alsof ze gewoon een vriendin was en dit een slaappartijtje was. Een vage lucht van wierook hing om haar heen. 'Ik heb je belachelijke onderzoek bekeken. Almar? Werkelijk? Waarom heb je nooit aan mij gedacht?'

Nog steeds hield ik de brandblusser stevig vast.

Itty haalde haar trommel uit de tas. 'Ik hoop niet dat je het erg vindt, maar zo praat ik het makkelijkst.'

Ze was nog gekker dan ik dacht. 'Je bedoelt erger dan brand stichten in mijn kantoor en inbreken in mijn huis?'

Itty sloot haar ogen en begon te praten op het ritme van haar trommelende vingers. 'Monica had de gave iedereen om haar heen zich mooier te laten voelen dan ze in werkelijkheid waren. Itty... Ook Itty snakte naar schoonheid en Monica kwam en strooide glitters over haar heen. Die avond... die avond...' Ze sloeg harder op de trommel, alsof ze moed aan het verzamelen was. 'Die avond werd de betovering verbroken. Maar er was geen weg meer terug. Itty deed dingen die ze nooit had willen doen. Ze zag dingen die ze nooit had willen zien.'

Itty zweeg een hele tijd met haar ogen dicht, terwijl alleen nog maar haar wijsvinger op de trommel tikte. De wolf loerde me ondertussen met zijn gele ogen venijnig aan.

Ik zou haar kunnen neerslaan, dacht ik. Aan de andere kant geloofde ik niet dat ze me iets aan wilde doen. Dus liet ik haar doorpraten.

'Jij denkt nog steeds dat Almar jouw held is, maar nadat we je honderd keer hadden gevraagd om ons binnen te laten, ging Almar douchen. Merel en ik zaten voor je deur en het schuldgevoel werd groter en groter. Sommige dingen kun je niet terugdraaien, maar je kunt ze wel rechtzetten. We gingen naar de vierde verdieping. "Kom je weer?" vroegen we aan Monica, alsof we nog steeds een leuk spel aan het spelen waren. "Het is jouw beurt." We namen Monica mee naar beneden en duwden haar in de vriescel. De deur draaiden we op slot.'

Itty staarde voor zich uit. Het was even stil. Toen ramde ze met haar volle vuist op de trommel en ging ze zachtjes weer verder. 'Terwijl we voor de cel stonden, kwam Almar de keuken binnen. Hij vroeg waar Monica was.'

'Waarom zocht hij haar?' vroeg ik. Het stond me totaal niet aan.

'Hij zei: "We moeten zeker weten dat ze geen gekke dingen meer doet."'

Al was het een logische verklaring, toch deed het me pijn.

Itty keek me aan. 'Je hebt nog steeds liefdesverdriet om hem.'

'Nee,' zei ik. 'Of ja. Misschien wel.'

Itty begon weer te trommelen. Inmiddels was ik niet meer bang; ik zette de brandblusser op de grond en ging op de andere rand van het bed zitten. 'Toen. Zag. Almar. Het. Slot.' Bij elk woord sloeg ze hard op de trommel. '"Wat hebben jullie gedaan?" vroeg hij. Hij duwde ons opzij en opende de deur. Maar het was al te laat.'

'Hoe is Monica dan bij de rivier terechtgekomen?' vroeg ik.

'We sleepten haar naar buiten en legden haar neer. We wisten dat de sneeuw onze sporen zou bedekken. Daarna hebben we de hele nacht bij jou gewaakt.' Ze was al een tijdje gestopt met trommelen. 'Nu weet je wie je echte vrienden zijn. Almar zeker niet. Maar ik wel. En Merel ook.' Haar blik had iets smekends. Misschien dacht ze dat alles nog goed kon komen.

'Alleen zijn jullie mijn vrienden niet meer,' zei ik. 'Al zou ik het willen, het gaat niet.'

Ze stopte de wolf weer terug in haar tas. Een goed teken, leek me. 'Nee, hè?' zei ze toen.

'Nee.'

'Zeg alsjeblieft niet tegen Merel dat je het weet. We hadden afgesproken dat we het nooit aan iemand zouden vertellen.'

'Dus Jelle weet het ook niet?'

Itty schudde haar hoofd.

'Je begrijpt dat ik je hier niet voor kan bedanken,' zei ik. 'Maar als ik heel eerlijk ben, doet het me wel goed.'

'Dat is al meer dan waar ik op gehoopt had,' zei ze. 'Als je dit maar nooit aan iemand vertelt. Beloof je dat?'

'Beloofd.'

NU

HET GROTE VOORDEEL VAN FICTIE is dat je je eigen einde kunt verzinnen. Een dat fijner voelt dan de werkelijkheid en dat niemand in de problemen brengt. Ik mis je, lieve mama. Je hebt me niet kunnen redden, maar daarna ben je als een leeuwin voor me in de bres gespongen en dat zal ik nooit vergeten.

Nadat ik de hele stapel heb gesigneerd, staat Aron voor me. Hij heeft een rondje gemaakt door de boekhandel en drie boeken gekocht. Hij blijkt een fervent lezer, alsof hij niet al geweldig genoeg was. 'Hoe is het gegaan?' vraagt hij.

'Goed,' zeg ik. 'Wel spannend dat iedereen nu alle kwetsbare details van mijn leven kan lezen en daar wat van gaat vinden.'

'Ik ben trots op je,' zegt hij. 'Ik weet van hoe ver je bent gekomen.'

'Alles beter dan afgesloten van alles en iedereen te zijn. Zoals ik jarenlang ben geweest.'

'Je gaat wel van het ene naar het andere uiterste,' zegt hij. 'Maar dat past ook wel weer bij je. Geen half werk.' Hij steekt zijn hand naar me uit. 'Kom, we gaan lekker de stad in.'

Nadat ik de boekhandelaar heb bedankt, lopen we samen de winkel uit.

Dan realiseer ik me: ik lijk wel gelukkig.

DANK AAN:

Mijn geweldige Chris. Het valt niet altijd mee om de man van een schrijver te zijn, maar jij slaagt erin met vlag en wimpel.

Ellen Deckwitz voor het brainstormen.

Jelle Kuiper en Susan Smit voor het meelezen.

Chantal Spil, Boaz Bijleveld, Ewout Pit en Roos Vonk voor hun expertise over groepsvorming en pesten.

Christina Alvarez Gomez de Segura voor haar ervaringen als Spaanse in Nederland.

Marion Bruinenberg voor het persklaarmaken (is dit één woord?).

Tanja Hendriks, Maartje de Jong, Annemieke van Plateringen, Kanta van Zonneveld, Lotte van Elst, Monique Boot, Monique Wouda en Brenda Heeringa van Ambo|Anthos. Wat zijn jullie een topteam! Ontzettend bedankt voor jullie geloof en inzet.